新时代高职高专大学生职业素养与职业能力提升系列课程教材

高职高专大学生就业指导和创新创业教育

主　编　夏体韬　郑绍洲
副主编　徐贤明　胡　琼　陈　月　耿立春
参　编　盛　鹏　子明高　王瑾雯　杨舒雯　苏　楠　柯筱纯　王睿君

电子工业出版社
Publishing House of Electronics Industry
北京·BEIJING

内 容 简 介

本书从先进性和实用性出发，结合高职高专大学生的特点组织内容，分为上篇（高职高专大学生就业指导）和下篇（高职高专大学生创新创业教育），上篇包括大学生就业形势与政策解析、求职准备、择业及求职材料、面试策略与技巧、高校毕业就业权益保护，下篇包括创新创业概述、互联网时代的创新创业、高职高专大学生创业形势分析、高职高专大学生创业准备、大学生创业的基本流程。通过学习本书能够让高职高专大学生正确审视就业形势，掌握基本的就业知识，做好就业准备，树立正确的就业观、职业观，提升就业实践能力，从而实现成功就业，提高就业质量。通过学习本书还能够使高职高专大学生全面了解创新创业的基本知识和基本流程，培养创新创业意识，提高创新创业素质和能力。

本书可作为高职高专院校就业指导和创新创业课程的配套教材，亦可供有关人员参阅。

未经许可，不得以任何方式复制或抄袭本书之部分或全部内容。
版权所有，侵权必究。

图书在版编目（CIP）数据

高职高专大学生就业指导和创新创业教育 / 夏体韬，郑绍洲主编. --北京: 电子工业出版社, 2024. 8.
ISBN 978-7-121-48615-9
Ⅰ. G717.38
中国国家版本馆 CIP 数据核字第 2024RD9574 号

责任编辑：李书乐　　　　　　特约编辑：李　红
印　　刷：山东华立印务有限公司
装　　订：山东华立印务有限公司
出版发行：电子工业出版社
　　　　　北京市海淀区万寿路 173 信箱　邮编 100036
开　　本：787×1092　1/16　印张：12　字数：322.56 千字
版　　次：2024 年 8 月第 1 版
印　　次：2024 年 8 月第 1 次印刷
定　　价：39.60 元

凡所购买电子工业出版社图书有缺损问题，请向购买书店调换。若书店售缺，请与本社发行部联系，联系及邮购电话：(010) 88254888，88258888。
质量投诉请发邮件至 zlts@phei.com.cn，盗版侵权举报请发邮件至 dbqq@phei.com.cn。
本书咨询联系方式：(010) 88254571，lishl@phei.com.cn。

前　言

悠悠万事，民生为重；民生福祉，就业为本。党和政府历来高度重视就业工作，将就业摆在"六稳"工作、"六保"任务之首。

党的二十大报告指出，教育、科技、人才是全面建设社会主义现代化国家的基础性、战略性支撑。必须坚持科技是第一生产力、人才是第一资源、创新是第一动力，深入实施科教兴国战略、人才强国战略、创新驱动发展战略，开辟发展新领域新赛道，不断塑造发展新动能新优势。

当前全球经济形势的变化对于大学生的就业观产生了一定的影响，部分大学生在就业时选择不清晰或呈现出功利化、从众性强等特点，出现"有业不就"现象，不利于大学生自我价值的实现和职业生涯的健康发展。如何让大学生树立正确的就业观、职业观和价值观，正确、客观、理性地认识自我，了解就业形势，不断提升就业能力和职业素养，做好就业准备，是高校教育工作的重要组成部分，就业创业工作也成为高校工作的重中之重。

在创业人群中，大学生是最具活力和最有潜力的创业群体。同时大学生创业也是解决大学生就业及社会人才资源充分利用问题的有效途径，有助于解决自身及周边群体的就业问题，也有助于推动社会创新发展，为中国经济发展带来新的活力和动力，但是由于融资难、经验少、服务不到位等问题，大学生创业也面临着较大的困难和较高的失败率。当前，"大众创业、万众创新"的理念日益深入人心，然而我国大学生在创新创业上普遍存在着创新精神不够、创新能力偏低、创业意愿不足、实战能力较弱等问题。当前，国家给予大学生创业以极大的支持，中国经济蓬勃发展、转型升级也给大学生创业搭建了良好的平台，大学生创业有着良好的机遇，但与此同时要清楚地看到，大学生创业面临着挑战，如何把握时机，顺势而为至关重要。在互联网时代，在人工智能技术及新质生产力快速发展的背景下，高职院校应不断提升对创新创业教育的认识，树立创新创业教育理念，不断加强对大学生就业能力、创新创业精神和能力的培养。

本书针对高职高专大学生的特点及面临的就业创业形势，按照高职高专大学生《就业指导和创新创业教育》课程标准，结合编者多年承担《就业指导和创新创业教育》课程的教学经验进行大纲设计，通过学习本书能够让高职高专大学生正确审视就业形势，掌握基本的就业知识，做好就业准备，树立正确的就业观、职业观，提升就业实践能力，从而实现成功就业，提高就业质量。通过学习本书还能够使高职高专大学生全面了解创新创业的基本知识和基本流程，培养创新创业意识，提高创新创业能力。本书有以下五个方面的特点。

一是系统性。本书共十章，内容上注重系统性和完整性。分为上篇（高职高专大学生就业指导），包含大学生就业形势与政策解析、求职准备、择业及求职材料、面试策略与技巧、高校毕业就业权益保护；下篇（高职高专大学生创新创业教育），包含创新创业概述、互联网时代的创新创业、高职高专大学生创业形势分析、高职高专大学生创业准备、大学生创业的基本流程。

二是针对性。本书的一些内容和案例主要是根据高职高专大学生的特点，结合实际情况及高职高专毕业生的就业形势进行设计的。如高职高专大学生的就业形势、高职高专大学生择业的主要途径、高职高专大学生创业存在的问题和机遇等内容。

三是理论与实践相结合。作为高职高专大学生使用的教材，一方面突出实操性、可读性，另一方面也注重理论知识的介绍，如创新创业的概念和内涵等。

四是融入课程思政元素。按照课程思政的要求，将爱岗敬业、知行合一、诚信、奋斗、职业道德融入教学内容，将党的二十大精神融入课程，进一步加强学生的思想政治教育，引导学生树立正确的职业观、就业观和价值观。

五是紧跟时代步伐，贴近学生实际。将互联网思维、新质生产力、就业创业政策等纳入教材，让学生能够更好地认识职业、了解就业创业的政策和制度。

本书由夏体韬设计大纲、审稿、统稿和核稿，第一章由陈月、夏体韬编写，第二章由徐贤明、夏体韬、郑绍洲编写，第三章由子明高、夏体韬编写，第四章由王瑾雯、耿立春编写，第五章由胡琼、夏体韬、郑绍洲编写，第六章由夏体韬、胡琼编写，第七章由夏体韬、郑绍洲、耿立春编写，第八章由陈月、夏体韬编写，第九章由胡琼、夏体韬编写，第十章由盛鹏、夏体韬编写。杨舒雯、柯筱纯、苏楠、王睿君负责收集整理相关资料、案例、政策文件及校稿。

在编写本书的过程中，参考和借鉴了许多专家、学者的相关著作和文章，在此谨向各位专家、学者表示感谢！由于编者水平和能力有限，教材中难免存在疏漏和不足之处，诚望读者批评指正，以便更好地修订和完善。

编　者
2024 年 5 月

目 录

上篇 高职高专大学生就业指导

第一章 大学生就业形势与政策解析 ······ 3
第一节 当前大学生面临的就业形势 ······ 3
一、当前就业形势分析 ······ 3
二、高职高专大学生面临的就业形势 ······ 6
三、高职高专大学生就业的主要特点 ······ 7
四、影响高职高专大学生就业的主要因素 ······ 8
五、高职高专大学生就业面临新机遇 ······ 9
第二节 就业政策解析 ······ 10
一、国家解决就业问题的相关政策 ······ 10
二、近年来国家出台的高校毕业生就业政策 ······ 12
第三节 树立正确的就业观念，提升就业竞争力 ······ 14
一、正确认识自己 ······ 14
二、正确认识就业形势 ······ 14
三、做好就业技能准备 ······ 15
四、胸怀远大理想 ······ 15

第二章 求职准备 ······ 18
第一节 就业制度 ······ 18
一、劳动合同制度 ······ 18
二、就业准入制度 ······ 20
三、人事代理制度 ······ 23
四、社会保险制度 ······ 25
第二节 就业信息 ······ 26
一、就业信息的种类与内容 ······ 27
二、搜集、整理和使用就业信息的原则 ······ 28
三、获取就业信息的渠道 ······ 28
四、就业信息的获取方法及安全问题 ······ 29
第三节 求职前的心理准备 ······ 32
一、求职前的不良心理及对策 ······ 32
二、求职过程中几种不正常的心理状态 ······ 34

三、培养良好的求职心态 35
　　四、树立正确的择业观 36

第三章　择业及求职材料 37
第一节　高职高专大学生择业的基本方法 37
　　一、根据自己的专业择业 38
　　二、根据自己的兴趣和特长择业 38
　　三、根据自己的实际条件择业 39
　　四、根据社会的需求择业 40
第二节　高职高专大学生择业的主要途径 41
　　一、公务员考试 41
　　二、事业单位考试 41
　　三、普通专升本考试 42
　　四、应征入伍 43
　　五、进入国有企业或民营企业 44
　　六、自主创业 46
第三节　制作求职材料 47
　　一、求职材料的作用 47
　　二、求职材料的制作要求 47
　　三、求职信的写法 48
　　四、个人简历与求职信的区别 51
　　五、毕业生就业推荐表的填写 51

第四章　面试策略与技巧 52
第一节　了解面试 52
　　一、面试的含义及形式 52
　　二、面试的特点及种类 52
　　三、面试的一般程序 54
第二节　面试的礼仪和技巧 54
　　一、面试礼仪 54
　　二、面试技巧 56
第三节　面试应答 58
　　一、面试常见问题 58
　　二、面试常见问题分析 60
　　三、面试应答技巧 60

第五章　高校毕业生就业权益保护 62
第一节　高校毕业生就业的权利和义务 62
　　一、高校毕业生的就业权利 62
　　二、高校毕业生的就业义务 64

第二节　就业协议与劳动合同 …… 64
一、就业协议和劳动合同 …… 65
二、签订就业协议的注意事项 …… 70
三、就业协议的解除 …… 71
四、签订劳动合同的注意事项 …… 72
第三节　社会保险与劳动争议 …… 75
一、社会保险 …… 75
二、劳动争议 …… 76
三、解决劳动争议的途径 …… 77
第四节　高校毕业生就业权益保护 …… 79
一、常见的就业权益损害 …… 79
二、求职"陷阱"的识别与应对 …… 80
三、高校毕业生就业权益保护途径 …… 81

下篇　高职高专大学生创新创业教育

第六章　创新创业概述 …… 85
第一节　创新创业的概念和内涵 …… 85
一、创新概述 …… 85
二、创业概述 …… 89
三、创新创业概述 …… 90
第二节　大学生创新创业的意义 …… 94
一、大学生创新创业教育的意义 …… 94
二、创新精神和创业精神的培育 …… 97
三、创业素质和创新创业能力 …… 100
第三节　创新思维及其训练方法 …… 104
一、创新思维概述 …… 104
二、创新思维训练方法 …… 107

第七章　互联网时代的创新创业 …… 112
第一节　互联网思维下的商业模式 …… 112
一、互联网思维的表现形式 …… 112
二、互联网思维下的商业模式 …… 115
第二节　互联网时代下的大学生创新创业 …… 117
一、互联网创业 …… 117
二、互联网为大学生创业提供了优势条件 …… 120
三、大学生互联网创业的主要模式及切入点 …… 121
四、大学生互联网创业需要注意的问题 …… 123

第八章　高职高专大学生创业形势分析 ··· **125**

第一节　影响高职高专大学生创业的因素 ··· 126
一、社会因素 ·· 126
二、学校因素 ·· 126
三、家庭因素 ·· 127
四、个人因素 ·· 127

第二节　高职高专大学生创业面临的问题 ··· 128
一、创业服务体系不够完善 ··· 128
二、创新创业教育存在薄弱环节 ··· 128
三、学生的创业能力有待提升 ··· 128

第三节　高职高专大学生创业面临的机遇 ··· 129
一、创业扶持力度不断加大 ··· 129
二、市场环境不断改善 ··· 129
三、新质生产力加快发展 ··· 130
四、高职高专院校创新创业教育不断推进 ·· 134

第四节　创业政策 ·· 134
一、税收优惠政策 ·· 134
二、担保贷款和贴息政策 ··· 134
三、资金扶持政策 ·· 135
四、工商登记政策 ·· 135
五、户籍政策 ··· 135
六、创业服务政策 ·· 135
七、学籍管理政策 ·· 135

第九章　高职高专大学生创业准备 ·· **138**

第一节　心理准备 ·· 138
一、强烈的创业愿望 ··· 139
二、吃苦耐劳的毅力 ··· 139
三、坚韧地承受压力和挫折 ··· 139
四、自信乐观的人生态度 ··· 139
五、创业要有失败的心理准备 ··· 140
六、敢于行动、敢冒风险 ··· 140
七、坚持不懈、不屈不挠 ··· 140

第二节　知识准备 ·· 141
一、专业知识 ··· 141
二、金融知识 ··· 142
三、管理知识 ··· 142
四、营销知识 ··· 142
五、财务知识 ··· 142
六、税务知识 ··· 143

六、法律知识 ……………………………………………………………… 143
第三节　能力准备 …………………………………………………………… 143
　　一、专业技术能力 ………………………………………………………… 144
　　二、开拓进取能力 ………………………………………………………… 144
　　三、善于学习能力 ………………………………………………………… 144
　　四、团结协作能力 ………………………………………………………… 144
　　五、创新能力 ……………………………………………………………… 145
　　六、人际交往能力 ………………………………………………………… 145
　　七、把握商机能力 ………………………………………………………… 145
　　八、决策能力 ……………………………………………………………… 145
第四节　资金筹措 …………………………………………………………… 146
　　一、自有资金 ……………………………………………………………… 146
　　二、私人借贷 ……………………………………………………………… 146
　　三、政策性扶持资金 ……………………………………………………… 147
　　四、合伙入股 ……………………………………………………………… 147
　　五、商业银行贷款 ………………………………………………………… 148
　　六、寻找风险投资 ………………………………………………………… 148
　　七、申请创业贷款 ………………………………………………………… 148

第十章　大学生创业的基本流程 …………………………………………… 149

第一节　创业的过程、阶段和核心 ………………………………………… 149
　　一、创业过程 ……………………………………………………………… 149
　　二、创业阶段 ……………………………………………………………… 150
　　三、创业的核心 …………………………………………………………… 151
第二节　创业目标的选择与确定 …………………………………………… 154
第三节　创业计划书的撰写 ………………………………………………… 157
　　一、创业计划书的作用 …………………………………………………… 157
　　二、创业计划书的分类 …………………………………………………… 157
　　三、创业计划书的撰写 …………………………………………………… 158
第四节　组建创业团队 ……………………………………………………… 164
　　一、创业团队的概念 ……………………………………………………… 164
　　二、创业团队的类型 ……………………………………………………… 166
　　三、组建创业团队的原则 ………………………………………………… 167
　　四、组建创业团队的模式 ………………………………………………… 167
　　五、组建创业团队的程序 ………………………………………………… 168
　　六、创业团队的执行力 …………………………………………………… 169
第五节　创业融资 …………………………………………………………… 171
　　一、创业融资的概念及一般流程 ………………………………………… 172
　　二、大学生创业融资的主要问题及应对措施 …………………………… 172
第六节　注册登记 …………………………………………………………… 174

  第七节 初创企业管理 ………………………………………………………… 175
    一、企业的生命周期 ………………………………………………………… 175
    二、初创企业存在的问题及生存原则 ……………………………………… 176
    三、人力资源管理 …………………………………………………………… 177
    四、文化管理 ………………………………………………………………… 178
    五、市场营销管理 …………………………………………………………… 179
    六、财务管理 ………………………………………………………………… 179
  第八节 发展壮大 …………………………………………………………… 179
    一、创建企业品牌信誉 ……………………………………………………… 179
    二、创新经营 ………………………………………………………………… 180

参考文献 ……………………………………………………………………………… 182

上篇　高职高专大学生就业指导

第一章　大学生就业形势与政策解析

学习要点

了解当前的就业形势，熟悉影响就业的各项因素，掌握国家促进大学生就业的主要政策。

学习目标

认识当前的就业形势和就业关键，熟悉就业政策，树立正确的就业观，把握就业机遇，做好求职前的各项准备。

名言名句

审度时宜，虑定而动，天下无不可为之事。

——明·张居正《答宣大巡抚吴环洲策黄酋》

识时务者为俊杰。

——《三国志·蜀书·诸葛亮传》

第一节　当前大学生面临的就业形势

高校毕业生是宝贵的人才资源，促进高校毕业生就业事关民生福祉和国家未来。《2024年国务院政府工作报告》强调，"要突出就业优先导向，加强财税、金融等政策对稳就业的支持，加大促就业专项政策力度。落实和完善稳岗返还、专项贷款、就业和社保补贴等政策，加强对就业容量大的行业企业支持。预计今年高校毕业生超过1170万人，要强化促进青年就业政策举措，优化就业创业指导服务。"作为大学生，客观正确地把握、分析当前面临的就业形势，直接关系毕业后就业岗位的选择，是走好迈向社会第一步的重要支撑。

一、当前就业形势分析

党的十八大以来，通过实施就业优先战略、落实就业优先政策，我国就业工作取得了历史性重大成就。城镇就业人数由2012年的37287万人增加到2021年的46773万人，城镇新增就业年均超过1300万人。但是，受国内外经济形势、产业结构调整与技术进步、人口规模和结构变化等因素的影响，部分行业及中小微企业的经营仍面临不少困难，高校毕业生规模继续增加，就业结构性矛盾依然存在，相关群体就业仍面临一定压力。

（一）就业形势规模不断扩大

党的二十大报告提出，实施就业优先战略。这一重要部署，是巩固我党执政基础的必然要求，是适应我国基本国情和发展阶段的必然选择，是推进经济高质量发展的重要措施，是保障和改善民生的根本举措。2012年以来，我国就业工作取得历史性成就，全国每年城镇新增就业人数保持在1100万以上，截至2023年年末，累计实现城镇新增就业超1.5亿人。

（二）就业结构持续优化

随着我国经济结构调整优化，发展新动能加速壮大，就业结构出现较大调整，就业分布更趋优化。

从城乡就业结构来看，城镇吸纳就业比重超过乡村，成为我国就业的主阵地。截至2022年年底，城镇就业人员约为45931万人，占全国就业人员总量的比重由2012年的48.9%上升至62.6%。2023年，城镇就业人员47032万人，新增城镇就业人员1101万人，占全国就业人员总量的63.5%，见图1-1。

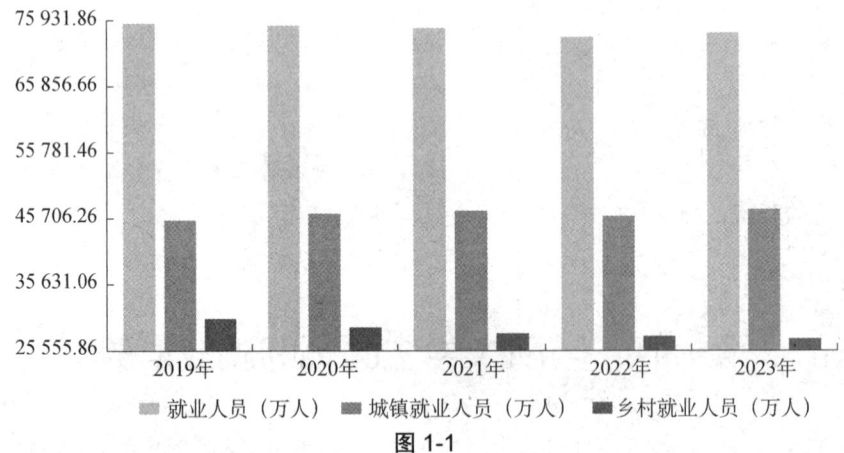

图 1-1

从产业分布来看，第一产业、第二产业和第三产业的就业人员比例不断完善，其中第三产业就业人员所占比重始终较高，见图1-2。国际研究表明，第三产业的就业带动效率高出第二产业20%左右，就业吸纳能力更强。此外，随着新一轮科技革命及数字经济的蓬勃发

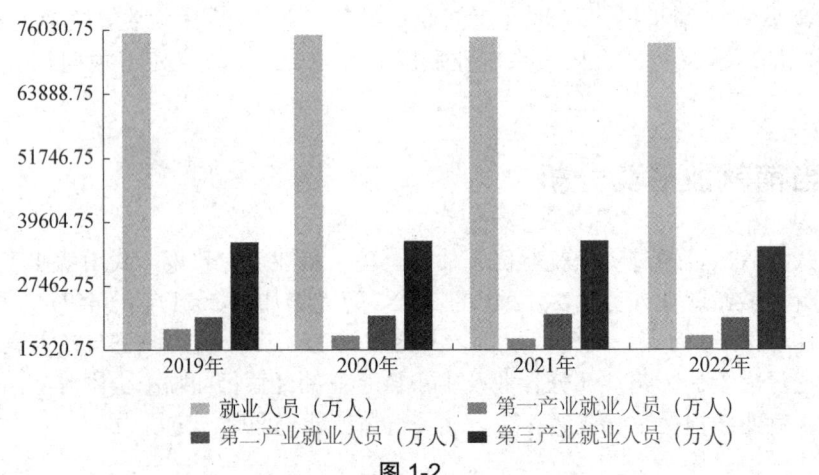

图 1-2

展，新产业新业态新商业模式日新月异，大数据工程技术人员、无人机驾驶员、网约配送员、互联网营销师等新职业不断涌现。新经济形势下的就业以其就业容量大、薪资水平高、灵活性和兼职性强等特点，成为吸纳就业的重要渠道。

（三）就业质量稳步提升

就业质量稳步提升主要体现以下三个方面。

一是工资水平稳步增长。工资正常增长机制进一步健全，最低工资标准不断提高，劳动者工资收入水平稳步增长。国家统计局统计数据显示，2023年，全国城镇非私营单位就业人员年平均工资为120698元，比上年增加6669元，名义增长5.8%，扣除价格因素实际增长5.5%；全国城镇私营单位就业人员年平均工资为68340元，比上年增加3103元，名义增长4.8%，扣除价格因素实际增长4.5%。

二是关于劳动的法律法规日益完善。改革开放后，我国已形成了由《中华人民共和国劳动法》（简称《劳动法》）、《中华人民共和国劳动合同法》（简称《劳动合同法》）等多部法律和《劳动保障监察条例》《残疾人就业条例》《女职工劳动保护特别规定》等法规组成的较完整的法律法规体系。劳动关系调整机制逐步健全，为维护劳动者的劳动权益提供了制度保障。

三是社会保障体系不断优化。党的十八大以来，我国社会保障体系建设进入快车道，经过不懈努力，建成了具有鲜明中国特色、功能完备的社会保障体系。

（四）重点群体就业平稳

要解决好就业问题，高校毕业生、退役军人、农民工和城镇困难人员等重点群体是关键，解决好重点群体的就业问题，就抓住了稳定就业基本盘的"牛鼻子"。近年来，高校毕业生总体就业水平保持稳定，农民工总量增至2.9亿人以上，脱贫劳动力务工规模保持在3000万人以上，城镇失业人员实现再就业年均在500万人以上，就业困难人员就业人数年均超170万人，零就业家庭实现动态清零。

（五）稳就业仍然面临较大压力

当前，我国就业形势总体稳定，但受国内外经济形势、产业结构调整与技术进步、人口规模和结构变化等因素影响，推动实现高质量充分就业面临许多问题和挑战，稳就业任务十分繁重。

1. 就业总量压力依然较大

近年来，我国劳动年龄人口趋于减少，但人口基数大，预计到2035年，我国劳动年龄人口仍将保持在8亿人左右，相当于欧洲人口的总和。我国劳动力资源绝对量依然较大，每年需要在城镇就业的新增劳动力仍然超过1500万人，此外，每年有近250万农村转移劳动力、退役军人等重点群体及近千万的登记失业人员需要在城镇就业。由此可见，长期以来存在的就业总量压力是导致就业不充分、质量不高的一个重要因素。

2. 就业结构性矛盾尚未得到根本缓解

受产业转型升级、技术快速发展与应用、人口代际变化等多种因素的影响，我国面临较为突出的就业结构性矛盾，并且呈现日益复杂的局面，"就业难"与"招工难"并存，结构性就业矛盾更加突出。一方面，当前市场中一线生产服务人员、高素质人才和高技能人才短缺，市场就业岗位数量相对充分。据统计，2022年上半年，公共就业服务机构和市场机构求人倍率均在1以上。在100个城市中，93个城市的公共就业服务机构的求人倍率保持在1以上。随着经济结构调整和产业转型升级加快，市场对高级技能人员的用人需求增长幅度较大。另一方面劳动者的技能水平和岗位需求不匹配的矛盾越来越突出，战略性新兴产业、高新技术产业需要的技术技能人才紧缺。"本科生满地跑，技术工无处找"的供需不平衡现象增多，建筑装修行业招工难、"用工荒"等新闻频频引发关注。

3. 部分中小企业扩大吸纳就业的能力下降

一直以来，民营经济在我国经济发展中占有非常重要的地位，是解决就业的主力军。所谓的民营经济"五六七八九"，就是民营经济贡献了中国经济50%以上的税收、60%以上的GDP、70%以上的技术创新成果、80%以上的城镇劳动就业，还有90%以上的企业数量。2020年～2022年，国内经济面临需求不足、预期偏弱、风险隐患较多等问题，内需动力不足、投资增速回落、出口下行压力加大等问题交织，企业用工招聘更加谨慎，对就业吸纳能力减弱。

4. 重点群体就业面临难题

尽管当前就业形势总体稳定，但重点群体中部分人员的就业仍面临较大困难。一是青年失业问题较为突出。2022年4月份，全国16～24岁青年失业率为20.4%，首次突破20%，2023年上半年青年失业率持续攀升，与总体失业率下降趋势呈相反趋势。二是农民工外出就业承压。尽管农民工失业率保持在相对较低的水平，但部分行业农民工收入有所下降，部分大龄农民工就业更加困难。三是灵活就业人员所面对的困难增加。受部分行业用工需求下降影响，零工市场需求人数和工价出现"双降"。另外，一些互联网平台从事灵活就业的从业人员大量增加，在订单量没有明显增加的情况下，从业者人均接单量下降，收入减少。

二、高职高专大学生面临的就业形势

当前，伴随高校招生规模的不断扩大，高校毕业生就业人数不断增长，高校毕业生的就业形势不容乐观。

（一）高校毕业生规模持续增加

近年来，随着我国高等教育快速发展，高等教育越来越普及，中国普通高等学校数量呈增长趋势。教育部数据显示，截至2024年6月20日，全国高等学校共计3117所，其中：普通高等学校2868所，含本科院校1308所、高职（专科）院校1560所。2024届高校毕业生规模预计达1179万人，同比增加21万人，再创历史新高，见图1-3。

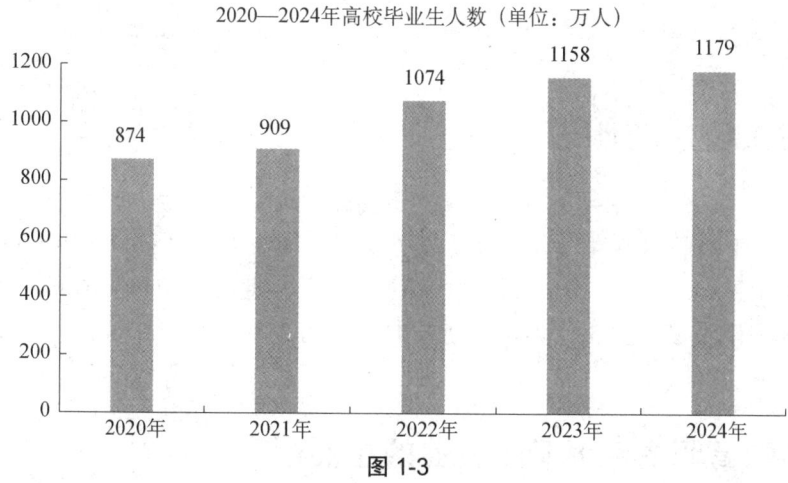

图 1-3

（二）高职高专大学生就业形势总体平稳

随着我国经济发展方式的转变，社会上对高职高专层次的人才需求不断增加，国家对职业教育的重视程度也越来越高，高等职业教育对专业的细分及人才培养的定位等为高职高专大学生就业创造了良好的条件。

2022年首届世界职业技术教育发展大会发布了《中国职业教育发展白皮书》，该白皮书显示，2021年全国设置中等职业学校7294所（不含技工学校），设置高等职业学校1518所（含32所职业本科学校），职业本专科招生人数和在校生总数分别占全国本专科高校招生数和在校生总数的55.60%、45.85%。职业学校毕业生就业率连续保持高位，中职、高职毕业生就业率分别超过95%和90%，专业对口就业率稳定在70%以上。

三、高职高专大学生就业的主要特点

（一）就业质量不够高

与普通本科院校毕业生相比，高职高专大学毕业生的择业定位和心理预期相对偏低，有助于学生拓宽就业空间，但同时就业质量相较本科毕业生偏低。根据部分高职高专院校发布的就业质量年度报告显示，大部分高职高专大学毕业生的收入情况相较同期普通本科院校毕业生偏低，且收入差距有进一步扩大的趋势。此外，部分高职高专大学毕业生的工作与专业的相关度不高，甚至有部分大学生为了满足基本的生活需要，不得不选择从事一些与本专业相关度不高的工作。

（二）"慢就业"现象越来越普遍

当前，越来越多的"00后"毕业生走出校园，在复杂严峻的就业形势下，部分毕业生选择"慢就业""缓就业"，或者考公、考研，或者暂时不就业。一部分在寻找就业岗位的过程中，因实际工作与自己的期望不匹配，选择延迟就业；一部分毕业生坚持考公务员、事业单位、国企等；一部分毕业生以升学、考证提高学历、技能为由暂不就业，根据数据显示，2019届、2020届应届高职高专大学毕业生升本比例分别为7.6%、15.3%，

2021 届持续增长至 19.3%。还有一部分毕业生害怕求职被拒或无法适应工作压力选择观望不就业。

（三）辞职跳槽随意性大

受工作压力、薪酬福利待遇、发展空间等因素的影响，与普通本科院校毕业生相比，高职高专大学毕业生离职率偏高。据麦可思公司发布的调查报告显示，2018 届普通本科院校毕业生工作半年后离职的概率为 23%，高职高专大学毕业生工作半年后离职的概率为 42%。2019 届普通本科院校毕业生工作半年后离职的概率为 22%，高职高专大学毕业生工作半年后离职的概率为 42%。

四、影响高职高专大学生就业的主要因素

（一）国际国内经济形势和宏观政策

当前，国际经济形势发生深刻变化，我国经济发展进入新常态，经济增长速度从高速转变为中高速，经济发展方式从规模速度型粗放增长转向质量效率型集约增长，经济结构从要素驱动、投资驱动转向创新驱动。新发展阶段加快构建，经济稳中向好、长期向好的基本面没有变，给高职高专大学生的长期稳定就业创造了良好条件。但经济发展速度放缓客观上导致了大学生就业需求量的缩减，人力资本与产业结构的不匹配加剧了劳动力市场的供需失衡，供大于求的市场现状导致大学生的就业形势严峻。同时，不同地区的城市在吸纳毕业生就业数量的能力方面相差较大，这在一定程度上导致了毕业生就业分布不均衡，使大学生就业难问题表现出一定的地域差异。相关部门虽已出台一系列促进毕业生就业，支持大学生自主创业、灵活就业等相关扶持政策，但由于政策的针对性和落地性不足、精细化程度不高，因此实施效果不理想。此外，当前我国关于大学生就业的社会保障网络缺失、配套的公共就业服务不足，也在一定程度上降低了大学生就业扶持政策的有效性，增加了大学生自主创业和灵活就业的难度，进一步加大了大学生的就业压力。

（二）企业用人标准

随着经济的快速发展，许多行业的技术岗位出现大量用工短缺的现象，但受传统观念的影响，职业教育的吸引力还没有真正形成，高职教育在社会上的认可度还需提高。部分行业、企业在招聘时更看重求职者的学历，没有保持客观公正的态度看待高职高专大学生的能力。在激烈的市场竞争环境下，部分企业存在招聘和用人机制不完善、招聘要求不合理等问题，导致大学生"低就""资质过剩"等现象频出。同时，也在一定程度上加剧了就业市场的竞争，增加了大学生就业的难度。

（三）学校就业指导水平

当前我国高等教育培养体系中存在的问题也加剧了大学生就业供求结构性矛盾。一些高职高专院校的学科和专业设置不均衡、不合理，且专业培养与实际工作情境存在脱节现象，使部分专业的大学生在毕业时面临专业对口率低、就业机会有限等问题；一些高职高专院校对就业指导工作重视程度不够，且就业服务与指导工作队伍不健全，师资质量不

高。就业指导课程内容和形式单一，对于大学生职业生涯规划、专业技能和职业岗位素质教育、就业择业观、就业形势、求职技巧、创业精神和政策法规教育等方面的教育不足，对大学生在求职过程中可能出现的压力与焦虑状况也缺乏必要的心理辅导和干预，使就业问题给大学生带来的心理压力得不到缓解。

（四）学生自身综合素质和就业观念

当前我国部分大学生对就业市场的信息掌握不充分，在寻找和把握就业机会方面的能力不足。同时，面对新的经济形势和就业形态，就业准备尚不充分，存在就业心理资本缺失、综合素质和就业能力不足等问题。具体表现为所学理论无法联系实际、知识运用与转化能力较低、创新创业精神与能力不足、对于在就业过程中遇到的困难缺乏充分的心理准备等。大部分高职高专大学生就业定位不够准确，职业目标不明确，不知道自己到底要找怎样的工作。有的不屑于从事基础性工作，对专业技术性的工作做不来或做不好，缺乏团队精神，对社会的适应能力较差，动手能力弱，进入工作角色慢，缺乏社会锻炼和艰苦奋斗的精神。有的认为自己只有专科文凭，就业核心竞争力差，与本科生相比差距很大，严重缺乏自信心。

五、高职高专大学生就业面临新机遇

（一）我国经济高质量发展为高职高专毕业生稳就业打下坚实的基础

2023年，我国经济增长表现出稳健态势，国内生产总值（GDP）超过126万亿元，总量规模稳居世界第二，以国内大循环为主体、国内国际双循环相互促进的新发展格局加快构建，经济稳中向好、长期向好，为高职高专大学生就业创造了良好条件。新一轮科技革命和产业变革深入发展，新经济、新产业、新业态不断涌现，数字经济、新型城镇化建设和乡村振兴战略的实施孕育了巨大的发展潜力，新兴就业创业机会日益增多。据测算，中国数字经济领域的就业岗位接近2亿个，约占总就业人口的1/4，这个规模相当于美国和德国的总就业人口。以微信为例，微信平台上由公众号、小程序、视频号、微信支付、企业微信等共同构成的微信生态，在2021年所衍生出的就业机会就超过了4600万个。不仅如此，中国数字就业的占比还在不断增大，数字职业的数量也在增多。中华人民共和国人力资源和社会保障部（简称"人社部"）2022年颁布的新版职业分类大典显示，我国净增的158个新职业中，有97个是数字职业。

（二）就业政策不断优化为高职高专大学生创造了更好的就业环境

党的十八大以来，党中央、国务院高度重视毕业生就业工作，部署实施了一系列促进毕业生就业的政策措施，为高职高专大学生更充分更高质量就业提供了根本保障。如《"十四五"就业促进规划》《"十四五"职业技能培训规划》等纲领性文件，以及《国务院办公厅关于进一步做好高校毕业生等青年就业创业工作的通知》（国办发〔2022〕13号）等。

2023年12月5日，教育部发布促进2024届全国普通高校毕业生就业创业的26条举措，涉及开拓市场化社会化就业渠道、发挥政策性岗位吸纳作用、构建高质量就业指导服务体系、完善就业监测与评价反馈机制等。教育部要求，各地要尽早安排党政机关、事业单位、国有企业的招生考试和各类升学、职业资格考试，为毕业生争取更多求职时间；鼓励各地出台优惠政策,吸引更多毕业生到基层一线就业创业;重点关注脱贫家庭、低保家庭、零就业家庭、残疾等困难群体毕业生,建立帮扶工作台账,"一对一"提供精准就业帮扶;加大民营企业、中小企业招聘推介力度,鼓励中小企业更多吸纳高校毕业生。

(三)职业教育高质量发展为高职高专大学生就业带来新机遇

党的十八大以来,党中央高度重视职业教育发展。2019年1月,国务院印发《国家职业教育改革实施方案》,明确了职业教育的地位,即职业教育与普通教育是两种不同的教育类型,具有同等重要的地位。2019年以来,教育部批准22所学校开展本科层次职业教育试点,打破了职业教育止步于专科层次的"天花板"。2022年5月1日起,新修订的《中华人民共和国职业教育法》(简称《职业教育法》)开始实施,一系列重大举措推动职业教育迈上新台阶。同时,高职高专大学毕业生成为我国产业大军的主要来源,是支撑中小企业聚集发展、区域产业转型升级和城镇化发展的主力军。

一段时间以来,职业教育领域好消息频传。教育部和广东、浙江两省探索建立"部长+省长"机制,温州、台州每年各投入1亿元专项资金用于推进职业教育一体化,江苏扶持企业和社会力量参与举办各类职业教育……政策红利的不断集聚和释放,为职业教育的发展注入了强劲动力。

(四)校企合作不断深化为高职高专大学生就业搭建更好平台

校企合作、产教融合是高等职业教育的重要内容。高等职业院校与具备条件的企业开展合作,充分发挥各自的优势,采用课堂教学和生产实践相结合的方式,不仅有助于学生增强职业技能,提升社会服务意识、综合工作能力,还可以为毕业后找工作奠定基础。同时,也有利于加强学生与企业的联系和了解,为学生毕业后进入用人单位搭建了平台,有些学生在企业实习期间,就得到了企业的认可和好评,毕业时直接与企业签订就业协议,顺利解决就业问题。

近年来,全国各高校切实发挥主体责任,加大"访企拓岗"和校企合作力度,积极创优服务环境,吸引用人单位参与招聘,畅通毕业生就业渠道,增加就业岗位供给;主动对接企业人才需求和用人标准,打通校企协同育人机制,促进产教高效融合,增强"招生—培养—就业"有机联动。

第二节 就业政策解析

就业是最大的民生,也是经济发展最基本的支撑,不仅关系广大人民群众的切身利益,也关系国家的繁荣安定。党的十八大以来,以习近平同志为核心的党中央坚持以人民为中心的发展思想,始终把就业摆在经济社会发展和宏观政策优先位置。

一、国家解决就业问题的相关政策

2019年,为进一步加强对就业工作的组织领导和统筹协调,国务院成立了就业工作领导小组,先后印发了《国务院关于进一步做好稳就业工作的意见》(国发〔2019〕28号)、《国务院办公厅关于应对新冠肺炎疫情影响强化稳就业举措的实施意见》(国办发〔2020〕6号)

等指导性文件，编制了《"十四五"就业促进规划》，为促进"十四五"时期实现更加充分更高质量的就业指明了方向。

（一）加大稳岗促就业政策力度

市场主体承载着数亿人的就业创业，是稳岗促就业的关键。针对受经济形势影响较大的行业实施一系列阶段性、有针对性的资金补贴、减税降费、社会保险缓缴等政策，如对小规模纳税人阶段性免征增值税；对小微企业年应纳税所得额100万元至300万元部分，再减半征收企业所得税；将阶段性缓缴养老、失业、工伤保险费政策扩大到部分经营困难的中小微企业和个体工商户等。帮助市场主体特别是中小微企业和个体工商户减负纾困、恢复发展，激励更多中小微企业和个体工商户吸纳就业。

（二）拓宽就业渠道

充分调动各方的积极性和主动性，稳定扩大国有企业招聘规模；支持中小微企业更多吸纳就业，给予相应的扶持政策；引导社会组织发挥优势，助力开发就业岗位、拓展就业空间，提供就业服务；拓宽农村劳动力就地就近渠道；扶持退役军人、农民工等群体返乡创业；鼓励基层就业，充分挖掘基层就业机会；优化自主创业环境，支持多渠道灵活就业，鼓励自谋职业、自主创业。

（三）加大就业帮扶力度

聚焦高校毕业生、城镇青年、退役军人、农民工等重点群体，畅通失业保险金申领渠道；加大就业岗位开发力度，开展实践引导、分类指导和跟踪帮扶；对通过市场渠道确实难以就业的，利用公益性岗位托底安置；加强退役军人就业保障，改革完善退役军人安置制度，支持退役军人自主就业等。

（四）支持创业带动就业

深入实施创新驱动发展战略，营造有利于创新创业的良好发展环境，持续推进双创，以更大的力度激发市场活力和社会创造力，促进创业带动就业。如落实创业担保贷款及贴息政策，对符合条件的初创企业和个体工商户继续发放最高20万元的创业担保贷款；支持高校毕业生自主创业，按规定给予一次性创业补贴、创业担保贷款等，政府投资开发的创业载体要安排30%左右的场地免费向高校毕业生创业者提供；加强对吸纳农业转移人口较多区域、行业的财政和金融支持，推动健全常住地提供基本公共服务制度，将符合条件的新市民纳入创业担保贷款扶持范围。

（五）优化、强化服务保障

简化优化高校毕业生求职就业手续，从2023年起，不再发放就业报到证，取消就业报到证补办、改派手续，不再将就业报到证作为办理高校毕业生招聘录用、落户、档案接收转递等手续的必需材料。对于延迟离校的高校毕业生，延长报到入职、档案转递、落户办理时限。取消高校毕业生到人才服务机构报到手续，凭学历证书、劳动合同等可直接落户。对高校毕业生、就业困难人员等从事灵活就业的，按规定给予社保补贴；依法保护灵活就业人员的合法权益，严肃查处逃避用工主体责任、拖欠薪酬等问题，实施好职业伤害保障试点。

二、近年来国家出台的高校毕业生就业政策

为促进高校毕业生就业，国务院及有关部门和地区出台了一系列政策措施，如鼓励高校毕业生到中西部地区和中小企业就业、参加志愿服务西部计划等，各项政策措施含金量之大、覆盖面之宽前所未有，为高校毕业生顺利就业创造了较好的条件。

（一）鼓励企业吸纳高校毕业生

对招用离校 2 年内未就业的高校毕业生的小微企业，可申请享受社会保险补贴；对招用登记失业半年以上的高校毕业生的企业，可予以定额依次扣减增值税、城市维护建设税、教育费附加、地方教育附加和企业所得税；小微企业当年新招用高校毕业生等符合条件人员的人数达到一定比例的，可申请最高不超过 300 万元的创业担保贷款，由财政给予贴息。

（二）鼓励高校毕业生基层就业

近年来，中央有关部门组织实施的引导高校毕业生基层就业项目，主要包括"大学生志愿服务西部计划""'三支一扶'计划""农村义务教育阶段学校教师特设岗位计划"。部分内容如下所述。

对参加中央基层就业项目的毕业生，符合规定条件的，可享受相应的学费补偿和助学贷款代偿政策；每年拿出公务员考录计划的一定比例，专门用于定向招录服务期满且考核合格的服务基层项目人员，服务基层项目人员也可报考其他职位。

各省（区、市）县乡基层事业单位在公开招聘时，根据本地区实际拿出一定数量或比例的岗位对"三支一扶"等服务期满考核合格的人员进行专项招聘；省市事业单位公开招聘时，对"三支一扶"等服务期满且考核合格的人员在同等条件下优先聘用；服务期满后 3 年内报考硕士研究生初试总分加 10 分，同等条件下优先录取；高职（专科）学生可免试入读成人本科；服务期满自主创业的，可享受税收优惠、行政事业性收费减免、创业担保贷款和贴息等有关政策；参加基层服务项目前无工作经历的人员，在服务期满且考核合格后 2 年内，在参加机关事业单位考录（招聘）、各类企业吸纳就业、自主创业、落户、升学等方面可同等享受应届高校毕业生的相关政策；基层就业项目服务年限计算工龄。

（三）鼓励大学生应征入伍

大学生入伍优先报名应征、优先体检政考、优先审批定兵、优先安排使用，开辟体检绿色通道。应届毕业生和在校生可在学校所在地参加应征，也可在入学前户籍所在地参加应征；学费补偿、国家助学贷款代偿、学费减免，本专科生每人每年最高不超过 12000 元，研究生每人每年最高不超过 16000 元。以下是部分优待政策：

入伍大学生按规定享受优待政策，义务兵家庭优待金由批准入伍地发放，其家庭享受军属待遇；设立"退役大学生士兵"专项硕士研究生招生计划，每年专门面向退役大学生士兵招生约 8000 人，并向"双一流"建设高校倾斜。

在部队荣立二等功及以上，免试（指初试）攻读硕士研究生。在完成本科学业后 3 年内参加全国硕士研究生招生考试，初试总分加 10 分，在同等条件下优先录取。

高职（专科）学生应征入伍，退役后在完成高职（专科）学业的前提下，可免试入读普通本科，或根据意愿入读成人本科，自 2022 年专升本招生起执行；高校学生（含高校新生）在服役期间按国家有关规定保留学籍或入学资格，退役后 2 年内允许复学或入学。

经学校同意，大学生士兵退役后复学可转入本校其他专业学习。

退役复学后免修军事技能等课程，可直接获得学分；符合条件的取得全日制本科学历和学士学位的毕业生（含毕业学年入伍，服役期间取得的），入伍 1 年半以上，可选拔为提干对象。

（四）加大自主创业支持力度

持人社部核发《就业创业证》的高校毕业生在毕业年度内创办个体工商户的，可按规定在 3 年内以每户每年 12000 元为限额（最高可上浮 20%，具体由各省、自治区、直辖市人民政府根据本地区实际情况确定）依次扣减其当年实际应缴纳的增值税、城市维护建设税、教育费附加、地方教育附加和个人所得税。

对高校毕业生创办小微企业的，可按规定享受小微企业普惠性税费政策；创办个体工商户的，对其年应纳税所得额不超过 100 万元的部分，在现行优惠政策基础上减半征收个人所得税；并且在创业地可申请创业担保贷款，最高贷款额度为 20 万元；对符合条件的个人合伙创业的，可根据合伙创业人数适当提高贷款额度，最高不超过总额的 10%。

毕业 2 年以内的普通高校毕业生从事个体经营的，3 年内免收管理类、登记类和证照类等有关行政事业性收费；对在毕业学年有就业创业意愿并积极求职创业的低保家庭等 8 类高校毕业生，给予一次性求职创业补贴；对首次创办小微企业或从事个体经营，且所创办企业或个体工商户自工商登记注册之日起正常运营 1 年以上的离校 2 年内的高校毕业生给予一次性创业补贴。

鼓励各类孵化器面向大学生创新创业团队开放一定比例的免费孵化空间。政府投资开发的孵化器等创业载体应安排 30% 左右的场地免费提供给高校毕业生。

对创业失败的大学生按规定提供就业服务、就业援助和社会救助。

（五）加强就业服务

"国家 24365 大学生就业服务平台"提供求职意向登记、岗位一键搜索、职位精准推荐、在线求职应聘等一站式服务。高校毕业生可以通过各地各高校就业指导部门及其网站获取就业信息及服务。

新华网、央视频、中国教育电视台等平台均开设有"互联网+就业指导"公益直播课，包括就业形势与政策、职业生涯教育、求职择业指导、行业发展趋势等主题，帮助高校毕业生答疑解惑。

组织开展"宏志助航计划"，推出全国高校毕业生就业能力培训网络平台，提供就业指导和职业技能类网络课程，帮助高校毕业生拓宽职业视野、了解行业发展和岗位要求、提高职业技能和就业竞争力。

搭建了"全国高校毕业生网上签约与毕业去向登记平台"，毕业生和用人单位可根据高校的要求，进行在线签约和去向登记。

精准开展困难帮扶，把脱贫家庭、低保家庭、零就业家庭高校毕业生，以及残疾高校毕业生和长期失业高校毕业生作为重点对象，提供"一人一档""一人一策"精准服务，优先组织参加职业培训和就业见习。

（六）加强就业见习补贴

对吸纳离校 2 年内未就业高校毕业生、16～24 岁失业青年参加就业见习的单位，给予一定标准的就业见习补贴。对见习人员见习期满留用率达到 50%以上的单位，可适当提高见习补贴标准。对见习期未满与高校毕业生签订劳动合同的，给予见习单位剩余期限见习补贴。

第三节 树立正确的就业观念，提升就业竞争力

当前全球经济形势的变化对于大学生的就业观产生了一定的影响，部分大学生就业选择不清晰，呈现出功利化、从众性强等特点。部分大学生频繁地海投个人简历，匆忙地奔走于各种招聘会，虽然社会上提供的就业岗位很多，但自己觉得满意的却不多，出现"有业不就"现象，不利于大学生自我价值的实现和职业生涯的健康发展。因此，大学生需要在就业过程中树立正确的就业观、创新意识和自主意识，提升职业决策自我效能，从而找到符合自身个性特征、价值观和能力的理想职业。

一、正确认识自己

部分大学生对职业认知存在偏差，自我定位不清，不但对岗位、薪资待遇要求过高，还对职业发展前景、公司实力等挑三拣四，就业存在"眼高手低"的现象。还有部分大学生从小受到家长百般呵护，自我意识强，心理承受力弱，遇到困难容易选择逃避，在求职时有从众心理，且对周围人依赖性强，求职稍有不顺就容易陷入就业恐慌。

树立正确的就业观，首先应该对自己有一个正确的认识和评价，充分了解自己的个性特点、能力素质、兴趣爱好等方面的情况。既要了解自己的长处和不足，又要了解社会对人才的需求；既要看到自己的潜力，又要看到自身发展的局限性；既要对自己有一个正确客观的评价，还要实事求是地认识社会、认识自我。要正确认识自身的不足，结合自身情况从实际出发，敢于从底层做起，从小事做起。要认真考虑所学的专业和方向，了解社会对该专业的需求情况，把个人职业发展与社会需求有机地结合起来，选择能够发挥自己才能又为社会所需的职业，真正体现和实现自己的价值。

二、正确认识就业形势

现阶段，劳动力供求矛盾仍然突出，国际环境复杂多变，国内经济社会发展也面临一些新情况新问题，大学生就业形势依然严峻。

但全面、辩证、长远地看，当前就业形势也有很多积极因素，我国经济发展的新环境给高校毕业生带来了一些新的机遇，我国发展仍然处于重要战略机遇期，经济稳中向好、长期向好的基本面没有变。党中央、国务院高度重视就业问题，坚持经济发展就业导向，部署实施了一系列促进就业的政策措施，为实现更加充分更高质量的就业提供了根本保证。我国已转向高质量发展阶段，新发展格局加快构建，为就业长期稳定创造了良好条件。新一轮科技

革命和产业变革深入发展，数字经济、"双创"加快发展，新型城镇化、乡村振兴孕育巨大的发展潜力，新的就业增长点不断涌现。只要充分利用好这些积极因素，走适合自己发展的道路，确立可行的就业目标，就能找到适合自己的工作岗位。

三、做好就业技能准备

职业发展是一个不断学习和成长的过程，只有不断提高自身的素质与能力、提高在社会中的竞争力，才能更好地适应社会需求。作为大学生，应该珍惜在校学习的宝贵时光，不断提高自身素质及竞争实力。

要注重专业课程的学习和实践经验的积累。应在入学之初就清晰地认识到，由学生转为职场人是必经之路，就业不可避免。因此在校期间，要认真学好专业知识、提高专业技能、筑牢立身之本。在学习专业理论知识的基础上，可以通过参加培训、课程、研讨会、实习等方式增强自己的专业技能，同时积极参与社会实践与各项赛事，在实践中"接地气"、在竞赛中"挖潜能"，锻炼人际交往能力、增强个人综合竞争力。

职业规划是实现职业目标的关键步骤，职业规划可以帮助大学生有条不紊地规划自己的职业生涯，提高职业发展的可预见性和成功率。大学生一入校就要自觉地把专业学习和就业联系起来，及时进行职业生涯规划，科学调整近期目标和长远目标的关系，并为实现这些目标设定相应的计划和步骤，提前做好就业准备。

四、胸怀远大理想

作为大学生，在做出职业选择时要胸怀报效祖国、回馈社会的远大理想，要了解社会的需求，让职业体现应有的价值，做对社会有价值的事。树立正确的择业观、就业观，必须把个人的理想追求融入党和国家的事业之中。无论从事什么工作，都要立足岗位实际，为党和国家多做贡献。

职业虽有分工上的不同，但没有高低贵贱之别。任何职业都不会埋没人才，也不会束缚人的创造力，关键在于对待职业的态度。任何职业都是神圣的，尽职尽责才是天职。不管选择了什么职业，都要全力以赴地投入工作中，真正做到干一行、爱一行、专一行、精一行。当代中国青年是与新时代同向同行、共同前进的一代，生逢盛世，肩负重任。在平凡的工作岗位上努力实现职业价值，就是对人生梦想的有力回馈，就是对国家、对社会的有益贡献。在时代大潮中找到自己的坐标，在不懈奋斗中尽到自己的责任，必能让个体奋斗与强国宏图同频共振。

案例

1. 拓宽渠道　挖掘新职业

"感谢数字技术培训，让我找到收入更高的工作。"重庆锋仪机械制造有限公司员工陈旭东说。前不久，他完成了重庆市数字技术工程师培训，经过系统学习和实操实训，提升了业务能力。"数字技术工程师需求大、前景广，适用于大数据、智能制造、区块链等新领域。"重庆市人力资源开发服务中心负责人介绍，重庆市推出数字技术工程师培训课程，计划每年培养6000人，帮助青年群体增添就业技能。

无人机驾驶员、民宿管家、物联网工程技术员……近年来，新岗位新职业不断涌现，2022年我国新版职业分类大典净增158个新职业，人社部正加快新职业标准开发，推进新职业培训，使岗位更多样、空间更广阔、工作更精彩。（摘自2023年6月17日《人民日报》，略有修改）

2. 做好重点帮扶 提高就业能力

"我入职了比亚迪，成为一名采购工程师，主要任务是与国外客户沟通订单信息。"兰州大学英语专业2023届毕业生伍曼琪对自己的工作很满意。"专业对口，工作地点、薪资待遇也都不错。"伍曼琪说。伍曼琪能够找到心仪的工作，得益于兰州大学"宏志助航计划"。"就业办的老师带着我们完善简历，针对招聘单位需求，一条一条提出修改意见。老师还对我们进行模拟面试，一边学习政策文件，一边探讨面试策略。"伍曼琪说。

"学校举办宏志助航毕业生就业能力专题培训，组织包含重点群体在内的250名2023届毕业生参加了40学时集中培训，系统提升毕业生就业能力。"兰州大学学生就业指导与服务中心相关负责人介绍。聚焦学生实际困难，各高校细化帮扶举措，采取多样化、有针对性的就业服务方案。尤其针对重点帮扶对象，认真落实"一对一"帮扶责任制，实施"宏志助航计划"就业能力培训项目，为困难毕业生精准推送就业岗位。（摘自2023年7月13日《人民日报》，略有修改）

3. 带动更多乡亲来就业

走进位于福建省泉州市晋江市陈埭镇的中乔体育公司生产车间，机器轰鸣，高级成型组组长岩龙紧盯着流水线，不时叮嘱组内人员注意流程合规性，"这几位工友是我今年初从老家介绍过来的，得认真教学，让他们尽快上手！"岩龙的老家在云南省普洱市孟连傣族拉祜族佤族自治县芒卡村，2012年来到泉州工作。"这边企业多，用工需求大，我也是同乡介绍过来的。"干净整洁的宿舍、稳定的收入，让岩龙产生了"以老带新"的想法，"家乡还有不少亲朋好友，何不带动大家一起就业？"

在泉州，43.3万家民营企业吸纳了170多万名外来务工人员就业，以工招工、以老带新一直都是比较管用的招工方式。2023年以来，泉州市人力资源和社会保障局启动千企"引工大使"行动：对帮助企业招聘10人以上的老员工，由当地人社部授予"引工大使"称号，并予以奖励。春节过后，云南籍员工罗荣昌为西河卫浴科技有限公司"带回"44位同乡工友，被评为泉州首个"金牌引工大使"。此外，泉州还出台了13条措施支持企业员工留泉返泉，用真金白银稳岗留工。2023年前9个月，泉州市新增城镇就业8.5万人，实现失业人员再就业1.26万人。（摘自2023年10月10日《人民日报》，略有修改）

4. 零工市场嵌入社区

在浙江，零工市场正从"天桥下、马路边"移步到大厅中、社区里，既可以保障企业灵活用工和季节性用工需求，也成为"15分钟就业服务圈"新载体。在一些地方，嵌入社区的零工驿站成为就业服务站的重要组成部分，方便求职者"随时随地"找工作，为多年龄段、多工种、多业态群体搭建起就业需求和用工招聘的对接桥梁。装配钳工、配送司机、销售工程师、产品工程师、人事行政主管……走进浙江省嘉兴市嘉善县的嘉善长三角零工市场，便能看到电子屏上实时滚动的岗位信息。嘉善县内有近百家制造业企业，灵活性用工和季节性用工需求非常大。县内灵活就业人员及外来务工人员在所有求职人员中占较高比例。面向高端技术人才，广泛吸纳"周末工程师"和"假期专家"；聚焦大学生群体开展暑期"返家乡"社会实践活动，推出超过600个实习岗位助推大学生就业；面向就业困难人员开发公益性岗位，提供常态化职业技能培训……近年来，嘉善长三角零工市场的就业服务，在发挥"15分钟就业服务圈"功能的同时，也提供了更多增值就业服务。（摘自2023年11月17日《瞭望》，略有修改）

5. 乡村就业工厂助力甘肃古浪稳就业

为了让更多农村群众能就业、有收入，近年来，甘肃省古浪县大力推进乡村就业工厂建设，招商引资建厂，鼓励引导各类经济组织设立厂房式、合作社式等模式的就业车间，持续强化就业帮扶，吸纳更多当地群众就近就业，不断拓宽致富增收门路，千方百计做到"把厂子建在村子，把岗位送给群众"。古浪县的各乡村就业工厂原本是扶贫车间，从2021年开始转型升级为乡村就业工厂或帮扶车间，以服装、农产品及食品加工、有机肥、化肥生产为主。截至目前，古浪县已建成30家乡村就业工厂和33家就业帮扶车间，吸纳乡村富余劳动力就业近两千人，人均月收入超过3500元。越来越多的乡村"小工厂"成就了更多当地群众的就业"大民生"。（摘自2024年2月3日新华网，略有修改）

第二章　求职准备

> **学习要点**
>
> 了解各类就业制度，掌握收集和筛选就业信息的方法，了解求职前的心理准备。
>
> **学习目标**
>
> 熟悉各种就业制度，掌握就业信息的收集和筛选方法，拥有良好的就业心态。
>
> **名言名句**
>
> 谋无主则困，事无备则废。
>
> ——《管子·霸言》
>
> 机遇只偏爱那种有准备的头脑。
>
> ——路易·巴斯德
>
> 知彼知己，百战不殆；不知彼而知己，一胜一负；不知彼不知己，每战必殆。
>
> ——《孙子兵法·谋攻篇》

第一节　就业制度

就业制度是指国家关于人们合法获取就业机会、维护社会就业行为的根本规定。随着经济体制改革的全面展开和政治体制改革的深入发展，我国劳动人事制度的改革也进入了一个深入发展的新阶段。具体而言，政府机构要转变职能、精简机构、提高效率，推行国家公务员制度。国有企业要实行灵活的用工制度，推广劳动合同用工制度，逐步打破不同所有制企业职工的固定身份界限，促进劳动力资源合理配置。事业单位要在国家有关法律规范下，逐步实现单位自主用人，个人自主择业。

我国现行的大学生就业制度由一系列的与大学生就业相关的劳动人事制度、就业管理体制组成，主要包括劳动合同制度、就业准入制度、人事代理制度、社会保险制度等。

一、劳动合同制度

（一）劳动合同制度的概念

根据《中华人民共和国劳动法》（简称《劳动法》）第十六条的规定，劳动合同是指劳动者与用人单位确立劳动关系、明确双方权利和义务的协议。劳动合同是确立劳动关系的法律凭证和法律形式。

（二）劳动合同的形式

劳动合同的形式通常根据劳动合同的期限来划分。《劳动法》第二十条第一款规定，劳动合同的期限分为有固定期限、无固定期限和以完成一定的工作为期限。与此相适应，劳动合同分为以下3种形式。

1. 有固定期限的劳动合同

有固定期限的劳动合同是指双方当事人在订立的合同中，对劳动合同履行的起始时间和终止时间有明确的规定。劳动合同期限届满，双方的劳动关系即告终止。但如果双方同意，劳动合同也可以续订。这类劳动合同在具体期限上可以由双方当事人根据工作需要和实际情况来确定，时间可长可短，如半年、五年、十年，但它的根本特征是不变的，即劳动合同的起始时间和终止时间是固定的。

2. 无固定期限的劳动合同

无固定期限的劳动合同是指双方当事人订立的劳动合同没有规定终止时间，在这类劳动合同中，双方当事人应当约定劳动合同终止的条件。只要不出现双方约定的终止条件或法律法规规定的其他情形，无固定期限的劳动合同一般不能终止。这种合同一般适用于技术复杂、生产工作长期需要保持人员稳定的工作岗位，用人单位可以与劳动者协商签订这类合同。此外，法律法规规定对部分符合条件的职工，只要本人提出订立无固定期限的劳动合同，用人单位就应当订立无固定期限的劳动合同。

3. 以完成一定的工作为期限的劳动合同

以完成一定的工作为期限的劳动合同是指双方当事人把完成某项工作或工程作为确定劳动合同起始和终止的期限。该项工作或工程开始的时间就是劳动合同履行的起始时间，该项工作或工程一旦完成，就意味着劳动合同的终止。因此，这类合同与有固定期限的劳动合同有相同之处，但在表现形式上有所不同。

（三）劳动合同的内容

劳动合同的内容是指双方当事人在劳动合同中必须明确的各自的权利义务及其他问题。

劳动合同的内容可以分为法定条款和协商条款两部分，前者是指劳动合同必须具备的由法律法规直接规定的内容；后者是指无须由法律法规直接规定，而是由双方当事人自愿协商确定的内容。

根据《劳动法》第十九条的规定，劳动合同的法定条款包括以下7项。

1. 劳动合同期限

劳动合同期限是指劳动合同的有效时间，是双方当事人所订立的劳动合同的起始时间和终止时间，也是劳动关系具有法律效力的时间。劳动合同期限是订立劳动合同必须明确的内容。

2. 工作内容

工作内容是针对劳动者而言的，是对劳动者设立的义务条款。工作内容包括劳动者从事劳动的工种、岗位及在生产或工作中应当达到的数量和质量或应当完成的任务。

3. 劳动保护和劳动条件

劳动保护和劳动条件是针对用人单位而言的，是对用人单位设立的义务条款。劳动保护和劳动条件是为了保障劳动者在劳动过程中获得适当的劳动条件而采取的各项保护措施，如工作时间、劳动安全和劳动卫生方面的措施和设备，以及对女职工和未成年工的特殊劳动保护等。

4. 劳动报酬

劳动报酬是劳动者劳动的成果返还和劳动者履行劳动义务后必须享受的劳动权利。从另一个方面讲，是用人单位依据法律法规及劳动合同的约定支付给劳动者的工资、奖金、津贴等。劳动关系双方在约定劳动报酬时，不得违反国家法律法规的规定。如工资不得低于当地政府规定的最低工资标准，工资支付形式和期限也不得违反有关的法律法规和政策。

5. 劳动纪律

劳动纪律是指劳动者在生产（工作）过程中必须遵守的工作秩序和劳动规则。劳动纪律是用人单位组织生产经营活动、完成工作任务的保证条件，是规范劳动行为的一项重要内容，也是劳动者必须履行的义务。主要包括上下班纪律、保密纪律、防火及防止其他事故的日常纪律等。

6. 劳动合同终止的条件

劳动合同终止的条件是通过一定法律事实（包括行为和事件）中断劳动关系的条件。订立无固定期限的劳动合同还应当约定其他劳动合同终止条件，如职工退休、退职，职工应征入伍或出国定居，用人单位宣告破产，用人单位被政府管理机关明令撤销等，都可以在劳动合同中约定为终止条件。但不能把《劳动法》明确规定的法定解除劳动合同条件约定为终止条件。这是因为按照《劳动法》的规定，用人单位在某些情形下依法解除劳动合同应当支付劳动者经济补偿金，如果约定为终止条件就有可能导致用人单位不支付劳动者经济补偿金，进而侵犯劳动者的合法权益。

7. 违反劳动合同的责任

违反劳动合同是指由于劳动合同当事人一方或双方的过错而造成劳动合同不能履行或不能完全履行，以及违反法律法规规定的条件解除劳动合同。按照法律法规的规定，劳动合同的约定应当由过错方承担的行政、经济或司法责任。在劳动合同中规定这一内容是为了促使双方当事人切实履行劳动合同所规定的各项条款，维护当事人双方的合法权益。

劳动合同的内容除以上七项法定条款外，双方当事人还可以协商约定其他内容，即协商条款，如用人单位是否为职工提供居住条件、居住的期限，职工是否享受单位托儿所、幼儿园和其他生活福利设施，发生劳动争议时的解决途径等。双方当事人在约定协商条款时，都应当符合国家有关法律法规的规定。

二、就业准入制度

就业准入制度是指根据《劳动法》和《职业教育法》的有关规定，对从事技术复杂、通用性广、涉及国家财产、人民生命安全和消费者利益的职业（工种）的劳动者，必须经过培训并取得职业资格证书后，方可就业上岗的制度。其根本目的是提高劳动者的技能水平，增强劳动者的就业能力和适应职业变化的能力，旨在实现高质量就业和稳定就业。

（一）职业资格

《国家职业资格目录》（2021年版）包含72项职业资格，其中，专业技术人员59项（准入类33项，水平评价类26项），技能人员13项。职业资格总量比2017年版的《国家职业资格目录》减少68项，具体调整如下所述。

（1）专业技术人员职业资格方面。

一是根据国务院行政审批制度改革决策，"出入境检疫处理人员资格""乡村兽医资格""注册石油天然气工程师""注册冶金工程师""注册采矿/矿物工程师""注册机械工程师"退出目录，从业人员依据行业标准开展技术活动。

二是新增"精算师""矿业权评估师"水平评价类职业资格，并在"医生资格"下设置"职业病诊断医师"子项。新增职业资格项目均具有较强的专业性和社会通用性，对技术技能要求较高，是行业管理和人才队伍建设的确实需要。

三是根据国务院行政审批制度改革决策和有关法律法规要求，将"注册设备监理师"由准入类调整为水平评价类，更名为"设备监理师"；"专利代理人"更名为"专利代理师"；"土地登记代理专业人员职业资格"更名为"不动产登记代理专业人员职业资格"；"证券期货业从业资格"更名为"证券期货基金业从业资格"等。

（2）技能人员职业资格方面，主要体现为"两退一进"。

一是水平评价类技能人员职业资格退出《国家职业资格目录》。国务院常务会议要求，从2020年1月起，除与公共安全、人身健康等密切相关的职业工种依法调整为准入类职业资格外，用一年时间分步有序地将其他水平评价类技能人员职业资格全部退出《国家职业资格目录》，不再由政府或其授权的单位认定发证。

二是人社部退出技能人员职业资格具体实施工作。根据国务院常务会议关于稳妥推进现有职业资格实施机构职能调整、做好工作衔接的要求，2020年人社部印发《关于做好人力资源社会保障部门职业资格实施机构职能调整有关工作的通知》，将推动地方人社部门职业技能鉴定中心做好职能调整，有序退出水平评价类技能人员职业资格具体认定工作，转向加强质量监督、提供公共服务等工作。

三是涉及人员资格的行政许可事项作为准入类技能人员职业资格纳入目录，新增了"危险货物、化学品运输从业人员""道路运输从业人员""特种作业人员""建筑施工特种作业人员""特种设备安全管理和作业人员"等准入类职业资格。

（二）职业技能等级鉴定

2019年国务院正式印发《国家职业教育改革实施方案》，启动1+X证书制度试点，把学历证书与职业技能等级证书结合起来。2019年，教育部等四部门联合印发了《关于在院校实施"学历证书+若干职业技能等级证书"制度试点方案》（以下简称《试点方案》），部署启动"学历证书+若干职业技能等级证书"（简称1+X证书）制度试点工作。自2019年开始，重点围绕服务国家需要、市场需求、学生就业能力提升等方面，启动1+X证书制度试点工作。相关内容介绍如下。

1. 职业技能等级认定评价机构

除政府及其所属单位外,各类独立法人主体,包括企业、技工院校、职业院校、高校、培训机构、社会团体(协会、学会、促进会、基金会等),符合相应条件的可以申请成为评价单位。申请主体开展认定的职业(工种)和等级应与本机构主营业务范围、办学范围、层次相同,属地人社部门受理、评估后,符合条件的经备案后成为技能等级认定评价机构。

2. 职业技能等级认定的内容

根据国家职业技能等级认定规程,初、中、高级职业技能等级认定采取理论知识考试、实际操作技能考核办法;技师、高级技师职业技能等级认定采取理论知识考试、实际操作技能考核、技术论文答辩和综合评审(评价)办法,突出申报者能力和业绩考核。理论知识考试采取闭卷笔试方式;实际操作技能考核可采取结合现场作业项目技能操作考评,也可设置固定场所进行操作技能考评。

3. 职业技能等级认定职业(工种)范围及标准

(1)申请开展评价的职业(工种)名称、编码应与《中华人民共和国职业分类大典》中的技能类职业(工种)(准入类除外),以及后续公布的技能类新职业(工种)一致,且已具有国家职业技能标准。

(2)没有国家职业技能标准的,须按照《国家职业技能标准技术规程》编制职业技能评价规范,经省级职业技能鉴定指导中心组织专家评审备案后,方可开展评价。职业技能等级(岗位)要求见表2-1。

表2-1 职业技能等级(岗位)要求

序号	级别名称	基本要求	实施机构
1	学徒工	能够基本完成本职业某一方面的主要工作	用人单位
2	初级工	能够运用基本技能独立完成本职业的常规工作	
3	中级工	能够熟练运用基本技能独立完成本职业的常规工作;在特定情况下,能够运用专门技能完成较为复杂的工作;能够与他人合作	
4	高级工	能够熟练运用基本技能和专门技能完成本职业较为复杂的工作,包括完成部分非常规性的工作;能够独立处理工作中出现的问题;能够指导和培训初、中级工	
5	技师	能够熟练运用专门技能和特殊技能完成本职业复杂的、非常规性的工作;掌握本职业的关键技术技能,能够独立处理和解决技术或工艺难题;在技术技能方面有创新;能够指导和培训初、中、高级工;具有一定的技术管理能力	用人单位和社评组织
6	高级技师	能够熟练运用专门技能和特殊技能在本职业的各个领域完成复杂的、非常规性的工作;熟练掌握本职业的关键技术技能,能够独立处理和解决高难度的技术问题或工艺难题;在技术攻关和工艺革新方面有创新;能够组织开展技术改造、技术革新活动;能够组织开展系统的专业技术培训;具有技术管理能力	
7	特级技师	在生产科研一线从事技术技能工作、业绩贡献突出的"企业高技能领军人才"。能够熟练运用专门技能和特殊技能在本职业的各个领域完成复杂的、非常规性的工作;精通本职业及相关职业的重要理论原理及关键技术技能,能够独立处理和解决高难度的技术问题或工艺难题;承担传授技艺的任务,在技能人才梯队培养上做出突出贡献	省级及以上人力资源和社会保障部门指导用人单位实施
8	首席技师	在技术技能领域做出重大贡献,或者在本地区、本行业企业具有公认的高超技能、精湛技艺的"地方或行业企业高技能领军人才"。为地方、行业企业高技能人才队伍建设做出突出贡献;为国家重大技术攻关、成果转化、技术创新、发明等做出突出贡献,在地方、行业企业的技术进步与发展中发挥关键作用,专业水平在地方、行业企业具有很高的认可度和影响力	省级及以上人力资源和社会保障部门、国务院有关行业主管部门指导用人单位实施

> **拓展阅读**
>
> 职业技能等级证书和职业资格证书有什么区别？两者的"含金量"一样吗？
>
> 根据《关于分类推进人才评价机制改革的指导意见》等文件，在《国家职业资格目录》内的职业可颁发职业资格证书；水平评价类技能人员职业资格退出《国家职业资格目录》，转为社会化等级认定，颁发职业技能等级证书。
>
> 两类证书均纳入人才统计范围，落实相关政策，兑现相关待遇，具有同等效力。
>
> 职业技能等级证书一般分为初级工、中级工、高级工、技师和高级技师五个等级。企业可根据需要，在初级工之前设立学徒工，在高级技师之上设立特级技师、首席技师。
>
> 劳动者：取得职业技能等级证书后，纳入人才统计范围，可作为个人技能水平"名片"，可增加就业创业的机会，提升求职竞争力。
>
> 企业职工：职业技能等级证书能够作为升职加薪的"敲门砖"，有助于提高薪资福利待遇，拓宽职业贯通渠道。
>
> 失业保险参保人员：以云南省为例，依法参加失业保险，累计缴纳失业保险费12个月（含12个月）以上的参保企业在职职工或领取失业保险金的人员，按规定取得五级（初级）、四级（中级）、三级（高级）技能类职业资格证书或职业技能等级证书的，可申请失业保险参保人员技能提升补贴。

三、人事代理制度

人事代理制度的建立是我国人事制度改革的一项重要内容，对于改革传统的毕业生就业方式、拓宽毕业生就业渠道、保障毕业生和用人单位的合法权益具有重要意义。

（一）人事代理制度的基本内涵

人事代理就是人事代理单位受用人单位或个人委托代理有关的人事业务。人事代理制度有以下几个方面的含义。

（1）人事代理涉及人事代理机构、用人单位、员工。人事代理机构代表用人单位的利益，通过代理机构管理员工可以减轻用人单位的负担。

（2）人事代理是一种人事关系的代理。在社会主义市场经济体制下，人事工作应坚持为经济建设服务的方针。人事代理是政府指导企业，为企业服务的一种途径。

（3）从广义上讲，人事代理的概念应该模糊一些，不应受法律中"代理"一词的约束。但是，具体代理的业务应该按"代理业务"和"代理辅助业务"区分得清楚一些。个人人事关系的代理是委托行为，不是完全意义上的代理。人事是企业法人对雇佣员工的管理行为，是人事管理行为，个人不存在这种行为。但是，为了管理上的方便，通常把个人人事关系的委托也纳入代理的范畴。

（二）实行人事代理制度的意义

为适应社会主义市场经济体制的转变，人事制度必须进行改革，实行人事代理制度对于企事业单位具有重要意义。

（1）促进人事工作职能的转变，增强人才的流动性。人事代理制度的建立可以使人事工作实现从行政管理型向服务保障型的转变。人事代理制度是一种新的用人机制，它解决了企事业单位在用人方面"能上不能下""能进不能出"的问题。

（2）规范人事管理活动，提高工作效率。人事代理制度的建立规范了人事管理活动，大大提高了人事管理效率和管理水平。在社会主义市场经济体制下，实行人事代理制度还是政府人事部门有效配置人才的一种途径。

（3）有效促进全员聘用合同制的实现，增强员工的危机感。全员聘用合同制旨在通过聘用合同的约定，确定用人单位与受聘人员的权利和义务，激发劳动者的积极性。实行聘用合同制的本质是从劳动关系层面上解决人员"能进能出"的问题。但必须看到，由于受过去计划经济体制的影响，高等学校在人员的出口上还存在许多具体问题，如档案的衔接、社会保险的缴纳等方面没能很好地解决。而人事代理制度正是解决在实行聘用合同制后人员出口不畅的有效途径。此外，人事代理制度的实行可以增强员工工作的危机感和责任感，促进员工不断钻研业务、努力工作，有利于员工素质的提高及员工队伍的成长。

因此，实行人事代理制度是企事业单位人事管理从内部管理向社会化管理转化的条件，是企事业单位择人求职走向市场的关键环节，是人才资源优化配置和企事业单位建立人员"能进能出"良性循环机制的有效途径，是整个干部人事制度改革的方向。

（三）关于人事代理制度的几点说明

1. 人事代理的当事人

人事代理的当事人为代理方和委托方。一般情况下，代理方为县级以上政府人事行政部门下属的人才流动服务机构；委托方为需要人事代理服务的各类企事业单位或个人。委托代理的方式由双方商定，并以合同形式确立。

2. 人事代理的职能

人事代理属于人才交流服务范畴，其主要职能如下所述。

（1）为委托方提供信息咨询服务（包括人事政策咨询服务、人才供求关系信息、市场统计信息等），协助委托方研究、制定人才发展规划和人事管理方案等。

（2）为委托方管理人事档案，办理大中专毕业生见习期满后的转正定级手续，调整档案工资，出具报考研究生、婚姻登记、办理独生子女手续、自费留学、出国等有关人事档案的证明材料。

（3）为国家承认学历的大中专毕业生提供人事代理服务。

（4）为委托方接转党团组织关系，建立流动人员党员组织，开展组织活动。

（5）为委托方办理失业、养老等社会保险业务，并为其代办住房公积金。

3. 关于人事代理的一些常见问题

（1）哪些毕业生应该办理人事代理？

凡通过双向选择，已同外资企业、股份企业、乡镇企业、街区企业、私营企业、民办科技教育、医疗机构及各种中介机构等非国有单位和实行聘用合同制的国有单位签订就业协议的毕业生；择业期内暂未落实就业单位，目前正在择业的毕业生；准备复习考研或自费出国留学的各类毕业生等。

（2）未就业的毕业生办理人事代理需经过哪些程序？

未就业或准备复习考研的大专以上毕业生与人才中心签订《就业协议书》后，将《就业协议书》交到学校就业办公室，由学校统一到有关部门办理报到，并将其档案转交人才交流中心，毕业生持身份证及相关材料到人才交流中心报到后，签订人事档案管理合同。

（3）毕业生办理人事代理手续对个人有什么好处？

毕业生办理人事代理手续后，人才交流中心保障毕业生的合法权益，毕业生可以享受与国有单位工作人员相同的人事待遇，如转正定级、初定职称、连续计算工龄、调整档案工资、职称资格考评、出国政审、党员管理、代办社会保险、户口迁入、出具以档案材料为依据的相关人事证明等。

（4）办理人事代理毕业生的工龄如何计算？

毕业生到人才交流中心报到后，无论从事何种职业均从报到之日起开始计算工龄。

（5）办理人事代理的毕业生怎样参加养老保险？

毕业生本人可持身份证、人事档案管理合同到人才交流中心办理开户缴费手续，缴费标准按当地省市核定的当年标准，在最低标准与最高标准之间由个人选择确定。

四、社会保险制度

（一）社会保险制度的定义

社会保险制度是指由法律规定的、按照某种确定的规则实施的社会保险政策和措施体系。我国社会保险制度坚持广覆盖、保基本、多层次、可持续的方针。

社会保险制度是我国建设社会主义和谐社会的内在要求和必要保证，它能够保障劳动者的基本生活，维护社会的安定；能够促进生产的发展，保证经济的正常运行；能够服务于基层和社会，方便群众的生活；能够实现收入的再分配，保障低收入者的基本生活。社会保险是我国必不可少的一项制度，在新时期，我国还必须继续实施社会保险制度，并且优化和发展社会保险制度，以保证社会的稳定。

（二）社会保险制度的意义

1. 保障基本生活

国家实行社会保险制度，保障公民的基本生活，免除劳动者的后顾之忧，不仅是经济发展和社会稳定的需要，也是人权保障的重要内容，是社会进步的体现。

2. 维护社会稳定

我国是社会主义国家，社会主义国家的本质是解放生产力，发展生产力，消灭剥削，消除两极分化，最终达到共同富裕。实行社会保险制度，有利于缩小贫富差距，增加社会整体福利，是社会主义国家达到共同富裕目标的一项重要手段，可以从根本上维护社会稳定。

3. 促进经济发展

首先，社会保险制度可以调节社会总需求，平抑经济波动。其次，社会保险制度能够确保劳动者在丧失经济收入或劳动能力的情况下，维持自身及其家庭成员的基本生活，保证劳动力再生产进程不致受阻或中断。最后，国家还可以通过生育、抚育子女和教育津贴等形式对劳动力再生产给予资助，以提高劳动力资源的整体素质。

4. 保持社会公平

社会保险制度是市场经济国家保持社会公平的一个重要手段，其作用主要表现于两个方面：一是通过保障全体社会成员的基本生活在一定程度上消除社会发展过程中因意外灾害、失业、疾病等因素导致的机会不均等，使社会成员在没有后顾之忧的情况下参与市场的公平竞争；二是通过在全体社会成员之间的风险共担，实现国民收入的再分配，缩小贫富差距，减少社会分配结果的不公平。

5. 增进国民福利

社会保险制度不仅承担着"救贫"和"防贫"的责任，而且还要为全体社会成员提供更广泛的津贴、基础设施和公共服务，从而不断提高人们的物质生活和精神生活质量。

（三）社会保险制度的要素

社会保险制度的基本要素主要包括社会保险当事人、社会保险结构、社会保险待遇的享受条件、社会保险待遇的计算依据和社会保险基金统筹等。

（1）社会保险当事人包括保险人、投保人、被保险人和受益人。保险人又称承保人，是指依法经办社会保险业务的主体；投保人又称要保人，是为被保险人利益向保险人投办社会保险的主体，一般为用人单位；被保险人又称受保人，是直接对社会保险标的具有保险利益的主体；受益人是基于同被保险人的一定关系而享有一定保险利益的主体。

（2）社会保险一般由国家基本保险、用人单位补充保险和个人储蓄保险三个部分构成。其中，国家基本保险是由国家统一建立并强制实行的为全体劳动者平等地提供基本生活保障的社会保险；用人单位补充保险是由用人单位根据自己的经济实力，自主地为劳动者建立，旨在使本单位劳动者在已有基本生活保障的基础上进一步获得物质帮助的社会保险；个人储蓄保险是由劳动者个人根据自己的收入情况自愿以储蓄形式为自己建立的社会保险。

（3）享受社会保险待遇，必须具备法定条件。社会保险待遇的享受条件一般包括具备享受社会保险待遇的主体资格和实际发生法定的社会保险事故。

（4）社会保险待遇的计算依据主要包括工资、工龄、保险费、特殊贡献和经济社会政策等。

（5）社会保险基金统筹是在社会范围内，对社会保险基金的各种来源和用途做出统一的规定、规划和安排，并据此对社会保险基金进行统一的收支、管理和运营，以保证其收支平衡、合理使用和安全、保值、增值，充分发挥其社会保障职能。

第二节　就业信息

就业信息在毕业生求职就业过程中起着十分重要的作用，是求职准备的基础，是通向用人单位的桥梁，是择业决策的重要依据，是顺利就业的可靠保证。在现代社会，就业不仅取决于知识、能力、综合素质、社会需求等因素，还取决于个人获得的就业信息的量与质。

一、就业信息的种类与内容

就业信息是指用人单位发布的、择业者未知的、经过加工处理后对择业者具有一定价值的客观存在的就业资料和情报。就业信息的内容十分广泛，作为初次择业的毕业生应了解的信息主要包括以下几个方面：就业政策、供求信息和用人单位信息。

（一）就业政策

1. 国家就业方针、原则和政策

就业政策是根据国民经济发展战略和人才培养、使用目的的客观要求提出的，是根据各个不同时期的政治、经济任务制定的。就业政策随着国家整体政治、经济任务的变化而调整，是毕业生就业的出发点和归宿。毕业生只能在国家就业方针、原则和政策规定的范围内，根据个人情况选择职业。

2. 相关的就业法律法规

国家通过法律法规来管理和规范组织与个人之间的活动，解决纠纷，制裁违法行为。法律法规既赋予了组织和个人进行各项活动的权利，又赋予了组织和个人同一切侵犯自己合法权益做斗争的有效手段，如《中华人民共和国劳动法》《中华人民共和国反不正当竞争法》《中华人民共和国劳动合同法》等。

3. 各地区的用人政策

各地区、各单位根据国家的有关规定，结合本地区的情况，对毕业生的引进、安排、使用、晋升、工资、待遇等制定了一系列更为具体的规定。不少地区为了吸引人才，还制定了许多优惠政策，这是毕业生应该了解的。

4. 学校的有关规定

为了调动学生学习的积极性，保证毕业生就业的顺利进行，学校一般会根据国家的政策要求制定若干补充规定，这也是毕业生应该了解和遵守的。

（二）供求信息

在了解就业政策的基础上，毕业生应该了解国家政治经济建设方针、任务和发展战略，了解职业的分类与结构，以及该职业发展的趋势，找到自己的正确位置。同时，毕业生还应了解当前毕业生总的供求形势，本专业培养目标、发展方向、适用范围，对口行业、部门和单位的现状与发展趋势。

（三）用人单位信息

毕业生选择用人单位时，往往对用人单位的情况不甚了解，又没有一定的对比，于是在择业时带有很大的随意性和盲目性。例如，只挑选大城市而不问用人单位的性质、业务范围。掌握用人单位的信息，要了解用人单位准确的单位全称、经济性质、隶属关系、组织结构、用人理念及文化氛围、地理位置及交通状况、职位名称及用人人数、职位要求及职责范围、薪酬福利体系、员工生涯发展、单位发展前景等。

二、搜集、整理和使用就业信息的原则

在求职过程中，谁搜集的信息越及时、越全面、质量越高，谁的视野就越开阔，求职的主动性和把握性就越高。因此，在搜集、整理和使用就业信息的时候，毕业生应该遵循以下5个原则。

（1）准确性原则。准确性要求信息所反映的情况必须真实、可信。就业信息是否准确，是影响毕业生做出决断的关键因素，否则会给毕业生带来决策上的失误。

（2）时效性原则。就业信息的时效性很强，因此要随时注意所搜集的就业信息是否过期、是否已被他用，要尽可能在第一时间获得信息。

（3）针对性原则。如果在信息搜集过程中不注意针对性，不充分结合本校、本专业特色，就可能在众多信息中捕捉不到有价值的信息。

（4）系统性原则。就业信息的搜集要求具有系统性和连续性。

（5）计划性原则。作为信息搜集者，必须明确搜集信息的目的、内容、途径、方法，就业信息搜集才有方向，才能发挥搜集信息的主动性和有效性。

三、获取就业信息的渠道

就业信息是择业的基础，是顺利就业的桥梁。毕业生要想获得理想的职业，不仅取决于整个社会的政治、经济状况和个人素质，同时也取决于个人对就业信息的掌握程度。一般来说，就业信息的获取途径主要有以下8种。

（1）各级政府主管部门和就业指导机构。各级政府主管部门和就业指导机构的主要职责是制定所在辖区的就业政策，提供毕业生和用人单位的供求信息，为毕业生就业提供各种咨询服务。

（2）学校毕业生就业指导部门。学校毕业生就业指导部门与上级主管部门、各级就业指导机构及用人单位有着密切的联系，其提供的就业信息，无论是数量还是质量都有明显的优势，是毕业生获取就业信息的主渠道。

（3）人才招聘会、人才交流市场。人才招聘会具有时间集中、信息量大、针对性强、双方了解更直接等特点，是毕业生了解供求信息、实现成功择业的难得的机会，特别是学校举办的招聘活动，专业更对口，用人单位更有选人的诚意，应格外予以重视。

（4）广播、电视、报刊等媒体上刊登的用人信息。大学生就业是社会的热点问题，许多新闻媒体都为毕业生开辟了专题、专刊、专版，毕业生可以通过这些媒体了解有关就业的政策和信息。

（5）社会实践和毕业实习。毕业生在平时的社会实践和毕业实习中，可以直接接触到许多用人单位，了解用人单位的需求信息，用人单位也可以由此了解毕业生，这是供求双方相互了解的最好途径，毕业生如能较好地把握和抓住这些机会，也可以实现自己的就业愿望。

（6）家长和亲友。许多毕业生家长或亲友在多年的工作中，与社会的方方面面有着广泛的联系，因此也能提供相关的就业信息。

（7）师长和校友。学校的老师在每年的社会实践教学、科研协作及校外兼职中与一些专业对口单位关系密切，可以通过他们了解需求信息。校友大多数在专业对口的单位工作，他们对所在单位和部门的情况比较熟悉，往往能提供更准确的就业信息。

（8）网络。网络信息具有方便、快捷、时效性强、信息量大的特点，越来越受到毕业生和用人单位的欢迎。目前，教育部、全国许多地方和高校都建立了毕业生就业信息网，可为毕业生提供法规政策介绍、就业指导、用人单位需求信息查询、毕业生资源信息查询等多项服务。

就业信息的形式、内容及其传播的途径多种多样，纷繁复杂，想要科学有效地获取所需要的信息绝非易事。就业信息具有其固有的一些特性，就业信息的内容又包括方方面面，毕业生一定要切实把握就业信息的特性、掌握获取就业信息的方法、从各个方面获取完备的就业信息、全面了解就业信息的内容、合理使用有价值的就业信息，只有这样才能保证所获得的就业信息是可靠的、完备的，也只有这样的就业信息才能发挥最大的效能。

四、就业信息的获取方法及安全问题

（一）就业信息的获取方法

（1）"行业优先"获取法。这种方法强调了行业特性，毕业生获取的信息主要以自己所倾向选择的某个行业为主，即围绕选定的行业获取相关的企业信息、行业现状及发展前景等。

（2）"地域优先"获取法。这种方法体现了地域特性，毕业生获取的信息主要以自己所倾向就业的地域为主。在以地域为主要参考进行信息的搜集时，毕业生可以从以下几个层面考虑：第一个层面，可以将地域粗略划分为东部、西部、沿海、内陆等不同的区域；第二个层面，可以将地域划分得细一些，如划分为东北、西北、华北、华中、华南等；第三个层面，可以把地域具体到省份或中心城市，如有些毕业生将目标定位为"入沪""进京"等。

（3）"志趣优先"获取法。这种方法凸显了毕业生的特长和爱好等主观意志，体现了当代年轻人个性张扬、关注自我感受的特点。如有的毕业生希望自己将来能够从事管理工作，有的毕业生希望自己将来能够创业经商，那么他们在获取就业信息时就会更加关注企业管理和市场营销等方面。

（4）"一网打尽"获取法。这种方法充分保证了所获信息的全面性，即不考虑行业、地域和个人的志趣，先搜集各种就业信息，再按照一定的标准进行筛选。

上面介绍的这4种获取就业信息的方法各有利弊，采用前3种方法获取就业信息时，针对性比较强，但不足之处是信息面窄，难免会有偏颇。采用第4种方法可以获取广泛的就业信息，但由于涉及面太广，分拣和甄别有用的就业信息会很浪费时间和精力。若能将这4种方法有机地结合起来，互为补充，效果会更好，毕业生可根据自己的实际情况加以选用。

（二）就业信息的安全问题

就业信息安全是指用人单位提供给毕业生的就业信息应具有真实性、完整性、合规性和合法性，并且保证毕业生的个人信息不被泄露和恶意使用。常见的就业信息安全问题如下所述。

1. 用虚假信息诱骗毕业生支付各种费用

一些用人单位以高薪做诱饵，夸大或片面介绍单位信息。例如，一些公司在面试的时候，夸大公司的优势及员工的福利待遇，使得很多毕业生听后都很心动。然而，当真正入职的时候却被告知需要缴纳入职费、报名手续费、介绍费、保证费、服务费、培训费等相关费用，最后以"不符合条件"为由将毕业生拒之门外。

> **案例**
>
> **还没赚到工资先背上培训贷**
>
> 在毕业求职时，小郭从网上看到了某科技公司发布的招聘信息，该公司正在招聘开发人员。投递简历后，小郭便应邀参加了面试。随后，该公司称小郭需要参加公司举办的培训，并要收取1.98万元的培训费。但这笔钱不需要小郭预先支付，只需要小郭在某互联网贷款平台上申请贷款即可。为了尽快入职，小郭按公司要求申请了贷款，公司也对他承诺培训结束后只要考核合格即可转正，月薪保证在7000元以上，后期贷款将由公司偿还。但在培训结束后，公司既没有给小郭办理转正手续，也没有代其偿还贷款。这笔贷款就记在了小郭名下，加上服务费和利息，还没有领取过任何工资的小郭就背上了一笔2万余元的债务。
>
> **小提示**
>
> 毕业生刚参加工作时薪酬不高是很正常的，相反，如果一些单位声称只要入职就可提供高薪酬时，毕业生就应该提高警惕，以免上当受骗。

2. 骗取毕业生的劳动成果

一些用人单位故意混淆工作报酬，以丰厚的薪资吸引毕业生，但毕业生工作一个月并带来业绩后却连基本工资都领不到，原因是无法完成工作业绩。还有一些用人单位以考察毕业生的专业能力为借口，让其完成某项工作任务，如编一个小程序、设计一个广告、改造一个工艺流程等，一旦工作完成后，便以各种条件不符为由拒绝录用。

> **案例**
>
> 大学毕业生小张、小李、小刘都去应聘某广告公司的文案创作岗位。负责人在面试后临时要求笔试，笔试内容首先是一些有关广告行业的基础知识及一些智商测试题，然后是按要求为单位开展某项活动做一个方案。负责人说："我们只招一人，请回去等待通知。"而事实上，三人并无一人被录用。他们的文案却理所当然地被公司无偿拿走了。

3. 偷梁换柱散布虚假信息

如今，在大街小巷和一些新闻媒体上，招聘广告到处可见，可谓鱼龙混杂，泥沙俱下，一些不法单位趁机编造出一些根本不存在的好工作并设下圈套。面对激烈的就业竞争形势，即将毕业的大学生，由于缺乏求职经验和社会阅历，对招聘信息的甄别能力差，再加上求职心情极为迫切，特别是如果在求职过程中遭受过一些挫折，就容易放松警惕，这也给一些动机不纯的用人单位提供了可乘之机。

4. 黑中介招摇撞骗

近年来，随着毕业生的不断增多，各种职业中介机构也应运而生。这些中介机构有不少是非法的职业介绍所和皮包公司，他们大多为一个人牵头，聘用几个临时工作人员，挂靠在某机关、单位名下，一块牌子、一张桌子、一间房子、一枚公章就开张营业了。一些黑中介采取借用其他职业介绍公司的营业执照和人力资源服务许可证的方式，打着传递招聘信息的幌子，发布大量虚假招聘信息，实施诈骗钱财的活动。

案例

收取中介费却不提供承诺的相应服务

毕业生张某在一家中介公司的信息栏上看到招聘文员的启事，便前去咨询。该中介"电话联系"了招聘公司后，告诉张某职位空缺，可以去试一试，但要收取100元中介费用，并承诺如果这家公司不合适，可另外推荐，直到找到工作为止。面试后，公司让张某回去等消息。两个星期后，张某被告知未被录取，他只好找到那家中介公司继续找工作。再次经过面试，又等待了半个月，仍然得知没有被录取。当张某第三次折回中介公司时，中介公司告诉他没有新的空缺职位，让他再等等，结果就再也没有任何音信了。

5. 网络求职问题多

利用网络获得求职信息虽然具有查询方便、信息量大、可选择面广，可免去求职者奔波之苦，从而降低查找求职信息成本等优势，但是完全依赖网络获得求职信息也存在一定的安全隐患。如发布招聘信息的网络平台本身可能并不具备相应资质；一些人才招聘网站的保密技术不完善；有些网站对发布的招聘信息不做筛选，使得虚假信息屡禁不绝等。

案例

网络上的一些不法中介平台，抓住毕业生想要进入名企的心理，推出了"付费内推"等项目。这些中介往往声称自己与众多企业有合作关系，可提供内部推荐的机会，但获得内部推荐的资格需要付费，费用从几百元到上万元不等。有的毕业生交钱后，获得的岗位往往与自己理想中的岗位完全不符，而且也无法获得退款；有的则是内部推荐失败，得到中介的反馈称"我们尽力了"；更有甚者，被中介宣称的"预付500元安排笔试保过"所吸引，可收费后却再也联系不上中介了。

案例提示

毕业生应该明白，如果自己有能力通过用人单位的官方渠道获得实习机会，何必要付费获得内部推荐的资格？那完全是不必要的支出。如果自身能力不足，即使有内部推荐，也不一定能够成功，因为正规的用人单位在招聘新人时，更看重的是个人能力。

6. 诱骗毕业生参与非法传销组织

对毕业生求职安全最大的威胁是打着招聘的旗号，诱骗毕业生踏入非法传销陷阱。一些不法传销组织看准了毕业生急于找工作的心理，经常趁着校园招聘或网络招聘的机会，精心设计骗局，把自己包装成实业公司，潜藏在人才市场，主动与毕业生搭讪，以"高收入"和"高回报"诱骗毕业生加入传销组织。一旦毕业生陷入圈套后，再对其进行"洗脑"，限制人身自由。

案例

湖南某高校会计专业的刘同学曾经对未来充满美好憧憬，但由于朋友的一个"美丽的谎言"，使曾经朝气蓬勃的她产生了轻生的念头。据她所说，数月前一个朋友给她写信说，其舅舅在安徽开了一家公司，并声称那里有很多高素质人才，很适合大学生发展，现特意邀请她去锻炼锻炼。此后，这位朋友还多次打电话并在QQ上留言，描绘了美好的发展前景，鼓励她放弃学业，"发展事业"。经不住诱惑，刘同学匆匆北上安徽。

实际上，该公司是一家打着直销旗号的传销黑窝点。她说："从此我过着非人的生活，每天的饭菜都是白米饭、没油水的白菜冬瓜汤，晚上睡觉则在地上铺一张草席。而我见到的所谓'高素质人才'是用谎言和虚伪包装起来的。他们的工作是用欺骗的方式把价值几百元甚至一文不值的假冒伪劣化妆品以3800元的价格卖给下线。"她还透露，在她待过的广西的那个传销窝点，大部分都是正规高校的学生。

这些打着直销旗号挂羊头卖狗肉的传销黑窝点骗钱害人，使不少人家破人亡、人财两空，还有不少大学生因此把握不住人生航向，失去生活信心，失去了人格尊严。

案例分析

传销组织惯用的方法一般是先安排大学生以销售人员的名义上岗工作，然后公司让大学生缴纳一定的提货款，再让大学生去哄骗他人。有的同学在高回扣的诱惑下，甚至去欺骗自己的同学、朋友。上当之后又往往骑虎难下，最终只得自食其果，白搭上一笔钱不说，可能还伤害了与亲朋好友的感情。

7. 将个人信息泄露或恶意使用

在求职过程中，毕业生常常要面对这样的两难境地：一方面，需要提供个人的真实信息给用人单位；另一方面，又要谨防个人信息泄露并被人恶意使用。个人信息主要包括姓名、性别、年龄、身份证号码、电话号码、银行账户、邮箱地址及家庭住址等个人基本信息，这些信息一旦泄露或被人恶意使用，都可能给毕业生带来财产损失。

第三节 求职前的心理准备

高校毕业生求职择业，不仅应具有良好的思想品德素质、科学文化素质和身体素质，而且应具有良好的心理素质。良好的心理素质不仅可以使高校毕业生在择业期间保持良好的心态，适时调整自己的行为，促进顺利就业，而且可以使高校毕业生在择业后顺利适应职业及环境，尽快成才，那么，高校毕业生应做好哪些心理准备呢？

一、求职前的不良心理及对策

（一）落脚心理

1. 问题

近年来，高校毕业生的数量屡创新高，再加上往年没有就业的毕业生不断地涌入人才市场，就业形势较为严峻。面对较大的竞争压力，一些毕业生容易产生"毕业生那么多，能找个落脚的地方就不错了"的想法，于是为了尽快就业，就随便找个单位。这种看似具有危机意识的心理，的确有利于尽快就业，但存在很大的风险。首先，容易在进入单位之后找不到自己的位置，给自己的职业生涯带来极大的隐患。其次，容易导致缺乏寻找工作的动力，让自己丧失很多更好的机会。

2. 对策

虽然当前的就业形势相对严峻，但在单位的选择上需要根据自身的优势、劣势、兴趣爱好及单位的性质、所在行业的发展等进行综合考量,"落脚"的同时还要尽可能地符合自身的职业规划。同时,面对失败不要惧怕,应冷静分析失败原因,重新找回自信,充满自信是成功择业的第一步。

(二)盲目自信心理

1. 问题

不少高校毕业生对自身及社会环境评估不当,自我评价过高,一味追求大城市、大公司、高工资,往往"眼高手低"。一位企业老总说:"刚毕业的学生,我还看不到他能为我的企业创造多少价值的时候,他就提出种种关于薪酬、休假及福利的要求,一不满意就掉头走人,毫无商量的余地,这样的人我还敢用吗?"

2. 对策

克服这种心理,就要正确评价自我。无论在校成绩如何突出,个人能力如何优秀,都尚未经过市场考验,从未面对过真正的职场,高校毕业生的阅历很浅,当还无法为公司带来多少价值的时候,不太可能获得较高的职务和丰厚的待遇。同时,高校毕业生还应认真分析自己的优势与劣势,然后根据自身特点及所学专业进行分析,看看什么行业、多大规模的公司可以让自己发挥特长、学以致用,应保持一颗平常心,而不是盲目地要求公司。

(三)依赖心理

1. 问题

有些高校毕业生自己不急着找工作,想着靠家人或朋友的某些关系轻松谋职;有些高校毕业生缺乏主见,喜欢几个同学一起应聘某家单位,也不管工作是否适合自己;还有些高校毕业生非常被动,在求职过程中不主动参与和争取,寄希望于"天上掉块馅饼",这些都源于依赖心理。

2. 对策

要想改变这种不成熟、不健康的心理,变依赖为独立,可以采取以下几种方法。

首先,寻找导致依赖的原因。产生依赖心理的原因可能是自身懒惰,也可能是家庭的溺爱,如果是后者,那么可以向家人正式宣布,希望能够改变依赖行为,希望能够得到他们的理解和支持。接下来你需要的是实实在在地做些事情,让他们意识到,你已经长大了,你不再需要他们事事替你操心了,相信你的家人会对你的改变感到欣喜。如果是因为自身懒惰,那么应该认识到,自己才是求职中的主体,懒惰可能使自己的将来一事无成。

其次,学会独立自主解决问题。求职中会有困难,但不要一遇到困难就请求别人帮忙,要学会自己去分析解决。更不要怕失败,失败之后才会明白以后该怎么做。

(四)从众心理

1. 问题

社会心理学的研究表明,个体在群体中往往会受到他人行为的影响,表现出从众心理。例如,你上了一辆公交车,车上所有人都坐在车的后部,没有一个人坐在车的前部,那么你也会很自然地选择坐在车的后部。从众心理是妨碍高校毕业生进行选择的一种社会心理因素，例如，社会上流行"考研热""公务员热"，于是自己也考，也不管这份工作是否适合自己，是否符合自己的职业规划，人云亦云、缺乏主见，结果给自己的求职过程平添很多麻烦和困扰。

2. 对策

克服从众心理要学会使用"SWOT"分析法，通过该方法准确客观地对自己进行定位，而不是盲目地寻找社会上的热门行业和职位。例如，不善于交际的人就不太适合做销售，喜欢挑战不喜欢被束缚的人就不太适合做公务员。

二、求职过程中几种不正常的心理状态

（一）期望过高

我国现行的就业制度是市场导向、政府调控、学校推荐、学生与用人单位双向选择，这不等于完全的自由选择，有些毕业生认为就业就应该是自由选择的，他们不知道就业制度是与劳动人事制度、招生制度和户籍制度相关的，就业不是自由选择，还有用人单位的选择。

期望过高是很多毕业生找不到工作的问题所在，期望过高从另一个角度看就是毕业生对自己的估计值太高，毕业生应客观地评价自己、客观地看待形势、客观地进行选择。

（二）攀比心理

毕业生通常存在一种攀比心理，往往以谁去了知名度高、效益高的单位为荣，尤其是学习成绩优秀的毕业生更是在心理上有"我不能比别人差""我不能不如人""过去我一切顺利，现在我依然会顺利"的想法。结果，不从实际出发，不考虑择业时的各种综合因素，结果延误了时机，影响了就业。

（三）盲从心理

什么样的工作是好工作？其实这很难界定。大企业有大企业的难处，小单位有小单位的优点，这要与自身实际情况相结合来分析，不应随波逐流。而现实中总有一些毕业生人云亦云，大多数人选择哪里自己就选择哪里；大多数人往哪里挤，自己就往哪里挤。他们认为，大多数人钟情的工作一定是好工作，大多数人的选择一定没错，因此忽视了自己的特长，失去了适合自己的工作机会。

（四）实惠心理

"宁要大城市一张床，不要边远地区一套房"是近几年毕业生在求职过程中的一种思潮。虽然客观上大城市待遇高、发展机会多，但并不是每个人、每个专业都适合在大城市发展，西部地区、边远地区也是毕业生建功立业的地方，希望毕业生在求职时以国家的需要为重。

毕业生在求职的过程中一定要把握两个定性，即主体定性和客体定性。主体定性就是分析自己到底适合哪种职业，客体定性就是分析适合自己职业的发展前景，动态地把握职业的

发展方向。在主体定性时必须把握一个原则，即兴趣原则，因为工作本身是生活的一部分，工作质量的高低决定了生活质量的高低。

（五）不正当竞争心理

一些毕业生认为求职的竞争不是自身素质的竞争，而是关系的竞争，因此将立足点放在找关系上，使公平、公正、公开的竞争原则受到了损害。

也有一些毕业生遇到挫折就认为是不正当竞争所致，不从自身找原因，一味地找理由逃避现实。实际上，"绝对公平"在现实世界中是不存在的，但一时的"不公平"不代表一世的不公正，只要我们为机遇做好了充分的准备，就不害怕没有机会。俗话说，三十年河东，三十年河西。谁能说今天的挫折不是明天的财富呢？

（六）宿命心理

宿命心理的具体表现是认为一次就业定终身。其实，随着我国人事制度的改革，人才流动的良性机制正在形成，越来越多的人通过人才交流找到了发挥自己才能的岗位。毕业生就业后的第一份工作，更多的是经验的积累和技术的实践，只有通过长时间的工作才能真正成为一名职业者，才能重新为自己定位，确立适合自己的职业目标。

三、培养良好的求职心态

（一）直面现实，正确认识自己，树立信心

自信是求职成功的心理基石，自信是推荐自我的动力。建立自信，第一，要正确认识自我，多看到自己的长处，不要因为学历不如人而自卑，陷入不战自败的困境之中。第二，不要把求职看得过于神秘，应主动了解就业形势，认真学习求职技巧，总结经验并及时改正错误行为。第三，对于求职过程中的得失要树立平常心，冷静分析优势和劣势，学会化解求职过程中的心理压力，以积极的态度面对挫折，勇于实现自己的职业理想。

毕业生选择职业实质上是个人主观愿望和社会需求的有机结合，每个毕业生均应分析自身的优势和不足，这是求职成功的前提和基础。毕业生可借助科学的测评手段和专业的测评系统进行自我评估，做出适合自己的求职决策。

（二）处理好理想与现实的关系，理性对待理想与现实的差异

很多毕业生把自己未来的职业设定得极为完美，但理想职业与现实之间往往存在很大的差距，因此毕业生要有足够的心理准备。

毕业生要能够理智地看待就业形势和就业差异，大城市固然有较多的发展机会，但竞争也更为激烈。此外，对于专业技术性较强的毕业生来说，更应该能够冷静地看待就业形势的变化，如报考时的热门专业在毕业时可能成了冷门专业，针对这样的现象，毕业生要适时调整自己的求职方向，不可怨天尤人，盲目从众，只要做出冷静正确的自我分析和定位，总会找到属于自己的机会。

（三）克服依赖心理，实现真正自立

当今社会是一个竞争激烈的社会，是一个需要每个社会成员积极参与竞争的社会，每个毕业生应该认识到自己才是求职的主体，要树立强烈的主体意识，发挥主观能动性，摒弃把求职希望寄托于"拉关系""走后门"的心理。

四、树立正确的择业观

毕业生的择业观虽然在总体上倾向于务实化与理性化，但由于处于择业观的转型阶段，因此也存在各种不良观念，主要表现为：只顾眼前利益，忽视职业发展；盲目追求高待遇，不愿意到条件比较艰苦的地区工作；求安稳，一次就业定终身的传统观念根深蒂固；过分强调专业对口，学以致用；职业意义认识不当，仅把工作当作谋生的手段，没有充分认识到职业对个人发展、社会进步的重要意义。

总之，毕业生在求职的过程中应树立正确的择业观，主要包括以下几种。

（一）勇于面对竞争的观念

每个人都有争强好胜之心，竞争是一种本能。首先要认识到培养竞争能力是自身发展和社会发展的需要，其次竞争是实力的展示，培养竞争能力的重要前提是提高自身的综合实力，而不是一种争强好胜的抽象意识。竞争是对人才的考验，因此每个毕业生都要培养竞争意识，克服自卑、胆小、怯懦等不良的心理状态。

（二）先就业、后择业的观念

改变一次就业定终身的思想，树立灵活就业的观念。毕业生要面对现实，先降低起点、融入社会，再寻求发展的道路，这既是对自己的一种锻炼，也是一种适应社会的准备。工作一段时间后，各方面经验和能力得到提高，具备了自信心和实力，时机一旦成熟，就可以重新选择职业，实现自己的职业规划。

（三）自主创业与终身学习的观念

毕业生应有积极创业的思想准备。择业是起点，创业是追求。创业是拓展职业生涯的关键环节，在就业压力较大的社会环境中，创业意识强烈并且思想准备充分就能获得更好的发展机会，甚至还能帮助别人就业。当今社会中增添的许多新职业，既体现了新的社会需要，又体现了创业者的智慧。

为适应社会主义市场经济发展的要求，毕业生还应不断学习，尽快熟悉并掌握有关的业务，也只有不断学习，才能适应当今时代科学技术迅猛发展的需要，为事业成功奠定基础。

（四）既发挥专业所长又注重综合素质的观念

毕业生在择业时首先要考虑所学的专业，根据专业特点选择职业，做到专业特点与职业要求相匹配，发挥专业优势；同时也要考虑综合素质和能力，一味强调专业对口，会使毕业生在激烈的竞争中失去很多机会。

第三章　择业及求职材料

学习要点

掌握高职高专大学生择业的基本方法和主要途径，学习求职材料的制作方法。

学习目标

1. 掌握择业的基本方法；
2. 掌握择业的主要途径；
3. 掌握求职材料的制作方法。

名言名句

知人者智也，自知者明也。

——《道德经》

工欲善其事，必先利其器。

——《论语·卫灵公》

第一节　高职高专大学生择业的基本方法

高职高专大学生在择业的过程中，需要掌握一系列择业的基本方法，以便更准确地定位职业方向，下面将结合一个具体案例来介绍择业的基本方法。

案例

小刘是一名会计专业的学生，他通过以下几个方法成功找到了自己的职业方向，并顺利就业。小刘首先对自己的兴趣、性格、能力和价值观进行了深入思考和评估。他发现自己对会计工作有浓厚的兴趣，具备会计工作所需要的细心、耐心和责任心等特质，同时也具备了一定的会计专业知识和技能。基于评估结果，小刘将自己的职业方向定位在会计领域。为了更好地了解会计行业的现状和发展趋势，小刘通过网络搜索、参加招聘会等方式收集了大量信息。他了解到会计行业的岗位需求量大，且随着经济的发展，社会对会计人才的需求也在不断增加。同时，他也对不同岗位的职责和要求进行了详细了解，并制订了详细的求职计划。此外，他还通过社交媒体、求职网站等途径寻找更多的求职机会。为了增加自己的实践经验，小刘在校期间积极参加各类实习实训活动。在求职过程中，小刘也遇到了不少挫折和困难，但他并没有放弃，而是根据实际情况不断调整和优化自己的求职策略。他通过参加职业辅导课程、向学长请教等方式，不断提升自己的求职技巧和能力。最终，他成功找到了一家适合自己的公司,并顺利入职。

通过这个案例,可以看到高职高专大学生在择业过程中需要综合运用多种择业方法。通过自我评估与定位、了解行业与岗位、制订详细的求职计划、实践与积累经验,以及调整与优化等可以更好地找到适合自己的职业方向,从而成功就业。

一、根据自己的专业择业

根据自己的专业择业不仅有助于实现个人价值,提升职业竞争力,还能够促进社会的专业分工和资源配置。因此,大学生在择业时应充分考虑自己的专业背景,选择与之相关的职业领域,以实现个人和社会的双赢。

首先,通过在校期间的学习和实践,积累了丰富的专业知识。选择与自己专业相关的职业,能够充分发挥所学,将知识转化为实际的工作能力,进而实现个人价值的最大化。

其次,根据自己的专业择业有助于提升职业竞争力。在就业市场上,具备专业知识和技能的求职者往往更具竞争力。选择与自己专业对口的职业,更容易获得用人单位的青睐,从而增加就业机会。

再次,根据自己的专业择业有助于促进社会的专业分工和资源配置。每个行业都需要具备相应专业知识和技能的人才来支撑其发展。根据自己的专业择业能够更好地满足社会的需求,促进专业分工的深化和资源的合理配置。

最后,从个人成长的角度来看,根据自己的专业择业能够不断提升自己的专业技能和知识水平,为未来的职业发展打下坚实的基础。具体方法如下所述。

(1)了解专业方向。在择业前,应该深入了解自己的专业,包括专业课程、研究方向、就业前景等,以便更好地选择适合自己的职业方向。

(2)寻找相关职业。在了解自己的专业后,寻找与专业相关的职业,通过招聘网站、职业论坛、招聘会、学长和老师等获取相关信息。

(3)积累工作经验。通过实习实训、兼职等方式积累相关工作经验,提高职业竞争力。

(4)培养职业技能。除了参加职业培训考取与专业相关的职业资格证书,还要积极培养自己的职业技能,如沟通能力、团队合作能力、组织领导能力、责任和协作意识等。

(5)建立人脉关系。通过参加顶岗实习、专业实训、学术交流、行业活动等结交业内人士,建立人脉关系,为自己的职业发展打下基础。

(6)关注行业动态。了解自己所在行业的最新动态和发展趋势,关注与行业相关的新闻、政策、技术发展等,以便更好地把握就业机会。

(7)保持积极心态。在择业过程中,应保持积极的心态,勇于尝试和面对挑战,不断调整自己的职业规划和发展路径。

二、根据自己的兴趣和特长择业

根据自己的兴趣和特长择业,不仅能够激发工作热情和动力,还能够发挥自身优势、提升职业竞争力。因此,在择业时应充分考虑自己的兴趣和特长,选择与之相符的职业领域,以更好地实现个人价值。

首先,选择与自己兴趣和特长相符的职业有助于激发自己的工作热情和动力。研究表明,当一个人对某个领域或工作充满兴趣时,会更加投入和专注,这种内在动力能够推动自己在工作中不断进步，取得更好的成绩。

其次，根据自己的兴趣和特长择业有助于实现职业满足感和成就感。从事自己感兴趣的工作，更能够感受到工作的乐趣和价值，从而更容易获得职业上的满足感和成就感。这种满足感和成就感能够增强人们的自信心和幸福感，促进个人的全面发展。

再次，根据自己的兴趣和特长择业也有助于自己在工作中发挥优势，提升职业竞争力。每个人都有自己的优势，选择与自己的兴趣和特长相符的职业，能够更好地展现自己的优势和特点，从而在就业市场上脱颖而出。

最后，从长期发展的角度来看，根据自己的兴趣和特长择业有助于在职业生涯中保持持续不断地学习和成长。当一个人对某个领域充满兴趣时，会更加愿意投入时间和精力去学习和探索，因此有助于提升职业素养和专业能力。根据自己的兴趣和特长择业时应注意以下几个方面。

（1）了解自己的兴趣和特长。明确自己的兴趣所在和擅长的领域，这可能需要回顾自己的学习和生活经历，思考自己在哪些方面感到自信、快乐。

（2）更新职业观念。传统的职业观念强调稳定性和收入，但新时代的职业观念更强调兴趣和自我实现。因此，在择业时，可以考虑自己的兴趣和长期职业目标，选择能让自己得到成长的领域。

（3）充分利用网络资源。许多在线平台和社交媒体提供了大量的职业信息，利用这些网络资源可以了解不同职业的背景、职责、发展前景等，以便找到与自己的兴趣和特长相匹配的职业。

（4）寻求职业咨询。有必要的话可以寻求职业咨询师的帮助，职业咨询师可以帮助你更深入地了解自己的兴趣和特长，并帮助你找到与自己的个性、兴趣和技能相匹配的职业。

（5）参与志愿者项目。参与和自己兴趣相关的志愿者项目，不仅可以积累经验，还可以扩展人脉。通过参与志愿者项目，可以知道自己是否真心喜欢这个领域，并确定自己未来的职业方向。

（6）保持灵活和开放的心态。在选择职业时，不要过于局限自己。有时候，兴趣和特长可能随着时间发生变化。保持灵活和开放的心态才能找到与自己匹配的职业。

三、根据自己的实际条件择业

根据自己的实际条件择业有助于做出更加务实和可行的职业选择，实现个人与家庭的和谐发展。因此，在择业过程中，应充分考虑自己的实际条件，做出明智的职业选择。

首先，根据自己的实际条件择业有助于做出更加务实和可行的职业选择。每个家庭的经济状况不同，大学生在择业时考虑家庭的经济状况，可以避免盲目追求高薪职业或热门职业，减少不必要的风险和压力。

其次，根据自己的实际条件择业有助于实现个人与家庭的和谐发展。充分考虑家庭的实际条件，能够更好地满足家庭的期望和需求，促进家庭关系的和谐与稳定。同时，也能够减少因职业选择不当给家庭带来的经济负担和心理压力，实现个人与家庭的共同发展。

再次，根据自己的实际条件择业还有助于培养责任感和感恩之心。考虑家庭的实际条件，能够更加珍惜家庭的支持和付出，明确自己的职业选择对家庭的影响。

最后，根据自己的实际条件择业也是大学生成熟和理性的体现。这种成熟和理性有助于大学生在未来的职业生涯中更好地应对各种挑战和机遇，实现个人价值和社会价值的统一。

择业时应考虑的实际条件如下所述。

（1）家庭期望与责任。如果家庭有特定的期望或责任，如需要特定的职业以满足家庭需求，那么这可能对择业产生影响。

（2）兴趣与热情。如果对特定的行业或职业有强烈的兴趣和热情，这可能意味着即使薪水不高，也愿意去做。

（3）职业的稳定性。选择相对稳定的行业或职业，有助于长期的职业发展。

（4）地理位置。一些大学生可能希望在家乡附近工作，以便加强与家庭和朋友的联系；一些大学生为了寻求更好的发展机会，可能选择离家乡较远的大城市。

（5）经济状况。不同的职业有不同的收入潜力，考虑生活成本和预期的生活方式，选择薪资待遇符合自己需求的职业。

（6）地区发展。考虑职业所在地区的发展情况，选择有较大发展潜力的地区或城市，以便能够获得更多的职业机会和发展空间。

四、根据社会的需求择业

任何人都不可能脱离社会生存，根据社会的需求择业，能够更好地融入社会、提升职业竞争力、促进社会和谐稳定，以及提高市场敏感度和适应能力。

首先，社会需求是反映当前社会和经济发展趋势的重要指标，它直接决定了哪些行业和职业具有较大的发展潜力和就业机会。

其次，随着社会的快速发展，一些新兴行业不断涌现，同时一些传统行业也在逐渐衰退。因此，应该根据社会的需求及时调整自己的职业方向，选择具有发展潜力和前景的职业。

再次，根据社会的需求择业有助于促进社会的和谐稳定和可持续发展。如果大学生能够积极响应社会需求，选择对社会有益的职业，将有助于推动社会的和谐稳定和可持续发展。

最后，从个人成长的角度来看，根据社会的需求择业有助于培养大学生的市场敏感度和适应能力。社会需求是不断变化的，大学生应不断关注市场动态，了解行业发展趋势，以便及时调整自己的职业规划。具体需要注意以下几个方面。

（1）了解市场。包括各行各业的发展趋势、市场需求等。根据市场需求调整择业方向，可以增加就业机会和提高职业发展潜力。

（2）自我评估。了解自己的兴趣、优势和职业价值观。思考自己擅长的领域和技能，以及在哪些方面可以为企业创造价值。

（3）设定目标。根据市场情况和自身特点，设定一个或多个职业目标，这些职业目标应该具有可实现性。

（4）提升能力。为了达到职业目标，可以通过课程学习和实习等来提升自己的能力。同时，积极参加社团活动和志愿者服务也是提升软实力的重要途径。

第二节　高职高专大学生择业的主要途径

掌握择业的主要途径有助于提高就业成功率。高职高专大学生择业的主要途径有公务员考试、事业单位考试、专升本考试、应征入伍、进入国企或民营企业和自主创业等。

一、公务员考试

我国公务员考试类型主要包括国家公务员考试和地方公务员考试。国家公务员考试是指中央、国家机关以及中央国家行政机关派驻机构、垂直管理系统所属机构录用机关工作人员和国家公务员的考试。地方公务员考试是指地方各级党政机关、社团等为招录机关工作人员和国家公务员而组织进行的各级地方性考试。

在公务员考试中，笔试科目包括行政职业能力测验和申论，面试主要考查考生的综合素质和应变能力等。通过考试后，还需要进行体检和政审，确保考生符合公务员的身心健康标准和政治条件。

此外，公务员考试还包括一些其他类型，如选调生考试、政法干警考试等。这些考试的时间和报名方式可能有所不同，具体信息可以在相关官方网站上查询。

二、事业单位考试

事业单位考试，也称为事业编制考试，招聘公告在每年的 5 月下旬至 6 月上旬发布，报名时间一般安排在 6 月下旬至 7 月上旬，考试时间一般是在报名确认之后的两周左右。

根据《事业单位公开招聘分类考试公共科目笔试考试大纲（试行）》，事业单位公开招聘实行分类考试，基于对专业素养及岗位职能需要的不同，不同岗位考察不同内容，具体分为综合管理类（A 类）、社会科学专技类（B 类）、自然科学专技类（C 类）、中小学教师类（D 类）和医疗卫生类（E 类）五个类型。这五个类型笔试的公共科目均为《职业能力倾向测验》和《综合应用能力》。

以上信息仅供参考，具体的事业单位考试类型及时间须以官方发布的信息为准。为了更好地备考事业单位考试，建议同学们提前了解各类考试科目的特点，以便有针对性地进行复习。

（1）综合管理类（A 类）。主要考查综合素质和应用能力，试卷包括常识判断、言语理解与表达、数量关系、判断推理和资料分析等部分。备考重点应放在提升综合素质和应用能力上，加强常识积累和思维训练。

（2）社会科学专技类（B 类）。主要考查社会科学方面的专业素质，试卷包括言语运用、数学运用、逻辑分析、策略制定和资料分析等部分。备考重点应放在社会科学知识的学习和运用上，同时加强数学和逻辑思维的训练。

（3）自然科学专技类（C 类）。主要考查自然科学方面的专业素质，试卷包括判断推理、资料分析、数学运用和实验设计等部分。备考重点应放在自然科学知识的学习和运用上，同时加强逻辑思维和实验能力的训练。

（4）中小学教师类（D类）。主要考查教育教学方面的专业素质，试卷包括教育知识、教学技能、职业道德和法律法规等部分。备考重点应放在教育教学知识的学习和运用上，同时加强教育实践和教学技能的提升。

（5）医疗卫生类（E类）。主要考查医疗卫生方面的专业素质，试卷包括医学知识、护理知识、公共卫生和法律法规等部分。备考重点应放在医疗卫生知识的学习和运用上，同时加强临床实践和医疗技能的提升。

总体来说，事业单位考试的备考需要注重综合素质和应用能力的提升，同时根据不同类型进行有针对性的复习。

三、普通专升本考试

普通高等教育专科升本科招生考试（简称"普通专升本"）是一种高等教育的升学考试，旨在选拔优秀的高职高专大学生进入本科阶段学习。

（一）基本信息

普通专升本考试属于省级统一招生标准选拔性考试，由各省教育厅领导、各省教育考试院统一组织管理，各设区市招考机构具体组织实施，考试选拔对象为全日制普通高校的高职高专应届毕业生，实质是大学专科阶段教育与本科阶段的专业教育的衔接。

（二）备考建议

（1）制订合理的学习计划。备考期间，要制订详细的学习计划，合理安排时间，确保每个科目都能得到充分的复习。同时，要根据自己的实际情况，及时调整学习计划，保持学习的积极性和持续性。

（2）注重基础知识的学习。普通专升本考试注重对基础知识的考查，因此，在备考过程中，要注重基础知识的学习和掌握，不要忽视对基本概念和基本方法的训练。

（3）多做模拟试题和真题。做模拟试题和真题是检验学习成果和提升应试能力的重要方法。通过做题可以发现自己的不足之处，有针对性地进行补充学习。同时，也能够熟悉考试形式和题型，提高答题技巧和速度。

（4）加强英语和计算机应用能力的训练。英语和计算机应用能力是普通专升本考试的重要考查内容，要加强这方面的训练，提高自己的英语水平和计算机应用能力。

（5）保持积极的心态。备考期间，要保持积极的心态，遇到困难和挫折时，要学会调整自己的情绪。同时，要相信自己，坚定信心，努力克服困难，迎接考试。

（三）考试作答技巧

（1）合理分配时间。考试时间有限，考生要合理分配时间，确保每道题目都有足够的时间作答。在答题过程中，要学会取舍，对于难度较大或无法确定的题目，不要花费过多时间，可以先跳过，待完成其他题目后解答。

（2）认真审题。审题是正确答题的前提，考生要认真阅读题目，理解题意，把握题目的要求和考查点。对于较为复杂的题目，要仔细分析，提炼出关键信息。

（3）答题要规范。答题时要规范、清晰、有条理。对于主观题，要注意逻辑性和层次性，要点尽量齐全，表述准确。对于客观题，要注意选择正确的答案，避免混淆和误选。

（4）做好复查工作。完成所有题目后，要留出时间复查答卷，检查是否有遗漏或错误的地方。对于不确定的答案，可以再次审题，重新评估答案的正确性。

总之，考试作答技巧是考试成功的重要保障。考生在备考过程中要注重练习和模拟考试，掌握正确的答题方法和技巧，提高自己的应试能力和水平。同时，也要注意保持良好的心态和冷静应对考试的态度，以最佳的状态迎接考试。

（四）考试后的注意事项

（1）及时了解成绩。考试结束后，应及时了解成绩公布的时间和方式，及时查询自己的成绩，掌握自己的考试情况。

（2）关注录取通知。考试成绩公布后，应及时了解录取通知的发布情况。若收到录取通知，则应按照录取通知的要求，做好报到和缴费等准备工作。

（3）制订下一步计划。若未收到录取通知，则应认真分析原因，制订下一步的学习计划和备考方案。在备考过程中，要注意调整学习方法，提高学习效率，为下一次考试做好充分准备。

四、应征入伍

高职高专大学生应征入伍是一项充满意义和价值的事情，通过应征入伍，不仅能够提升自己的素质和能力，更能为社会和国家的繁荣稳定贡献自己的力量。

（一）应征入伍流程

（1）宣传和发动阶段。在这一阶段，各高校将会通过各种方式宣传应征入伍的相关信息，包括召开宣传会、发放宣传资料、张贴海报等。同时，还会公布相关的政策和规定。

（2）报名和初审阶段。通过登录全国征兵网进行网上报名，填写相关表格并上传相关证件，然后等待初审结果。初审主要是对应征者的年龄、学历、身体条件等方面进行初步审核，符合条件的应征者将被通知参加后续的体检和政审。

年龄要求：高职高专大学生的年龄要求在18岁至24岁之间，且必须是在校生或毕业生。

学习成绩要求：高职高专大学生应征入伍前必须取得相应的毕业证书或实习鉴定合格证书，并且学习成绩优良，无挂科或重修记录。

其他要求：应征者还需要具备团队协作精神、较强的适应能力和心理素质等。

（3）体检和政审阶段。通过初审后还需要按照规定的时间和地点参加体检和政审。体检主要包括身体各项指标的检测和心理测试等，政审是对应征者的政治素质和家庭背景等方面进行调查。

身体素质要求：应征者必须具备良好的身体素质，身高、体重、视力等方面要达到一定的标准，具体标准可以参考国家征兵标准。

政治素质要求：应征者必须热爱祖国、拥护党的领导，遵守国家法律法规，无违法违纪记录。

（4）定兵和签协议阶段。体检和政审通过的应征者将被确定为预定兵员，并签订入伍协议。在这一阶段，各高校还会对应征者进行役前教育和培训，帮助应征者更好地适应军队生活。

（5）入伍和培训阶段。签订入伍协议的高职高专大学生将正式入伍，开始接受为期2~3个月的封闭式集训。这一阶段的主要任务是让高职高专大学生熟悉军队生活和各项规章制度，接受军事训练和思想政治教育，为将来的服役打下坚实的基础。

（6）服役阶段。经过培训后将正式开始服役。在服役期间，他们将接受各种任务和挑战，不断提升自己的技能和能力，为国家的安全和发展做出贡献。同时，军队也会对应征者进行全面的考核和管理，确保他们能够更好地履行自己的职责。

（7）退役和安置阶段。服役期满后，高职高专大学生将选择退役或继续留在军队中服役。对于退役的高职高专大学生，国家将会提供一系列的优抚政策和安置措施，帮助其顺利地回归社会和生活。

（二）优抚政策

为了鼓励更多的高职高专大学生应征入伍，国家制定了一系列优抚政策，并且随着国家对应征入伍高职高专大学生优抚政策的不断完善，越来越多的高职高专大学生选择投身军旅生涯。

（1）学费减免。高职高专大学生应征入伍后，可以申请学费减免，减免标准根据不同地区和院校有所不同。

（2）助学金和奖学金。服役期间，高职高专大学生可以申请国家设立的助学金和奖学金，用于资助生活和学习费用。

（3）退役后复学政策。高职高专大学生退役后可以继续回原学校复学，并可以申请转专业或转入其他学校学习。

（4）就业优待。高职高专大学生退役后，在就业方面可以享受一定的优待政策，包括公务员考试和事业单位招考中的加分、优先录取等。

（5）其他福利待遇。高职高专大学生在服役期间还可以享受其他福利待遇，如发放军人津贴、提供食宿等。

总之，应征入伍是一项光荣而神圣的任务，也是一个提升自己、实现自我价值的机遇。通过应征入伍，高职高专大学生可以受到严格的军事训练和思想政治教育，锻炼出过硬的身心素质和团队协作精神。同时，在军队这个大熔炉中，高职高专大学生还能提升自己的职业技能和综合素质，为将来的职业发展打下坚实的基础。

五、进入国有企业或民营企业

国有企业通常具有稳定的经营状况和较好的福利待遇，民营企业的组织架构相对灵活，薪酬待遇差异大。国有企业往往对求职者的专业素养和综合能力要求较高，民营企业则更注重求职者的实践经验和创新能力。了解国有企业与民营企业的特点有助于求职者有针对性地进行自我提升，以更好地适应企业的需求。以下介绍与企业招聘相关的内容。

（一）企业招聘的方式

（1）线上招聘平台。如智联招聘、前程无忧等，这些招聘网站会发布各类企业的招聘信息，包括很多大型企业和创新型公司。

（2）企业官网和社交媒体。许多企业会在自己的官网上发布招聘信息，或者通过微博、知乎、公众号、抖音等社交媒体平台发布。关注企业的官网或社交媒体平台可以第一时间获取招聘信息。

（3）校园招聘会。许多企业会定期在学校举办招聘会，这是一个直接与企业招聘人员交流的好机会。通过招聘会，可以了解企业的招聘需求和岗位信息，同时也可以了解企业文化和工作环境。

（4）行业资讯网站和论坛。如 36 氪、虎嗅网等，这些网站会发布关于行业的最新动态和招聘信息。

（5）内推。通过企业内部员工进行人才推荐是目前一些互联网大厂常用的招聘方式。

（6）参加实习项目或校园社团。通过参加实习项目或校园社团，可以提前了解企业的招聘信息，同时也可以积累工作经验和人脉资源。

获取企业招聘信息的途径多种多样，只有积极寻找机会，提高自身能力，制订职业规划，保持积极心态，才能在竞争激烈的求职市场中获得成功。

（二）企业的招聘流程

（1）发布招聘公告。企业会通过其官网、招聘网站、高校就业指导中心、公众号等渠道发布招聘公告，公告内容包括招聘的岗位、人数、工作地点、岗位职责、任职资格等信息。

（2）收集简历。企业一般通过其官网或招聘会收集简历。

（3）简历筛选。人力资源部门会对收集到的简历进行筛选，初步筛选出符合岗位要求的应聘者。

（4）笔试。对于简历通过筛选的应聘者，企业会组织笔试，测试应聘者的专业知识和综合素质。

（5）面试。通过笔试的应聘者将被邀请参加面试，面试形式可能包括单面、群面等，主要考查应聘者的沟通能力、团队协作能力和领导能力等。

（6）体检。面试合格的应聘者将被邀请进行体检，检查身体健康状况是否符合岗位要求。

（7）背景调查。对于通过体检的应聘者，企业会进行背景调查，核实其学历、工作经历等信息。

（8）发放录取通知。经过上述所有环节后，企业会向合格的应聘者发放录取通知，正式录用。

（9）入职培训。新员工入职后，企业会组织一系列的培训，帮助新员工了解企业文化、规章制度、工作职责等，确保新员工能够快速融入团队，适应工作环境。

（10）试用期评估。新员工入职后会有一定期限的试用期，试用期内，企业会对新员工的工作表现进行评估，确保新员工能够胜任工作。

（11）转正。试用期结束后，如果新员工表现良好，符合企业要求，将会转正成为企业的正式员工。

以上是企业招聘的一般流程，具体流程可能因企业而异。这些步骤旨在确保企业能够招聘到合适的人才，同时也保障了应聘者的权益。

六、自主创业

自主创业不仅关乎个人职业发展，也与社会经济进步和创新活力息息相关。通过自主创业，可以将所学的专业知识与技能转化为实际生产力，创造属于自己的事业。这不仅能够满足职业追求，还有助于实现个人价值。

自主创业也是缓解当前就业压力的有效途径。随着高校毕业生数量的不断增加，就业市场竞争日益激烈。高职高专大学生通过自主创业，不仅能够解决自己的就业问题，还能为社会创造更多的就业机会，缓解就业压力。

因此，高校和教育机构应进一步加强对大学生创业意识和能力的培养，为其提供更多的创业支持和指导，鼓励其积极投身创业实践。

自主创业是一个充满挑战和机遇的过程，以下是一些建议。

（1）确定创业方向。可以是与专业相关的领域，也可以是感兴趣的领域。了解市场和行业趋势，选择一个有潜在需求的领域进行创业。

（2）制订商业计划。在确定创业方向后，需要制订一个详细的商业计划，包括市场分析、产品或服务的详细说明、营销策略、财务计划等。商业计划可以作为贷款依据。

（3）筹集资金。创业需要资金，可以向家人、朋友、银行或投资机构筹集资金。

（4）建立团队。建立一个多元化的团队，可以带来更多的经验和创新。

（5）开展业务。包括租赁办公室、购买设备、招聘员工等。在开展业务的过程中，要保持谨慎，控制成本和风险。

（6）营销和推广。要想提高产品或服务的知名度，营销和推广是必不可少的，可以通过社交媒体、广告等进行宣传。

（7）持续学习和改进。应时刻关注市场变化和客户需求，不断调整自己的产品或服务。同时，也应不断学习和掌握新的技能，以应对不断变化的市场环境。

（8）勇于面对挑战。遇到挑战和困难时，应保持积极的心态，及时寻找解决问题的方法，并从中学习和成长。

（9）培养团队协作精神。团队协作是创业成功的关键，团队成员之间应保持良好的沟通，共同面对挑战和解决问题。

（10）建立良好的企业文化。健康的企业文化可以激发员工的积极性和创造力，提高企业的整体效率。

（11）合理分配时间与精力。作为一名大学生，需要合理分配自己的时间与精力，确保学业和创业都能得到充分的关注和投入。

（12）寻求导师和行业专家的指导。可以寻找一位有经验的导师或行业专家，请其提供宝贵的建议和指导。

（13）关注法规和政策。及时了解与创业相关的法规和政策，确保企业的合法运营。

第三节　制作求职材料

一份精心制作的求职材料不仅能够提升职业竞争力，还有助于与用人单位建立联系，实现自我总结和反思，以及提升职业素养和综合能力。因此，大学生在求职过程中应重视求职材料的制作，确保其能够充分展示自己的能力和优势。

一、求职材料的作用

求职材料是求职者向用人单位展示自己能力和优势的重要工具。一份精心制作的求职材料能够充分展示求职者的教育背景、专业技能、实习经历、项目经验及个人特质，有助于求职者突出自己的优势和特长，提高被用人单位关注的可能性。

求职材料是求职者与用人单位之间建立联系的第一步。在求职过程中，求职材料通常是求职者与用人单位的首次接触。一份专业、规范的求职材料能够给用人单位留下良好的印象，为后续的面试和沟通打下良好的基础。

求职材料的制作过程也是求职者自我总结和反思的过程。在制作求职材料的过程中，求职者需要对自己的经历和能力进行梳理和总结，思考如何更好地展示自己。这有助于求职者更加清晰地认识自己的优势和不足，为未来的职业规划和发展提供参考。

求职材料的制作过程也是提升求职者职业素养和综合能力的过程。在制作求职材料时，求职者需要关注细节、注重规范，这有助于培养求职者的职业素养和综合能力。同时，通过不断修改和完善求职材料，求职者也能够提升自己的沟通能力和表达能力。

二、求职材料的制作要求

求职材料的设计对于求职者来说非常重要，因为这是求职者给用人单位的第一印象，以下是一些个人简历的设计建议。

（1）标题明确。应标明"个人简历"字样，并且可以注明申请的职位。

（2）简洁明了。避免使用过于复杂或花哨的图案或设计，简洁的设计更容易让人阅读和理解。

（3）颜色选择。确保颜色搭配得当，没有过于突兀的颜色。

（4）照片。应符合专业形象。

（5）个人信息和关键技能。简历中应写明姓名、联系方式及一两条关键技能或特长。

（6）学校标志和成绩单。简历中可以包含学校标志和成绩单，以展示相关学术成就。

（7）个性化元素。如果有独特的经历或兴趣，可以在简历设计中加入相关元素。

（8）字体选择。选择清晰易读的字体，避免使用过于装饰性的字体，以免影响阅读。

（9）突出学术成就。在简历中突出自己的学术成就，如成绩、获奖情况、参与的科研项目等。

（10）强调实习和工作经验。在简历中突出与岗位相关的实习和工作经验。

（11）列出社团活动经历。丰富的社团活动经历可以突出自己的团队合作能力和组织能力。

拓展阅读

刘XX简历

基本情况				
移动电话	138 2927 8××1	邮箱	143××××986@qq.com	照片
出生年月	2005.12	籍贯	云南永平	
政治面貌	共青团员	地址	云南××职业技术学院××校区	
求职意向	行政管理、城市交通运输管理相关工作			
教育背景				
20××.09—20××.06	云南××职业技术学院	全日制普通专科：城市交通运输专业		GPA：3.45/4.0
主修课程	城市公共交通运营管理、现代汽车站务管理、交通工程学、城市轨道交通运营管理、仓储与配送、现代城市交通系统、运输管理实务、交通运输法规、交通运输信息管理系统实务、基础会计、经济学、金融学、交通运输安全管理、汽车电气原理与检修			
所获证书				
在校荣誉	国家奖学金1次（3%），省级优秀毕业生（3%），校级优秀团员1次（5%），手工大赛优秀奖1次			
等级证书	获得国家计算机等级二级证书，通过英语A级和B级考试，获得会计从业资格证书，CET-4成绩451分			
实习经历				
20××.07.20—20××.08.20	淑女心情时装专卖店社会实践 掌握了服装销售的基本技巧，提高了表达沟通能力和观察应变能力，开阔了眼界。同时，也更加明确了自己今后的学习方向和目标。			
20××.07.01—20××.07.15	云南××职业技术学院××校区汽车实训中心汽车维修实习 掌握了汽车发动机维修的基本知识，熟悉了汽车修理环境、修理工具。通过现场维修实习，理论联系实际，将所学的理论知识加以印证、深化、巩固和充实，培养了分析问题和解决实际问题的能力，为后续专业知识的学习、工作打下了坚实的基础			
20××.06.20—20××.06.26	昆明市呈贡区雨花公交枢纽站公交站点客流量调查实习 掌握了公交客流知识和公交客流调查的基本方法，了解了公交客流在线路、方向、时间和断面上的动态分布情况，重点分析调查了断面客流量、满载情况及公交车的运行特性（包括车辆在路口的延误时间、站点停靠时间、车辆的加速时间和减速时间），深刻认识了全面、准确把握公交客流对于合理布设线路网、开辟新线路，调整现有线路，设置停靠站，选择公交车种、车型，配置运力等方面的重要性			
20××.12.23—20××.12.30	云南省昆明市呈贡区彩云中路与春融街交叉路口交通流量调查实习 掌握了交通流量调查的基本原理、内容与方法，包括计时器（跑表）、卷尺等操作实习，培养了实践和组织分析能力，增强了自己的专业知识，提高了自己的协作能力和工作技能			
校园经历				
在校工作	校学生会组织部部长（获校级优秀学生干部1次，省级优秀学生干部1次）			
志愿服务	校青年志愿者协会、昆明市红十字会志愿者，共参加志愿活动3次			

三、求职信的写法

求职信是求职者向用人单位展示自己诚意、能力、风格和特色的重要途径，也是建立初步印象和联系的关键环节。因此，在求职过程中，精心撰写一封有针对性的求职信对于成功获得面试机会至关重要。

（一）求职信的作用

首先，展示求职者的诚意和专业性。通过精心撰写的求职信，求职者能够向用人单位展示自己的诚意和对职位的热切期望。求职信也是求职者主动展示自己专业能力和与职位匹配度的机会，能够体现出求职者的专业素养和对工作的认真态度。

其次，补充简历内容。求职信可以对简历中未提及或无法充分展示的经历、技能和成就进行补充和说明。通过具体的例子和细节，求职者可以进一步强调自己的优势，让用人单位更加全面地了解自己的能力和价值。

再次，建立初步印象和联系。求职信是求职者与用人单位建立初步联系和印象的重要渠道。一封专业、诚恳、有针对性的求职信能够给用人单位留下良好的印象，为后续面试和沟通打下基础。

最后，凸显求职者的适应性和学习能力。在求职信中，求职者可以强调自己对新环境的适应能力和学习能力，以及对所申请职位的深入理解，这有助于用人单位了解求职者的综合素质和发展潜力。

（二）求职信的概念

求职信是求职者写给用人单位的信，目的是让用人单位了解自己、相信自己、录用自己，它是一种私人对公并有求于公的信函。

（三）求职信的格式

求职信由称谓、正文、结尾、附件和署名等组成。

1. 称谓

称谓即接收并查看信件的单位或个人，如用人单位负责人或人事部门负责人等。一般单独成行，顶格书写，后加冒号，表示下面有话要说。

2. 正文

正文是求职信的核心。正文首先应交代求职意向，然后分别从自身条件、优势，以及恳请对方用心阅读此信等方面分段展开。

3. 结尾

结尾写此致敬礼等表示祝愿的话，表达求职者的诚恳和感激之情。

4. 附件

在求职信的最后附上有关资料（如个人简历、获奖证书等）。

5. 署名

署名一般放在正文的结尾处，先写上日期，再在姓名前加上单位名称（如××职业技术学院学生等）。

（四）求职信的内容

（1）说明个人的基本情况和用人信息来源。首先，介绍个人的基本情况，如姓名、性别、年龄、政治面貌、就读学校和专业等，注意详略得当，最好附有近期全身照片。其次，说明用人信息的来源，做到师出有名。

（2）说明胜任某项工作的条件。求职信要着重介绍与应聘职位所需能力有关的突出成绩、经历、经验等，突出自己的优势。可以用一个简表来说明这部分内容，包括姓名、年龄、学校、专业、工作经历、能力等。

（3）介绍自己的潜能。这一点非常重要，如果这一职位的专业性很强，那么就介绍自己在此专业方向上的优势和特长，并且附上相应的证明材料。

（4）表达面谈的愿望。最后要诚恳地表达希望对方给予一次面谈的机会，切忌夸夸其谈、自吹自擂的毛病，力求突出优势和特长，给人留下谦虚有能力的良好印象。

拓展阅读

求职信

尊敬的领导：

您好！

我是××大学××专业的应届毕业生×××。非常感谢您在百忙之中阅读我的求职信。

在大学学习期间，我始终以提高自身的综合素质为目标，以自我的全面发展为努力方向，树立正确的人生观、价值观和世界观。为适应社会发展，我认真学习各种专业知识，挖掘自身潜力，积极参加暑期社会实践，逐步提高了自己的学习能力、解决问题的能力及组织协调能力。

思想方面，我热爱祖国，热爱人民，坚决拥护中国共产党的领导。我觉得一个人的价值是由他对社会所做的贡献来衡量的，因此我加入中国共产党的理由就是能够实现自我价值。

学习方面，我觉得大学生的首要任务是学好文化知识，所以在学习上我踏踏实实，一点也不放松。我认为好的学习方法对学好知识很有帮助，所以在每次考试后，我都会总结一下学习经验。一分耕耘一分收获，每当看到自己可喜的成绩，我就会感叹只要你有决心，没有什么事是不可能的。对于我们计算机相关专业的学生来说，光学好书本上的知识是远远不够的。我经常利用课余时间阅览计算机类的书籍，并参加了全国计算机等级考试，取得了不错的成绩。我认为学习是学生的职业，这份职业同样需要有智慧、毅力和恒心。在当今这个快速发展的信息时代，我们只有不断汲取新知识，才不会落伍。

学习固然重要，个人能力的培养也不容忽视。三年的大学生活给了我很多挑战自我的机会，如学生会竞选、演讲比赛、文艺汇演等。在参与这些活动的过程中，我结交了一些很好的朋友，学到了为人处世的方法，锻炼了自己的能力。这些经历使我明白有些事情如果尝试了，就有可能成功，如果不尝试，就一定不会成功。机会来临时，我们就要好好地把握住。

生活方面，大学校园就是一个大家庭。在这个大家庭中，我们扮演着被培养对象的角色。老师是我们的长辈，所以我对他们尊敬有加。同学们就像兄弟姐妹，我们一起学习，一起娱乐，互帮互助，和睦相处。集体生活使我懂得了要主动去体谅别人和关心别人，也使我变得更加坚强和独立。

作为一名即将毕业的大学生，我拥有的是年轻和知识。年轻也许意味着欠缺经验，但年轻也意味着热情和活力。我相信凭着自己的能力和学识，一定能在毕业后的工作和生活中克服各种困难，不断实现自我价值。

此致

敬礼！

求职人：×××
××××年××月××日

四、个人简历与求职信的区别

个人简历与求职信在目的、内容和格式上存在明显的差异。个人简历的主要目的是向用人单位展示自己的教育背景、工作经历、技能和业绩，使用人单位能够快速了解求职者的背景和能力，判断其是否符合招聘要求。个人简历通常是以时间倒序列出求职者的经历的，突出最近的职位和起止时间，重点在于客观地展示个人的教育和工作经历。求职信的目的则更为明确，它需要针对特定的职位或公司，突出个人的动机、职业规划和适应能力。求职信通常采用正式的信函格式，包括信头、称呼、正文和结束语，表达对该公司招聘职位的兴趣，并重点突出与该职位相关的技能和经验。求职信需要强调个人的特征与求职意向，求职信是对个人简历的简洁概述和补充。

在内容上，个人简历注重对个人教育背景、工作经验和技能的客观描述，求职信侧重个人对目标职位兴趣、动机和适应能力的表述。在求职信中，应突出强调个人与公司的匹配度，以及在目标职位上能够贡献的价值。

个人简历和求职信各有侧重，互为补充。个人简历是基础信息的展示，求职信是基于个人简历的深入和个性化展示。在制作个人简历和求职信时，应充分考虑目标职位或公司的需求，有针对性地突出自己的优势和适应能力，提高被录用的机会。

五、毕业生就业推荐表的填写

下面是毕业生就业推荐表的填写说明。

（1）封面。填写正确的学校名称、推荐时间、专业等信息。

（2）基本信息。填写个人的基本信息，如姓名、性别、出生年月、政治面貌、联系方式等。

（3）教育背景。填写个人的教育经历，从高中开始，按照时间顺序填写。在填写时，要注明学校名称、专业、学习时间等信息。

（4）技能与特长。根据个人的专业和兴趣爱好填写所具备的技能和特长，如外语水平、计算机能力等。

（5）实习与实践经历。填写个人的实习、实践或兼职经历，注明公司或组织名称、实践时间、工作内容等信息。

（6）学术成果。如果有学术论文发表或其他学术成果，可以在此填写。

（7）奖励与荣誉。填写在校期间获得的各类奖励和荣誉，注明获奖时间和荣誉级别。

（8）求职意向。明确个人的求职意向，包括期望的工作职位、工作地点、薪资要求等信息。

（9）附件。可以附上个人的简历、证书复印件等相关材料。

在填写毕业生就业推荐表时，要真实、简洁地描述自己的经历和能力，突出自己的特点和优势。同时，要注意书写规范，字迹清晰，以免影响推荐效果。

第四章　面试策略与技巧

学习要点

了解面试的含义、形式，熟练掌握面试的礼仪和技巧，熟悉常见的面试问答。

学习目标

1. 熟悉面试的形式和程序；
2. 掌握面试的技巧；
3. 提升面试的能力。

名言名句

不学礼，无以立。

——《论语·季氏》

人无礼则不生，事无礼则不成，国无礼则不宁。

——《荀子·修身》

举止彬彬有礼的人，一定能赢得好的名誉。

——培根

第一节　了解面试

一、面试的含义及形式

面试是在特定场景下，由用人单位精心策划的招聘活动，目的在于通过面谈或线上交流（视频、电话）等形式，了解面试者的基本信息、知识结构、能力特征、应聘动机等内容，以挑选与组织匹配的新成员。

随着时代的发展，面试越来越强调双向性。面试给用人单位和面试者提供了双向交流的机会，从而使双方更准确地做出聘用与否、受聘与否的决定。

二、面试的特点及种类

（一）面试的特点

（1）目的明确。面试的目的非常明确，就是为了给用人单位挑选匹配的新成员，因此可以提前对面试者的特点进行评估、匹配，从而提升面试的效率。

（2）形式灵活。面试的目的虽然明确单一，但形式可以灵活多样，包括单向表达、双向交流，观察特定情景的行为反应等。所以，面试者需要有较充分的准备和积累，才能做到随机应变，在面试中获得更好的评价结果。

（3）双向选择。一般来讲，用人单位通常比面试者拥有更多的主导权和主动权，但面试者也可以通过面试对用人单位有更多的了解，然后判断该用人单位是否符合自己的职业发展规划。

（二）面试的种类

1. 根据面试的标准化程度，面试可分为结构化面试、非结构化面试和半结构化面试

结构化面试是根据特定职位的胜任力要求，对试题构成、评分标准、时间控制、实施程序和分数统计等各个环节做出严格的规定，采取相对统一的标准化的过程对同一职位候选人进行评估的面试方式，如表4-1所示是结构化面试评分表示例；非结构化面试是指事先没有固定的框架结构，也不使用有确定答案的固定问题的面试；半结构化面试是介于结构化面试与非结构化面试之间的一种面试形式。

表 4-1

序号		姓名		性别		年龄		学历		报考职位			
测评要素		语言表达		综合分析能力		应变能力		人际交往能力		计划组织协调能力		举止、仪表	合计
权重		10		20		20		20		20		10	
观察要点		1. 口齿是否清晰，语言是否流畅？ 2. 用词是否得当，意思表达是否准确？ 3. 内容是否有条理和逻辑性		1. 能否对问题或现象做深入剖析？ 2. 对问题或现象的产生根源有无认识？ 3. 能否针对问题或现象提出相应对策？对策是否可行？ 4. 有无独到见解		1. 面对压力或问题时，情绪是否稳定？ 2. 思维反应是否敏捷？ 3. 考虑问题是否周全？ 4. 解决办法是否有效可行		1. 有无主动与人合作的意识？ 2. 能否与他人进行有效沟通？ 3. 对人际关系的处理是否违背原则或影响工作		1. 能否根据工作目标预见有利因素和不利因素？ 2. 能否根据现实需要和长远效果做出计划、决策？ 3. 能否合理配置人、财、物等资源		1. 穿着打扮是否得体？ 2. 言行举止是否符合一般的礼节？ 3. 有无多余的动作	
评分标准	好	8~10		15~20		15~20		15~20		15~20		8~10	
	中	4~7		7~14		7~14		7~14		7~14		4~7	
	差	0~3		0~6		0~6		0~6		0~6		0~3	
要素得分													
考官评语											考官签名		

2. 根据面试人数，面试可分为单独面试和小组面试

单独面试是用人单位与每个面试者单独交谈的面试形式；小组面试是用人单位同时对若干个面试者进行面试的形式。常见的小组面试是无领导小组面试，一般由面试者组成的一个临时工作小组，讨论给定题目，不做指定分工，面试者自行组织并进行一定时长的讨论，面试考官从旁边观察面试者的管理能力、决策能力、人际技能等是否达到岗位要求。

3. 根据面试的进程，面试可分为一次性面试和分阶段面试

一次性面试是指招聘组织将面试者集中在一起一次性完成的面试；分阶段面试是指招聘

组织分几轮对面试者进行面试，通常面试者较多、招聘职位非常重要会采取分阶段面试。

4. 根据面试题目的内容，面试可分为情境性面试和经验性面试

在情境性面试中，面试题目主要是一些情境性的问题，即给定一个情境，看面试者在特定情境中的行为反应；在经验性面试中，面试题目主要与面试者过去的工作经验有关。

5. 根据面试的实施方式，面试可分为线下面试和线上面试

线下面试需要面试者到特定场所与用人单位进行面对面的交流沟通。线上面试即在约定的时间内，特定的媒介平台上，用人单位与面试者通过互联网进行线上面对面的交流沟通。

三、面试的一般程序

面试的种类虽然很多，但在基本程序上都有一些共同之处，一般为面试通知→面试准备→在规定时间到达（进入）面试场地→信息核对→场外候考→正式入场→进行面试→结束退场。

但是在某些环节上还是存在一定差异的，其中最明显的差异存在于单独面试和小组面试的"进行面试"环节。单独面试主要是以问答交流的方式进行的。小组面试，以最常见的无领导小组面试为例，它的面试环节更为复杂，正式入场后，面试者需要统一听引导语，然后自行思考，进行个人发言和集体讨论（自由发言），总结陈词后才能退场。

第二节 面试的礼仪和技巧

美国著名的社会心理学家欧文·戈夫曼通过系统地观察和分析，于1959年首次提出了印象管理理论。印象管理是指一个人通过一定的方式影响他人形成对自己的印象的过程，后来被广泛地应用于求职面试中。面试者做好印象管理有助于在短期内树立良好的形象，提升面试成功率。

下面将从面试礼仪和面试技巧两个方面介绍在面试中进行印象管理的方法和注意事项。

一、面试礼仪

面试礼仪属于社交礼仪。社交礼仪作为一种文化，是人们在社会生活中处理人际关系，用来对他人表达友谊和好感的符号，可以帮助人们塑造一个良好的个人形象。面试礼仪主要包括形象礼仪、语言礼仪和行为礼仪。

（一）形象礼仪

如图4-1所示是面试着装范例。

发型。男生的发型相对比较简单，遵循干净清爽的原则即可，刘海不遮挡额头和眉毛会显得更加精神。如果女生是短发，可将头发拢到耳后，露出耳朵会显得更加干练；如果女生是长发，最好将头发扎成马尾。除此以外，不论男女都不适宜在面试时染颜色过于鲜艳的发色。

妆容。男生保持干净清爽即可，不留胡须、不化妆。女生化精致淡妆，不宜妆容过度夸张，也不宜完全不化妆就去面试。眼影以大地色系为主、口红不宜浓艳、睫毛不宜过于浓密，总体妆容以提升气质、突出个人特点为原则。

着装。面试着装首选干净整洁的正装，以表示对于出席场合的重视。男生可以选择深色系为主的西装套装；夏天可以选择纯色衬衣与西裤搭配，首选白色衬衫，冬天可以在西装套装内添加纯色羊毛衫；鞋袜以黑色皮鞋配黑色袜子为首选。女生的选择相对更多一些；裤装或裙装西装套装均可，也可以选择 A 字形连衣裙加西装外套；鞋子以黑色、裸色高跟鞋为首选，均配裸色丝袜。

图 4-1

（二）语言礼仪

关于语言礼仪，首先应注意的是语言的内容，如在面试中要使用礼貌用语"请""谢谢""你好""再见"等。

除了语言的内容，语音、语调、语速等语言要素也很重要。语音柔和、语调平稳、语速适中，最能给人以舒适感。面试时面带微笑，目光平视，真诚地注视对方，说话的语音会听起来更柔和；面试前准备充分，保持情绪放松，语调听起来会更为平稳。此外，说话声音切勿太大或太小，说话内容切勿假大空。

（三）行为礼仪

行为动作是最为动态的礼仪表达，更能体现出一个人的真实素养和状态。

站立。需要站立时，男生双脚平行打开，距离 10cm 左右，双手枕于小腹前；女生双脚并拢或呈小 V 字形站立，双手枕于小腹前。

坐姿。需要坐下时，男生双手分开放于膝前，脚后跟靠拢，膝盖可分开一个拳头宽，平行放置；女生双手合起平放膝前，双腿并拢略微倾斜，双脚并拢。如图 4-2 所示是面试坐姿礼仪范例。

行走。行走时身姿挺拔、步履轻盈，勿弓腰驼背，勿脚步拖沓。

表情动作。面试时应保持微笑，微笑是善意的信使，给人友善亲切的感觉。等待时切勿玩手机、抠指甲、双手托下巴、跷二郎腿、打哈欠、伸懒腰等；面试交流时切勿抖腿、眼神飘忽；思考问题时切勿翻白眼、低头抠手；语言出现失误时切勿吐舌耸肩。

此外，还有一个特别需要重视的面试行为礼仪，即不迟到。面试前提前规划路线，选择好出行方式，一般建议提前至少 10～20 分钟到达。提前到达可以有效提升面试者的掌控感，帮助面试者获得较为平和的心态，同时也是面试者对面试重视和尊重的表现。

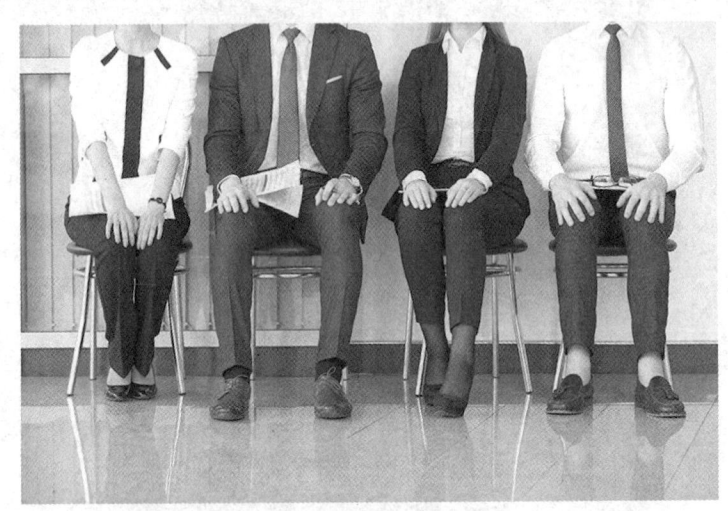

图 4-2

二、面试技巧

（一）不打无准备之仗

面试前的准备工作是否充分对整个面试的成败起着至关重要的作用，面试前的准备工作主要包括以下几个方面。

1. 信息准备

面试前，要通过多种渠道搜集行业信息、单位信息、职位信息、面试安排等相关内容，以求"知己知彼，百战不殆"。

关于行业信息，要准备的内容可以包括行业特点、行业当前面临的挑战与今后的发展趋势、自己选择这个行业的原因及优势等。关于单位信息，应了解应聘单位近年的发展动态、业务领域、单位文化等。关于职位信息，包括应聘职位的主要职责、工作内容，对学历、工作经历及个人能力的要求等。

2. 资料准备

面试前准备一份纸质的个人简历可以让自己在面试中更胸有成竹。这里要特别说明的是，个人简历最好一版一投，即针对不同的应聘单位和职位，个人简历中应突出与该职位相匹配的能力和特征。

其他要准备的资料还包括证件、证书、纸笔等。

3. 问答准备

虽然面试的形式多样，但基本都是通过问答交流来实现面试目标的，因此问答交流实际是面试的核心环节。面试问答一般包括三大类，分别是基本信息类、观点态度类、解决问题类。

基本信息类的题目通常可以理解为自我介绍。根据应聘职位有所侧重地优化自我介绍，突出特点、突出匹配度，形成 300 字左右的文字稿，时间控制在 1 分 30 秒左右。

观点态度类的题目主要考查面试者的价值取向，回答这类问题时要符合自己的实际情况，但也需要注意说话的艺术。诚恳、准确、积极、有发展性的态度更容易收获好感。

解决问题类的题目主要考查面试者的思维能力、应变能力及专业能力。可以多去看一些面试例题，但切勿背题，可以总结梳理这类问题高分答案的框架，训练答题思路。

4. 形象准备

面试前几天可以视情况安排理发、挑选服装等事项。挑选服装时建议进行实际试穿，并且征询他人的建议。如果鞋子是新鞋，需要有一个磨合期，避免面试当天因为鞋不合脚造成一些尴尬的场面。

面试前一天或当天安排沐浴、修剪指甲。男生剃须，女生做适当护理后预留充足的时间化个淡妆，如果自己不太会化妆，建议提前找好化妆师，试妆满意后预约面试当天的化妆档期。

（二）不让过度紧张毁掉面试

大部分人在面试前、面试中都会出现紧张、焦虑的情绪。如果紧张、焦虑过度的话，可能影响面试的发挥。此外，情绪状态本身也是面试中很重要的一个考查内容。因此，面试前做好情绪调节非常有必要。以下是一些缓解紧张情绪的有效方法。

1. 接纳情绪

紧张、焦虑的情绪是一把双刃剑，它对我们造成负面影响的同时，也可以激发我们的潜能，促使面试的成功。当你使用不逃避、不排斥的态度去接纳它时，它已经得到了缓解。

2. 深呼吸

面试等候时，全身放松，深吸慢呼，通过调整心率可以达到缓解紧张情绪的效果。

3. 积极的自我暗示

保持微笑，对自己的面试准备工作给予肯定，心中默默告诉自己"我已经准备好了，不管结果如何，我都会勇敢面对，加油"。

4. 关注当下

如果等待面试时仍然反复回忆准备好的问答，就可能出现脑子一片空白的状态，这时不妨跳出回忆状态，检查自己的着装、关注当下的情境，以缓解紧张情绪。

第三节 面试应答

一、面试常见问题

切记，没有充足的准备，不要随便去面试！否则你将一次次失去机会。以下是一些常见的面试问题。

1. 性格、工作期望和职业理想方面

（1）请简单介绍一下你自己。
（2）描述一下你的性格和倾向。
（3）你有什么兴趣与爱好？
（4）你通常与哪种人相处最融洽？为什么？
（5）你认为什么人最难相处？你会如何去面对他们？
（6）你认为在哪种工作环境中最能发挥你的才能？
（7）你有没有制定自己的人生目标？是什么？
（8）什么是你选择工作的首要因素？
（9）五年以后你对自己的工作有什么期望？
（10）你对自己的事业有什么长远打算？
（11）你怎么定义事业成功？
（12）遇到困难时你会怎么做？
（13）你认为自己是不是一个有野心的人？
（14）你的职业理想是什么？

2. 学校生活与学习计划方面

（1）你在学校最喜欢和最不喜欢的课程分别是什么？为什么？
（2）你认为考试成绩能否反映你的实际才能？
（3）在这几年的学校生活中，你最难忘的经历是什么？
（4）你从课外活动中学到了什么？
（5）你有没有考研、出国留学或其他继续深造的打算？

3. 申请职位与部门方面

（1）你为什么申请这个职位？
（2）你为什么想加入本公司工作？
（3）你对本公司有多少了解？
（4）你了解这份工作的职责吗？哪一方面最吸引你？

（5）你认为自己最大的优点和缺点分别是什么？

（6）假如你被录用了，将如何开展工作？

（7）你为什么认为自己非常适合这份工作？

（8）你认为自己的哪些经历会有助于你即将担任的这份工作？

（9）你认为在本公司成功发展需要什么样的条件？

（10）你还申请了什么职位？你若被多家公司同时录用会如何选择？

（11）你能否到外地工作或经常出差？

（12）如果工作需要的话，你能否加班？

4. 工作经验方面

（1）你有过什么工作经历、实习经历、社会实践和社会经验？

（2）简单描述一下你参加某一次活动的情况及你的职责。

（3）你从学校和社会的一些实践活动中学到了什么？

（4）在这些活动中，你最喜欢什么？不喜欢什么？

（5）在学校和社会活动中，你遇到的最大困难是什么？如何解决的？

（6）你认为在学校获得的工作经验能否应对新工作？

（7）在学校中你和同学相处得如何？

5. 工作技能及语言能力方面

（1）你有没有参加过一些专业考试？成绩如何？

（2）你的计算机水平如何？会使用哪些软件？

（3）你的普通话水平如何？能否用普通话做自我介绍？

（4）请用英文做一个简单的自我介绍。

（5）除了中文和英语，你还懂得其他语言吗？

（6）你有没有参加过与你申请职位相关的培训？

6. 时事问题方面

（1）你看了最近的政府工作报告吗？对此，你有什么想法？

（2）你认为最近政府的哪些措施会对本行业发展有重要影响？

（3）你主要关注媒体哪些方面的报道？

7. 假设性问题方面

（1）假设有顾客不满意你的服务，并要投诉你，你会如何处理？

（2）假设由于你的失误而使工作出现问题，但你的上司并不知情，你会怎样处理？

8. 面试者向用人单位询问的问题——主要是与该职位相关的问题

（1）对于担任该职位的员工，单位有什么期望和要求？（该问题能够表明你对该职位的兴趣与诚意）

（2）未来几年，单位会有什么新的发展计划？（该问题能够表明你对该单位的兴趣，你也可以从中了解更多有关该单位的发展潜力，以决定自己最后的去向）

(3) 单位对于员工在业余时间的进修是什么态度？（该问题表明你有兴趣去进修及在该行业发展）

二、面试常见问题分析

面试时会遇到一些常见问题，针对这些问题好好准备，在面试时就不会思维混乱了，下面是 8 个常见问题及答题思路。

(1) 请介绍一下你自己。

简述基本信息，介绍与职位相关的积极个性和专业技能，表达明确的求职意愿，言简意赅，不超过 3 分钟。

(2) 为什么想进本单位？

建议从积极意愿和能力匹配两个角度去回答，可以适当加入对用人单位的欣赏和赞美，但务必诚恳，否则会画蛇添足，得不偿失。

(3) 喜欢这份工作的哪一点？

这是价值取向题，每个人的答案会有差异。可以从个人成长、自我价值实现的角度进行积极回答，也可以从现实角度进行补充回答，如这份工作地点离家近，很便利。一方面可以表达出你的职业规划和职业理想，另一方面也表现出你的真诚和坦率。

(4) 认为自己有哪些优缺点？

有许多用人单位都喜欢问这个问题，目的是检视人才是否适当、面试者的诚恳度等，因此在回答这个问题时建议说一些笼统的、与应聘职位相关的优点。

(5) 对工作的期望与目标是什么？

这个问题用于判断面试者是否对自己有一定程度的期望、对这份工作是否了解等。因此建议根据工作的性质进行回答。

(6) 你对加班有什么看法？

这个问题用于考察面试者对工作的态度。可以从以下三个角度回答：如果工作需要，我会义不容辞地加班；同时我也会提高工作效率，减少不必要的加班；如果有不可抗力导致不能加班，我会把工作交接好。

(7) 你希望的待遇是多少？

这是一个非常敏感的问题，目前，一般大型机关单位在招聘时会事先说明包括基本底薪在内的薪资待遇，然而还有一些事业单位仍以个人能力作为议薪的标准，所以建议面试者可以事先查询薪资定位的相关资料，并结合个人的价值观、经验、能力等给出期望的待遇。

(8) 你有什么问题吗？

这个问题一般会出现在面试尾声，用人单位想着重考察面试者的主动性和应变能力，其次也作为双向补充了解的通道。提一个"好"的问题，有时比获得问题的答案更有价值，如贵公司的优秀员工有什么共同的特征。

三、面试应答技巧

1. 把握重点

一般情况下，回答问题时要结论在前、议论在后。即先将自己的中心意思表达清晰，再分条叙述和论证，论证时要做到把握重点、简洁明了、条理清楚、有理有据，否则，长篇大论，会让人不明白你要表达什么。

2. 避免抽象

用人单位提出问题是希望了解面试者的具体情况，切不可简单地以"是""否"作答，针对所提问题的不同，回答时一定要展开说明，有的需要解释原因，有的需要说明程度。常见问题包括"你了解我们单位吗？""你为什么喜欢这个工作？""你找工作首先考虑的因素是什么？""到本单位上岗之前，让你先到基层锻炼两年，你愿意吗？"

3. 弄清问题

如果对用人单位提出的问题不知从何答起时，可以先将问题复述一遍，并针对自己对这一问题的理解请教用人单位，同时确认自己的理解是否准确，这样才会有的放矢，不至于答非所问。

4. 见解独到

面试问题大同小异，因此，只有精辟且独到的见解和具有个人特色的回答，才会引起对方的兴趣和注意。

5. 实事求是

面试过程中遇到自己不知道的问题时，回避闪烁、默不作声、牵强附会、不懂装懂的做法都不可取，诚恳坦率地承认自己不知道，反而会赢得用人单位的信任和好感。

第五章　高校毕业生就业权益保护

学习要点

通过学习明确高校毕业生就业过程中应该享有的权利和需要履行的义务，了解高校毕业生在实习、求职、签订就业协议和劳动合同过程中与权益维护相关的注意事项，掌握解决劳动争议的途径和方法，自觉培养维权意识，合法维护就业权益。

学习目标

1. 了解高校毕业生就业的权利和义务；
2. 掌握就业协议与劳动合同的区别；
3. 掌握解决社会保险与劳动争议的途径和方法。

名言名句

如果你能成功地选择劳动，并把自己的全部精神灌注到它里面去，那么幸福本身就会找到你。

——乌申斯基（俄罗斯教育心理学的奠基人）

我这一生基本上只是辛苦工作，我可以说，我活了75岁，没有哪一个月过的是真正的舒服生活，就好像推一块石头上山，石头不停地滚下来又推上去。

——歌德

失去了诚信，就等同于敌人毁灭了自己。

——莎士比亚

第一节　高校毕业生就业的权利和义务

一、高校毕业生的就业权利

目前，根据我国就业政策和就业规范的有关规定，高校毕业生享有多方面的权利，具体内容如下所述。

1. 信息知晓权

就业信息是高校毕业生成功就业的前提，学校就业指导部门应该如实地、毫无保留地向高校毕业生提供就业信息，包括用人单位的需求信息、单位的基本情况、福利待遇等。

2. 接受就业指导权

高校毕业生有权从学校接受就业指导，学校就业指导部门应该安排专门人员组织开展就业教育与指导，包括宣传国家有关就业的方针、政策，进行就业指导与训练等。引导高校毕业生根据国家和社会的需要，结合个人实际情况择业。

3. 自主择业权

根据国家有关规定，高校毕业生应在国家就业方针、政策的指导下通过供需见面、双向选择实现自主择业。只要符合国家的就业方针、政策，高校毕业生就可以自主选择用人单位。任何单位或个人均不得干涉，更不能将个人意志强加于高校毕业生。

自主择业权是指高校毕业生享有就业与不就业的权利，如申请自费出国的高校毕业生在毕业时可以申请不就业。

4. 自荐权和被荐权

高校毕业生有权向有需求的用人单位进行自我推荐并接受学校的推荐。学校应广泛地向用人单位推荐高校毕业生，并坚持实事求是推荐、公平推荐、择优推荐的原则，发挥学校推荐的导向作用。

5. 平等待遇权

《中华人民共和国劳动法》（以下简称《劳动法》）第十二条规定："劳动者就业，不因民族、种族、性别、宗教信仰不同而受歧视。"第十三条规定："妇女享有与男子平等的就业权利。在录用职工时，除国家规定的不适合妇女的工种或者岗位外，不得以性别为由拒绝录用妇女或者提高对妇女的录用标准。"

6. 享受国家规定的待遇权

高校毕业生就业后，其工资标准和福利待遇应按国家有关规定执行，工龄从报到之日起开始计算。高校毕业生报到后，用人单位应根据工作需要和高校毕业生所学专业及时安排工作岗位。

到非公有制单位就业的高校毕业生，其档案按国家有关规定进行管理，工资待遇由高校毕业生与用人单位协商确定，但工资标准原则上应不低于国家规定的当地最低工资标准。

此外，高校毕业生还应享有自谋职业和自主创业及享受相应优惠政策的权利、支边及享受相应的优惠政策的权利。

7. 违约求偿权

高校毕业生、用人单位、学校三方签订就业协议后，任何一方不得擅自毁约。若用人单位无故要求解约，高校毕业生则有权要求对方严格履行就业协议，否则用人单位应对高校毕业生承担违约责任。在目前的就业过程中，由于各方面原因，高校毕业生重复签订多份就业协议的情况时有发生，应当引起重视。

8. 其他权利

高校毕业生作为一个即将踏入社会的劳动者，还应当享有《劳动法》《就业促进法》《劳动合同法》等法律法规所规定的劳动者应享有的权利。如申请调整改派权、申诉权、劳动权、获得报酬权、劳动保护和劳动保障权、休息休假权、隐私权、职业培训权、社会保险福利权等。

二、高校毕业生的就业义务

权利和义务是相辅相成的,高校毕业生在择业、就业的过程中,还应履行相应的义务。

1. 收集、分析就业信息的义务

除了学校就业指导部门提供的就业信息,高校毕业生还应该广泛地收集就业信息,并进行认真、细致的分析判断,从中找到有用的信息,从而确定自己求职的主要目标和方向,这是高校毕业生成功就业的前提。

2. 如实介绍个人情况的义务

高校毕业生在求职过程中,如实向用人单位介绍自己的情况是诚信做人的基本要求,也是应尽的义务。只有如实介绍自己的情况,以诚相待,才能获得用人单位的信任,才有利于用人单位了解高校毕业生的基本情况。

3. 遵守就业协议的义务

就业协议是明确高校毕业生、用人单位、学校三方权利和义务的书面表现。就业协议一经高校毕业生签字、用人单位和学校盖章后即具有法律效力,任何一方都不得擅自解除。否则,违约方应支付相应的违约金。

4. 按时到工作单位报到的义务

高校毕业生签订了就业协议后,应按规定时间到用人单位报到。如果高校毕业生无正当理由不去用人单位报到,学校将不再负责其就业,并会将其户口关系和档案转至家庭所在地。

5. 服从国家需要的义务

虽然高校毕业生有自主择业权,但也需要履行服从国家需要的义务。当国家重点建设项目或某些行业急需人才的时候,高校毕业生有义务服从国家安排。

6. 其他义务

高校毕业生在享有《劳动法》《就业促进法》《劳动合同法》等法律法规所规定的劳动者享有的权利的同时,还必须履行劳动者的义务,如完成工作任务的义务、提高职业技能的义务、执行劳动安全卫生规程的义务、遵守劳动纪律和职业道德的义务、遵守学校有关规定的义务等。

第二节 就业协议与劳动合同

高校毕业生与用人单位通过双向选择,达成一致后签订就业协议,毕业后,再通过签订劳动合同来明确双方的权益和义务,这是一种法律行为。因此,高校毕业生除了应了解与就业相关的法规，还应掌握与就业协议和劳动合同相关的基本知识及规定。

一、就业协议和劳动合同

（一）就业协议

《全国普通高等学校毕业生就业协议书》（简称"就业协议"），又叫"三方协议"，由教育部统一制定。就业协议是高校毕业生和用人单位在正式确立劳动人事关系前，经双向选择，在规定期限内就确立就业关系、明确双方权利和义务而达成的书面协议；是用人单位确认毕业生相关信息真实可靠及接收毕业生的重要凭据；是高校进行毕业生就业管理、编制就业方案及毕业生办理就业落户手续等有关事项的重要依据。

1. 就业协议与实习协议

在签订就业协议前，许多用人单位通常与在校生签订实习协议，明确实习期间的工作内容、报酬及工作时间等。而一旦签订新的就业协议，就意味着一些权利和义务可能发生变更，如实习报酬、工作内容等。如果就业协议与实习协议发生冲突，按照《劳动合同法》的规定，后生效的合同往往较先生效的合同更具法律效力；如果就业协议与实习协议并无冲突，应当同时履行。

2. 就业协议与补充协议

许多用人单位为了进一步明确双方的权利和义务，往往在签订就业协议的同时签订补充协议或附加协议，如关于实习报酬、人身损害、保密义务等条款。

由于补充协议一般基于就业协议，因此其与就业协议构成从合同与主合同的关系。若补充协议与就业协议中的条款无冲突，应当并行履行；若条款有冲突，如就业协议约定的违约金为 8000 元，而补充协议约定的违约金为 1 万元，此时应当遵照主合同即就业协议的约定 8000 元执行。另一方面，就业协议有学校一方的介入，更能体现公平性；而补充协议虽属于自由约定，但高校毕业生的弱势地位明显，仲裁者一般会从保护高校毕业生的角度去理解条款间的冲突。

3. 就业协议的签订方式

（1）公务员：无须签订就业协议，凭《公务员录取通知书》办理派遣手续。

（2）企事业单位：签订就业协议后，需要用人单位按管理权限报主管部门或政府毕业生就业工作部门登记备案用印，经用人单位和主管部门或政府毕业生就业工作部门用印的就业协议方可认定为有效。

（3）中小企业、非公有制企业和民办企业：签订就业协议后，无须用人单位再按管理权限报主管部门或政府毕业生就业工作部门审批，仅经用人单位用印的就业协议就可认定为有效，但需要到主管部门或政府毕业生就业工作部门登记备案。

拓展阅读

全国普通高等学校毕业生就业协议书（样例）

院校名称：＿＿＿＿＿＿＿　　协议书编号：＿＿＿＿＿＿＿

毕业生	姓　名		学　号		出生日期	
	性　别		民　族		学院	
	政治面貌		学历		专　业	
	培养方式		联系电话		电子邮箱	
	生源所在地		家庭地址			

用人单位	单位名称			
	单位性质		统一社会信用代码	
	职位类别		单位行业	
	通信地址			
	联系人		联系电话	
	是否接收档案		档案接收单位	
	档案接收地址			
	档案接收邮编		档案接收人	联系电话

协议条款

根据国家就业工作的方针、政策，为明确毕业生（甲方）、用人单位（乙方）、学校（丙方）三方在毕业生就业工作中的权利和义务，在平等自愿、协商一致的基础上，共同达成如下协议：

一、甲方应按国家政策规定就业，向乙方如实介绍自己的情况，通过对乙方的了解，自愿到乙方就业并在规定时间内到乙方报到，如因特殊情况不能按时报到，应征得乙方同意。

二、乙方应如实向甲方介绍本单位及甲方应聘岗位的有关情况，通过对甲方的考核，同意录用（聘用）甲方。

三、丙方应如实向乙方介绍甲方的有关情况，有审查甲方和乙方"双向选择"意思表示是否真实的权利，并依据有关规定和甲、乙双方约定，为甲方就业办理合规手续。

四、甲乙双方如有其他约定，应在备注栏注明，备注栏中的约定事项由双方签字盖章后生效。

五、甲乙丙三方应全面履行协议，如发生争议，应积极协商解决，经各方协商一致，可以变更或解除协议，变更和解除协议均应采用书面形式。

六、本协议一式四份，甲乙双方各执一份，丙方院系和就业管理部门各执一份

毕业生应聘意见：	用人单位意见：	用人单位上级主管部门或人事代理单位意见：（有用人自主权的单位此栏可略）
签名： 　　　年　月　日	签名：　　　　（印章） 　　　年　月　日	签名：　　　　（印章） 　　　年　月　日

学校意见	通信地址			
	联系人		毕业生就业手续办理咨询电话	
	辅导员/班主任意见： 班主任（辅导员）签字： 　年　月　日	院（系）意见： 经办人：　　（印章） 　年　月　日	学校就业部门意见： 经办人：　　（印章） 　年　月　日	

续表

备 注 栏
1．工作岗位：
2．工作地点：
3．报到时间：
4．试用期（天）：
5．薪资（元）：
毕业生与用人单位约定的其他事项：

协议书验证查询	

提示：本协议使用A4标准纸张双面打印一式四份，经用人单位签章后尽快到学校办理相关手续。

（二）劳动合同

劳动合同是国家宏观调控劳动力，促使劳动力合理流动的工具；是企业劳动管理的有效手段；是公民实现劳动权的重要保障，也是解决劳动争议的法律依据。

劳动合同，也称劳动契约，是指劳动者同企业、事业、机关单位等用人单位为确立劳动关系，明确双方责任、权利和义务所签订的协议，是两方协议。

所谓劳动关系，是指劳动者与用人单位建立的在劳动过程中的社会经济关系。其具体表现为劳动者加入某一个用人单位，成为该单位的一员，并参加单位的生产劳动，遵守单位内部的劳动规则；用人单位则按照劳动者的劳动数量或质量支付报酬，提供工作条件，并不断提高劳动者的物质文化生活。

1. 劳动合同的条款包括必备条款和约定条款两部分

必备条款包括：①用人单位的名称，地点和法定代表人或主要负责人；②劳动者的姓名、住址和居民身份证或其他有效证件号码；③劳动合同期限，主要分为有固定期限、无固定期限和以完成一定的工作为期限三种形式；④工作内容，主要包括工种和岗位，以及该岗位应完成的生产（工作）劳务、工作班次等内容；⑤劳动保护和劳动条件，主要包括劳动安全和卫生规程，女工和未成年人的保护规定，工作时间和休息休假等内容；⑥劳动报酬，主要包括劳动者的工资、奖金、津贴和补贴等内容；⑦社会保险；⑧劳动纪律，主要包括企业规章制度、劳动纪律等内容及其执行程序；⑨劳动合同终止的条件；⑩违反劳动合同的责任。

除了以上规定的必备条款，劳动合同双方当事人还可以通过协商订立约定条款。双方当事人可以就用人单位出资招收录用、出资培训、劳动者保守用人单位商业秘密等事项约定有关的权利和义务，但约定条款不能违反法律法规和有关规章的规定。

2. 签订劳动合同的程序

高校毕业生与用人单位签订劳动合同时应按以下程序进行。

（1）索取劳动合同。用人单位在招聘新员工之前，一般会草拟劳动合同。在拿到劳动合同后，应该详细阅读，了解劳动合同中双方的权利与义务是否对等、明确、具体。一般而言，劳动合同对受聘时间、劳动日的长短、劳动保护、工资待遇、劳动保险都应是明确具体的。拿到劳动合同后，切莫在对各项条款还没弄清之前就草率地签字。因为一经签字，就具有法律效力了，最好是先请有经验的长者或律师审阅，确认无误后再签字。

（2）进行劳动合同解释。劳动合同中若有不够明确或理解困难的条款，可以请用人单位对此条款进行解释，以防产生分歧。

（3）商谈。劳动合同的双方是对等的，若对劳动合同中的某些条款有不同看法，可以与用人单位进行商谈，如果双方不能达成共识，可另谋高就，不要委曲求全，切莫因求职心切而胡乱"投医"，这样会使自己的损失更大。

（4）识别劳动合同的真伪。一些不良的用人单位会利用高校毕业生社会经验不足、急于就业的心理签订不利于高校毕业生的劳动合同。因此，在签订劳动合同的时候要逐条审核，辨别真假。

拓展阅读

劳动合同承担违约金的规定

在我国，用人单位只有在两种情形下向劳动者索要违约金才能够得到支持，根据《中华人民共和国劳动合同法》第二十五条规定，除本法第二十二条和第二十三条规定的情形外，用人单位不得与劳动者约定由劳动者承担违约金。

法条索引：

第二十二条 用人单位为劳动者提供专项培训费用，对其进行专业技术培训的，可以与该劳动者订立协议，约定服务期。

劳动者违反服务期约定的，应当按照约定向用人单位支付违约金。违约金的数额不得超过用人单位提供的培训费用。用人单位要求劳动者支付的违约金不得超过服务期尚未履行部分所应分摊的培训费用。

用人单位与劳动者约定服务期的，不影响按照正常的工资调整机制提高劳动者在服务期间的劳动报酬。

第二十三条 用人单位与劳动者可以在劳动合同中约定保守用人单位的商业秘密和与知识产权相关的保密事项。

对负有保密义务的劳动者，用人单位可以在劳动合同或保密协议中与劳动者约定竞业限制条款，并约定在解除或终止劳动合同后，在竞业限制期限内按月给予劳动者经济补偿。劳动者违反竞业限制约定的，应当按照约定向用人单位支付违约金。

需要注意的是，上述条文规定的是法定情形之外用人单位不得收取劳动者约定违约金的情形。而不包括用人单位与劳动者自主约定，在用人单位违约的情况下劳动者可以向用人单位索要违约金的情形。

（三）就业协议与劳动合同的区别

就业协议与劳动合同均为用人单位与劳动者确立劳动关系的协议，但它们是两种不同类型的协议。

1. 作用不同

就业协议是为维护国家就业计划的严肃性，明确高校毕业生、用人单位、学校三方在高校毕业生就业工作中的权利和义务的书面表现形式，是办理报到、接转行政和户口关系的依据；劳动合同是劳动者与用人单位确立劳动关系、明确双方权利和义务的协议，是劳动者从事何种岗位、享受何种待遇等权利和义务的依据。

2. 主体不同

就业协议由教育部统一制定，按照教育部关于《〈全国普通高等学校毕业生就业协议书〉管理办法》执行，涉及学校、高校毕业生、用人单位三方主体。劳动合同是根据《劳动合同法》的规定制定的双方合同，只涉及劳动者和用人单位。劳动合同的主体可以是高校毕业生，也可以是其他人，学校不是劳动合同的主体也不是劳动合同的见证方。

3. 内容不同

就业协议是高校毕业生与用人单位签订的初次工作协议，其主要意义在于将高校毕业生与用人单位双方互相选择的关系确定下来，一般并没有详细规定双方具体的权利与义务；而劳动合同则指用人单位与劳动者确定工作关系后签订的关于双方权利和义务的协议。因此，高校毕业生与用人单位签订了就业协议不能等同于签了劳动合同。高校毕业生与用人单位在签订就业协议之后，还必须签订劳动合同，以保护自己的合法权益。目前的实际情况通常是高校毕业生到单位工作后，双方才签订劳动合同。

4. 效力时段不同

就业协议的效力始于签订之日，终于到工作岗位报到之时。一般就业协议的作用仅限于对就业过程的约定，一旦高校毕业生到用人单位报到，就业协议的使命也就完成了。就业协议不能替代劳动合同，不是确定劳动关系的凭证。就业协议在高校毕业生毕业离校前签订，劳动合同在高校毕业生报到上岗时签订。就业协议签订在前，劳动合同签订后，就业协议即丧失效力。

5. 发生问题时的处理部门不同

就业协议发生问题需要处理时，一般先由高校毕业生和用人单位进行协商，如果取得一致意见，就报送高校毕业生所属学校的就业主管部门，由学校就业主管部门审查认可后报上级主管部门批准，予以调整。而劳动合同发生问题需要处理时，高校毕业生和用人单位要向劳动争议调解委员会或劳动仲裁机构报送处理。

拓展阅读

2017年5月，李梅和一家公司签订了一份就业协议，约定李梅大学毕业后到该公司工作。7月，李梅如期到公司上班，但公司一直没有与李梅签订劳动合同，李梅也认为自己有就业协议在手，签不签劳动合同并不重要。2018年1月，李梅突然被公司"解雇"，且公司拒绝给予任何经济补偿。李梅不服，向劳动仲裁机构申请仲裁，劳动仲裁机构认为，就业协议不同于劳动合同，也不能替代劳动合同，并且李梅没有提供证据证明其与公司之间的劳动关系，判决驳回了李梅的仲裁申请。

点评分析

李梅只与用人单位签订就业协议，明确了她未来的工作去向问题。但是由于没有签订书面劳动合同，因此对于李梅和用人单位之间有关劳动履行中的权利和义务的关系并不明确。如果李梅不能举出切实的证据证明她曾在用人单位工作，那么劳动仲裁机构驳回李梅的仲裁申请就是正确的，因此证据很重要。

二、签订就业协议的注意事项

就业协议是学校制定就业派遣方案、用人单位申请用人指标的主要依据，对签约的各方都有约束力。高校毕业生与用人单位签订就业协议时应注意的问题如下所述。

（一）全方位了解用人单位的主体资格及相关情况

签订就业协议前要了解用人单位是否具有应届高校毕业生的接收资格，协议双方的资格是否合格是就业协议是否具有法律效力的前提。如果是企业，要了解企业的发展趋势、企业招聘的岗位性质、员工培养制度、待遇状况、福利项目等系列内容，不仅要掌握资料，还要进行实地考察。

（二）签订就业协议要合乎程序

首先，就业协议需要高校毕业生签字并写清签字时间；其次，用人单位及其上级主管部门必须加盖单位公章并注明时间，不能用个人签字代替单位公章；最后，需要将就业协议交给学校就业主管部门履行相关手续，以便及时列入就业方案，及时办理就业报到手续。

（三）条款明确合法

就业协议中的条款是整个就业协议的关键部分，因此一定要认真审查。首先，审查就业协议条款是否合法，是否符合国家相关法律和政策；其次，审查和仔细推敲双方权利和义务是否合理；最后，审查除协议本身外是否有附件即补充协议，并审查清楚其内容。由于目前使用的就业协议中的条款相对简单，因此高校毕业生可以和用人单位就原条款中未能体现的具体权利和义务用补充协议的形式表达出来。否则一旦发生争议，由于事先约定不明确，不利于自身合法权益的保护。

（四）就业协议经三方面签字、盖章后生效

就业协议签订后，高校毕业生、用人单位、学校三方都应严格履行，若有一方提出变更，则需要征得另外两方的同意，责任由违约方承担。如果高校毕业生万不得已要单方面毁约，就必须在规定的时间内征得原签约单位的同意，经学校就业主管部门批准，并按照有关规定交纳一定的违约金，方可改派。

（五）无效的就业协议

一般来说，常见的无效就业协议有以下几种情形。

1. 一方或双方不具备主体资格

高校毕业生不具备主体资格主要是指毕业于不具有合法办学资格的院校或届时不能取得毕业资格（未修满学分、因违纪被开除、延长学籍等）；用人单位不具备主体资格主要是指单位未登记注册或经批准单位已被注销，单位从事非法活动、无用人指标等。

2. 条款不合法或损害公共利益

就业协议中的某些条款不符合法律、行政法规等的强制性规定，如试用期规定、工资规定、福利待遇，以及因性别、种族、民族、宗教信仰等不同而受歧视的条款。条款不合法可能导致就业协议全部无效和部分无效。

3. 请人代签的就业协议无效

就业协议是一种具有很强人身性质的合同，一般不适用"代理"，必须由高校毕业生亲自签字。因此，一般来讲，代签的就业协议是无效的。

4. 附加生效条件的就业协议

附加生效条件的就业协议指高校毕业生与用人单位约定以一定条件的条款作为就业协议生效的要件，如毕业时必须过英语六级或通过司法考试。

5. 可变更和可撤销的就业协议

这是指因高校毕业生或用人单位的意思表示有瑕疵导致争议，经撤销权人请求，由法院或劳动仲裁机构变更其内容或使其效力自始消灭的就业协议。此种就业协议的效力待定，需要看一方是否行使撤销权及司法机关的裁决情况。

三、就业协议的解除

为了维护就业协议的严肃性和学校的声誉，高校毕业生与用人单位签订了就业协议后，双方都应认真履行。若高校毕业生因特殊原因要求解除，则应承担违约责任。

（一）就业协议解除的情形

就业协议的解除分为单方解除和三方解除。

（1）单方解除，包括单方擅自解除和单方依法或依协议解除。单方擅自解除属于违约行为，解约方应对另两方承担违约责任。单方依法或依协议解除，是指一方解除就业协议有法律上的或协议上的依据，如未取得毕业资格，用人单位有权单方解除就业协议等。此类单方解除，解除方无须对另两方承担法律责任。

（2）三方解除是指高校毕业生、用人单位、学校三方经协商一致，废止原订立的就业协议。此类解除是三方当事人真实意志的体现，三方均不承担法律责任。

（二）解除就业协议的程序

已签订就业协议的高校毕业生，若要解除，则需办理解约手续，具体程序如下所述。

（1）到原签就业协议的单位办理书面同意的解约函（盖单位公章）。

（2）向学校就业主管部门提出书面申请（阐明解约理由），并附上解约函。

（3）学校就业主管部门根据有关规定，审批换发新的就业协议。

四、签订劳动合同的注意事项

（一）签订劳动合同须遵循的原则

1. 平等自愿的原则

平等是指劳动者和用人单位在签订劳动合同时，双方在法律地位上是平等的，没有高低、从属之分，不存在命令和服从、管理和被管理的关系。平等包括了用人单位不得凭借用人主体的身份，借助劳动力市场供大于求的情况，在签订劳动合同时对劳动者提出不平等的附加条件。

自愿是指签订劳动合同完全出于劳动者和用人单位双方的真实意志，是双方协商一致达成的，任何一方不得把自己的意志强加给另一方。

2. 协商一致的原则

协商一致是指用人单位和劳动者对合同的内容，经商议后意见统一。在签订劳动合同时，双方只有通过充分的沟通和协商，解决分歧，才能达成一致。只有体现双方真实意志的劳动合同，双方才能忠实地履行合同约定。

3. 合法原则

合法是指劳动合同的签订必须符合法律法规的规定，这是劳动合同有效的前提条件。

4. 诚实守信原则

诚实守信原则具有道德规范性和法律强制性双重特点，对于民事主体的一切民事行为发挥着制约作用。根据诚实守信原则，在签订劳动合同时，用人单位和劳动者均不得有欺诈行为。用人单位应当如实告知工作内容、工作条件、工作地点、职业危害、安全生产状况、劳动报酬及劳动者要求了解的其他情况；劳动者应当如实告知与劳动合同直接相关的个人基本情况，不得提供虚假证明材料，不得随意悔约。

（二）无效劳动合同的区分

《劳动法》规定，无效的劳动合同有两种：一是违反法律、行政法规的劳动合同；二是采取欺诈、威胁等手段签订的劳动合同。欺诈是指一方当事人故意告知对方当事人虚假的情况，或者故意隐瞒真实的情况，诱使对方当事人做出错误意见表示的行为；威胁是指以给公民及其亲友的生命健康、荣誉、名誉、财产等造成危害为要挟，迫使对方做出违背真实意愿表示的行为。

无效的劳动合同，从签订的时候起就没有法律约束力，确认劳动合同部分无效的，如果不影响其余部分的效力，其余部分仍然有效。

（三）与用人单位解除劳动合同的相关规定

1. 随意"跳槽"行为受约束

《劳动合同法》规定，劳动者违反提前三十日或约定的提前通知期要求与用人单位解除劳动合同的，用人单位可以不予办理解除劳动合同手续。

2. 可延长特殊员工离职的提前通知期

《劳动合同法》规定，用人单位在与按照岗位要求需要保守用人单位商业机密的劳动者签订劳动合同时，可以协商约定解除劳动合同的提前通知期；提前通知期最长不得超过六个月，在此期间，用人单位可以采取相应的脱密措施。

3. 不得对用人单位变更劳动合同不理不问

《劳动合同法》中明确规定，用人单位应当将劳动合同的变更要求以书面形式送交员工手中，员工应在十五日之内给予答复，逾期不答复的，视为不同意变更劳动合同。

4. 劳动者违反劳动合同的赔偿责任被明确

《劳动合同法》中明确了劳动者违反劳动合同约定，对用人单位造成的损失要进行赔偿，赔偿内容包括三项：一是用人单位为录用劳动者直接支付的费用；二是用人单位为劳动者支付的培训费用；三是对生产、经营和工作造成的直接经济损失。

5. 未按约定承担违约责任的，用人单位有权不解除劳动合同

《劳动合同法》中明确规定，劳动者给用人单位造成的经济损失尚未处理完毕的或未按照劳动合同约定承担违约责任的，不得解除劳动合同。

6. 用人单位可在劳动合同中约定某些具体内容

《劳动合同法》中明确了经当事人协商一致可以在劳动合同中约定试用期、培训、保守商业秘密、补充保险和福利待遇及其他事项等内容。

7. 规定了不用支付补偿金的劳动合同的终止条件

《劳动合同法》中明确了符合下列条件之一的劳动合同即可终止：劳动合同期限届满的，劳动合同约定的终止条件出现的，劳动者达到法定退休年龄的，劳动者死亡或被人民法院宣告失踪、死亡的，用人单位依法破产、解散的。

拓展阅读

有问题的劳动合同分析

下面有一份劳动合同文本，存在不少问题，请仔细阅读，分析问题所在。

劳动合同书

甲方：某某有限责任公司

乙方：

根据大中专毕业生和用人单位"双向选择"的原则，甲方根据本单位的需要，同意录用_____学校_____专业_____应届毕业生_____同学。甲、乙双方经协商同意签订本劳动合同，共同遵守如下条款：

一、合同期和试用期

1. 合同期从_____年_____月_____日起至_____年_____月_____日止，共_____年。

2. 试用期从_____年_____月_____日起至_____年_____月_____日止。

二、工作安排
1. 乙方服从甲方根据生产、工作需要安排工作；
2. 试用期内一律安排在车间生产岗位进行生产实践；
3. 试用期满根据专业岗位的需要和乙方操作能力、工作表现安排乙方上岗操作。

三、劳动报酬
1. 试用期前三个月由甲方按月支付乙方生活费300元；
2. 试用期后三个月按甲方工薪标准的80%发放；
3. 试用期满，按乙方所在岗位的工薪管理制度确定岗位工资。

四、保险、福利
1. 甲、乙双方必须依法参加社会保险，缴纳社会保险费；
2. 领取生活费期间（试用期前三个月），乙方不参加社会保险；
3. 试用期后三个月，乙方全额承担社会保险；
4. 试用期满，由甲方一次性补偿乙方应由甲方承担的保险费部分；
5. 试用期内，乙方不享受甲方的福利待遇；
6. 试用期满，正式录用后，乙方全额享受甲方规定的员工福利待遇。

五、教育与培养
甲方负责对乙方进行职业培训，培训结束，经考核达到上岗要求的，由甲方发放上岗证，乙方必须持上岗证方能上岗操作。

六、劳动纪律
1. 乙方必须自觉遵守甲方生产、工作中的各种操作规程和各项规章制度；
2. 服从调配，完成生产工作任务。

七、合同的解除责任
1. 有下列情形之一，甲方可以解除劳动合同：
（1）在试用期被证明不符合录用条件的；
（2）严重违反劳动纪律或甲方规章制度的；
（3）严重失职、营私舞弊，对甲方单位利益造成重大损失的；
（4）试用期患有严重疾病，不能适应甲方所安排的工作的；
（5）合同签订时的客观情况发生重大变化，致使合同无法履行，经甲乙双方协商不能就变更合同达成协议的；
（6）被依法追究刑事责任的。
2. 乙方有下列情形之一，可以书面报告甲方，解除合同：
（1）甲方以暴力、威胁或非法限制人身自由的手段强迫劳动的；
（2）甲方未按照合同的约定支付劳动报酬或生活费的；
3. 违约责任
（1）试用期内，甲方违约，由甲方支付赔偿费叁仟元整；
（2）乙方违约，由乙方支付甲方赔偿费壹仟元整；
（3）签订其他用工合同后，解除合同时，按其他用工合同的协议追究双方责任；
（4）赔偿费一律以现金支付。

4. 乙方办理录用手续后，其学生档案、毕业证、学位证一律交公司统一保管，解除合同时，其个人档案、毕业证书等个人证件资料全部退还乙方本人。

八、此合同签订，由乙方毕业时就读的学校毕业生分配指导中心（办公室）为见证单位和担保人，乙方违约，见证单位应不再给乙方办理改派手续并履行担保责任，甲方违约，见证单位有权追究甲方的违约责任。

九、此合同自双方签字之日起生效，一式三份，甲乙双方各持一份，见证单位一份。

甲方（盖章）　　　　　　　　　　乙方（盖章）

　　年　月　日　　　　　　　　　　年　月　日

见证单位（盖章）

　　　　　　　　　　　　　　　　　　　　年　月　日

分析：本合同存在许多问题和明显的遗漏，具体如下：

1. 根据《劳动法》规定，乙方工资不得低于当地最低工资标准，最低工资为基本工资，不包括加班费、污染费、福利补贴、夜班费等，本合同第三条第1款将试用期生活费定为300元，不具体。

2. 本合同第三条第2款的规定违反了《劳动法》的规定，工资应当以货币形式按月给劳动者本人，不得克扣或者无故拖欠劳动者的工资。用人单位发放80%的工资是一种拖欠工资的行为。

3. 本合同第四条第2、3款的规定违反了《劳动法》的规定，毕业生就业应按发工资当月起，由用人单位按国家规定到社会保障部门为其缴纳各类保险费用，毕业生个人支付部分由单位从工资中扣除代缴。

4. 本合同第四条第5款的规定违反了《劳动法》的相关规定，试用期内毕业生应与其他就职人员享受一样的福利待遇。

5. 本合同第七条第1款第4部分的规定违反了《劳动法》的相关规定，在试用期内乙方患有严重疾病，不能适应工作时，甲方可以解除劳动合同，但前提是甲方必须负责治疗，经医治后确认不可恢复、不能胜任工作的，按法律规定支付补偿金后才可辞退。

6. 本合同第七条第4款的规定违反了国家人事部门相关规定，用人单位只有管理毕业生人事档案的权利，毕业证、学位证等属于个人资料，应由本人保管，用人单位无权管理。

7. 本合同第八条的规定违反了《教育法》的相关规定，毕业生毕业后，学校不再是毕业生的监护人，无法履行担保责任，更不能成为甲、乙双方签订劳动合同的见证单位。

8. 本合同中对劳动保护的内容只字未提，对劳动时间、职业病防治、因公负伤、加班工资、节假日休息等也没有明确的规定。

第三节　社会保险与劳动争议

一、社会保险

社会保险是一种为丧失劳动能力、暂时失去劳动岗位或因健康原因造成损失的人提供收入或补偿的社会经济制度。

（一）社会保险的内容

1. 养老保险

养老保险（或养老保险制度）是国家和社会根据一定的法律法规，为解决劳动者在达到国家规定的解除劳动义务的劳动年龄界限，或者因年老丧失劳动能力退出劳动岗位后的基本生活而建立的一种社会保险制度。待劳动者达到法定退休年龄时，可以向社会保险部门领取基本养老金，享受基本养老保险待遇，以保障退休后的基本生活。

2. 医疗保险

医疗保险是社会保险制度的重要组成部分，旨在帮助参保人员在患病或受伤时，减轻医疗费用的负担。医疗保险的形式多样，包括职工基本医疗保险、城乡居民基本医疗保险等。

3. 失业保险

失业保险是指国家通过立法强制实行的，由社会集中建立基金，对因失业而暂时中断生活来源的劳动者提供物质帮助的制度。它是社会保障体系的重要组成部分，是社会保险的主要项目之一。

4. 工伤保险

工伤保险是劳动者在工作中或在规定的特殊情况下，遭受意外伤害或患职业病导致暂时或永久丧失劳动能力及死亡时，劳动者或其遗属从国家和社会获得物质帮助的一种社会保险制度。

5. 生育保险

生育保险是女性劳动者因怀孕和分娩暂时中断劳动时，由国家和社会提供医疗服务、生育津贴和产假的一种社会保险制度。

我国的生育保险待遇主要包括两项：一是生育津贴，用于保障女职工产假期间的基本生活需要；二是生育医疗待遇，用于保障女职工怀孕、分娩期间的基本医疗保健需要。

（二）社会保险的功能

（1）保障人们的基本生活和促进社会公平。
（2）维护社会稳定和促进经济发展。
（3）平衡劳动力供求和积累建设资金。

二、劳动争议

劳动者与用人单位在形成劳动关系的过程中，劳动争议主要是适用法律规范和履行、变更、解除或终止劳动合同，以及其他与劳动关系有关问题而引发的纠纷。

（一）劳动争议的内容

《中华人民共和国企业劳动争议处理条例》（以下简称《条例》）规定，劳动争议主要包括：

（1）因企业开除、除名、辞退职工和职工自动离职发生的争议；

（2）因执行国家有关工资、保险、福利、培训、劳动保护的规定发生的争议；

（3）因履行劳动合同发生的争议；

（4）法律法规规定应当依本条例处理的其他劳动争议。

（二）劳动争议的处理原则

1. 合法原则

合法原则是指劳动争议处理机构在处理劳动争议案件时，要以法律为准绳，并遵循有关法定程序。以法律为准绳，就是要求对劳动争议的处理要符合国家有关劳动法规的规定，严格依法裁决。遵循有关法定程序，就是要求对劳动争议的处理要严格按照程序法的有关规定办理，劳动争议处理的开始、进行和终结都要符合程序法的规定；同时，对双方当事人应该享受的请求解决争议、举证、辩解、陈述和要求回避等有关程序的权利要给予平等的保护。

2. 公正和平等原则

公正和平等原则是指在劳动争议案件的处理过程中，应当公正、平等地对待双方当事人，处理程序和处理结果不得偏向任何一方。尽管企业管理者和劳动者双方当事人在企业劳动关系的实际运作过程中所处的地位是不一样的，前者处于领导者、支配者的地位，后者处于被领导者、被支配者的地位，但是劳动争议一旦形成，并进入处理程序阶段，两者便是平等的争议主体，都受到法律的保护。公正和平等原则要求劳动争议的任何一方当事人都不得有超越法律和有关规定以上的特权。

3. 调解原则

调解原则是指调解这种手段应贯穿于劳动争议第三方参与处理的全过程。

4. 及时处理原则

及时处理原则是指劳动争议处理机构在处理劳动争议案件时，要在法律和有关规定要求的时间范围内对案件进行受理、审理和结案，无论是调解、仲裁还是诉讼，都不得违背在时限方面的要求。

三、解决劳动争议的途径

《劳动法》第七十七条规定，用人单位与劳动者发生争议，当事人可以依法申请调解、仲裁、提起诉讼，也可以协商解决。劳动争议处理程序可以分为协商、调解、仲裁、诉讼四个阶段。当然，这些阶段并不是按先后顺序进行的，当事人可以依法选择。

（一）协商

《劳动法》第七十九条规定，劳动争议发生后，当事人可以向本单位劳动争议调解委员会申请调解。可见，协商不是处理劳动争议的必经程序，不愿协商的，可以直接向本单位劳动争议调解委员会申请调解。

（二）调解

《劳动法》第七十九条规定，调解不成，当事人一方要求仲裁的，可以向劳动争议仲裁委员会申请仲裁。当事人一方也可以直接向劳动争议仲裁委员会申请仲裁。可见，调解也不是处理劳动争议的必经程序。

（三）仲裁

《劳动法》第七十九条规定，对仲裁裁决不服的，可以向人民法院提起诉讼。因此，仲裁是处理劳动争议的必经程序。

（四）诉讼

《劳动法》第八十三条规定，劳动争议当事人对仲裁裁决不服的，可以自收到仲裁裁决书之日起十五日内向人民法院提起诉讼。一方当事人在法定期限内不起诉又不履行仲裁裁决的，另一方当事人可以申请人民法院强制执行。

拓展阅读

劳动争议案例分析

1. 如何签订就业协议

小张是某高校电子专业的应届毕业生，学习成绩和综合素质在班级当中属于中上水平，由于他找工作持观望态度，"这山望着那山高"，总是期望能找到更理想的工作，以致错失了几次很好的就业机会。眼看着自己的同学都落实了工作单位，小张非常着急，因此也迫切希望尽快找到一家适合自己的单位。

这时一家生产电器元件的中外合资企业到学校招聘，小张凭借充足的准备和良好的心态，在经过两轮面试及两周的试用以后，该公司正式通知小张签订就业协议，并对他说："就业协议拿来拿去签比较麻烦，你先让学校签证、盖好章，我们可以当场签。"小张同意了，于是在领取就业协议时要求就业办的老师在空白协议上事先进行签证，老师提醒他如果学校事先签证可能对他产生不利的影响，但是在他的再三要求并写下责任承担书的基础上给他进行了签证和盖章。当天他就拿着协议到公司签约，人事部主任在与他就协议的服务期限、工资、违约金等事项进行细致协商并在协议上详细注明后，要求小张签字，并以公司总经理出差、单位公章没在为由要他第二天来拿就业协议，小张签约心切，爽快地答应了。

第二天小张一拿到协议就愣住了，协议多了两条附加条款：①本协议所约定的收入为税前收入并包括四金；②毕业生自签约之日起开始上班，至正式报到期间为实习期，实习期工资为每月500元。他想争辩，却发现根本没有任何理由。

2. 是否该交"风险抵押金"

小赵学的是信息技术专业。在招聘会上，他看到一家待遇和条件都不错的IT公司正在进行招聘，经过一番努力，小赵终于被公司录用，当他报到时，公司负责人告诉他："你刚毕业，没什么工作经验，我们提供给你的薪金为3500元，待遇是很高的，今后，公司还会给你很多培训机会，为了避免日后由于你个人原因给公司造成损失，在咱们正式签劳动合同前，请你先交2万元风险抵押金，这是公司的规定……"小王很看重这份工作，但不知是否该交风险抵押金。

《关于贯彻执行〈中华人民共和国劳动法〉若干问题的意见》中规定，用人单位在与劳动者订立劳动合同时，不得以任何形式向劳动者收取定金、保证金（物）或抵押（物）。由此看来，公司的要求是非法的。

3. 试用期的时长

小张被某连锁超市录用为收银员，签订了为期一年的劳动合同，其中约定试用期三个月，劳动合同履行完毕后，单位同意再与他续订一年的劳动合同，但是，单位强调必须再订三个月的试用期，小张不解："怎么还有试用期？"

《关于实行劳动合同制度若干问题的通知》明确规定，用人单位对同一劳动者只能试用一次。显然，小张所在单位违反了规定。

4. 用人单位应为劳动者缴纳保险

小张毕业后经人介绍被一家物业公司录用，工作一段时间后，发现每个月的工资条"应扣税、费项"项目上，只有扣除个人所得税和养老保险的款项，但她听别人说社会保险有好几个险种，为此不免产生疑惑。结果，她去询问同事，谁知同事却说，每个月扣除的各项费用不仅有养老保险，还有医疗保险、失业保险。"那我的其他几项保险，单位到底有没有给我缴纳呢？"小张找到公司的人事主管，人事主管告诉她说："公司最近一年录用的员工，只给缴纳养老保险。"小张听罢更糊涂了。

《劳动法》规定，国家发展社会保险事业，建立社会保险制度，设立社会保险基金，使劳动者在年老、患病、工伤、失业、生育等情况下获得帮助和补偿。用人单位和劳动者必须依法参加社会保险，缴纳社会保险费。小张所在公司关于保险问题给她的答复是错误的，不能只为小张缴纳养老保险。

第四节　高校毕业生就业权益保护

一、常见的就业权益损害

（一）招聘、面试阶段

如下是招聘、面试阶段常见的就业权益损害：

（1）歧视行为；（2）虚假广告；（3）借机宣传；（4）非法敛财；（5）盗取信息；（6）网络陷阱；（7）隐瞒实情等。

（二）就业协议、劳动合同签订阶段

如下是就业协议、劳动合同签订阶段常见的就业权益损害：

（1）缴纳押金；（2）混淆劳务合同和劳动合同；（3）基本工资陷阱；（4）试用期不签订劳动合同；（5）违约责任过重等。

（三）试用期阶段

如下是试用期阶段常见的就业权益损害：

（1）试用期时间过长；（2）要求毕业生在试用期内承担违约责任；（3）试用期内无正当

理由辞退毕业生；(4)以见习期代替试用期；(5)将试用期从劳动合同中剥离；(6)试用期工资低于当地最低工资；(7)试用期内单位不缴纳社会保险费等。

拓展阅读

关于试用期的劳动纠纷案例

【案情介绍】王某，女，上海人，2018年1月2日进入上海某外商独资的公司从事法务工作，并于当日签订书面劳动合同，约定合同期限为2018年1月2日至2018年12月31日，其中试用期为两个月。2018年2月27日，公司以王某在试用期内不符合录用条件为由解除劳动合同。王某遂提请申诉，认为公司解除劳动合同缺乏依据，违反规定。理由如下。

(1)依据《劳动合同法》第十九条规定，劳动合同期限满三个月不满一年的，试用期不得超过一个月。王某与公司签订的劳动合同期限是从1月2日至12月31日，不满一年。因此，双方约定的试用期为两个月违反规定，属无效条款。

(2)在招聘面试的过程中，公司无明确的录用条件，在履行劳动合同的过程中公司亦未按《员工手册》第6.1条的规定，在试用期开始时确立试用期内的工作任务和目标，在试用期结束时填写试用期评估表，确定试用结果。公司解除劳动合同时没有具体的不符合试用期录用条件的证据。

(3)就程序而言，公司没有按照《上海市劳动合同条例》的规定事先将单方面解除劳动合同的理由通知工会，违反程序。

公司认为解除劳动合同是正确的，理由如下。

(1)1月1日是元旦假期，所以无法签订劳动合同，并且公司发放王某的工资是按照全月工资发放的，也就是1月1日的工资也发放了，所以劳动合同的期限应从1月1日算起，试用期为两个月没有问题。

(2)王某在试用期内无法完成公司交给的任务，不能听从领导的安排，经公司对其考核，认为不符合录用条件。

【审理结果】公司在录用时无明确的试用期内的工作任务和目标，无明确的录用条件，未能举出充分的证据证明王某不符合录用条件，因此，公司在试用期内解除与王某的劳动合同是违法的。

【律师解析】

在本案中，首先公司与王某签订的劳动合同约定的试用期时间是违法的，2018年1月2日至2018年12月31日不到一年，其试用期最长是一个月，约定两个月的试用期就是违法的。其次如果试用期时间约定是合法的，那么王某在试用期内不符合录用条件的举证责任应由公司来承担。公司未能提交《员工手册》、王某入职当天的培训记录、法务岗位的具体职责及考核标准，同时，公司又未能提交王某的试用期考核记录，用来证明王某在试用期内的工作能力达不到法务岗位的要求，因此，公司解除劳动合同是违法的。

在本案中，公司作为用人单位，需要举出大量充分的证据证明王某在试用期内不符合法务岗位的录用条件，否则，仲裁庭难以信任公司的观点。

二、求职"陷阱"的识别与应对

求职"陷阱"是指不法分子或"用人单位"以为求职者提供就业为诱饵，或骗取求职者的财物，或无偿（有的即使有偿，但与劳动的投入相比微不足道）占有求职者的劳动，使求职者的人身、财产受到损害，利益受到侵害的骗术或非法行为。如下为常见的求职"陷阱"。

（一）"高薪"及其他承诺"陷阱"

一些别有用心的"用人单位"往往会利用高校毕业生求职心切的心理和缺乏社会经验、单纯、易轻信别人等特点，在介绍本单位情况时言过其实、夸大其词、避重就轻，或者使用一些笼统、含糊不清的词句，或者做一些让人心动的"承诺"，以诱惑并吸引高校毕业生前来应聘。遇到此类情况，高校毕业生要有充分的辨别力。如招聘广告对所需人才的必备条件简而化之，却对能给予的福利、薪酬夸夸其谈等。

（二）合同"陷阱"

由于毕业生刚刚走向社会，对一些基本的法律法规知之甚少，因此，容易落入"用人单位"设置的合同"陷阱"中。如口头合同、霸王合同、生死合同、保证合同、双面合同等。

（三）试用"陷阱"

试用本来无可厚非，但一些"用人单位"同时与很多毕业生签约，并在试用期即将结束时，以各种理由辞退绝大多数毕业生，更有甚者，还要求毕业生交纳一定数额的培训费。因此，毕业生应提前了解所应聘公司以前的招聘情况，如录取比例等。

（四）抵押"陷阱"

一些"用人单位"以身份证、毕业证等的抵押作为应聘条件，因此，毕业生在应聘时要掌握好一个原则，即不要在应聘时缴付任何形式的费用或抵押证件。

三、高校毕业生就业权益保护途径

1. 学校的保护

学校可以通过制定各项措施来保障毕业生的顺利就业，对于用人单位在录用毕业生过程中的不公平、不公正行为，学校有权予以抵制以维护毕业生就业过程中的公平和公正。对于用人单位与毕业生签订的不符合有关规定就业协议，学校有权不予同意，未经学校同意的就业协议不会发生法律效力，不能作为编制就业计划的依据。

2. 毕业生的自我保护

毕业生应深入了解国家关于毕业生就业的有关方针、政策和规范及它们之间的关系，熟悉毕业生在就业过程中的权利和义务，这是毕业生就业权益自我保护的前提。如果在就业过程中因为用人单位规定与国家政策法规有冲突，侵犯了自己的权益，就可以依据国家政策法规的有关内容，维护自己的合法权益。毕业生应自觉遵循有关就业规范，接受其制约，保证自己的就业行为不违反就业规范，不侵犯其他毕业生的合法权益。

下篇　高职高专大学生创新创业教育

第六章　创新创业概述

> **学习要点**
>
> 了解创新创业的背景和时代意义,掌握创新创业的概念和类型,明确大学生创新创业的意义,掌握创新思维的训练方法。

> **学习目标**
>
> 1. 掌握创新创业的内涵;
> 2. 充分认识创新创业的意义;
> 3. 培养创新创业的意识,不断提升创新创业的能力。

> **名言名句**
>
> 我国要在科技创新方面走在世界前列,必须在创新实践中发现人才、在创新活动中培育人才、在创新事业中凝聚人才,必须大力培养造就规模宏大、结构合理、素质优良的创新型科技人才。
>
> ——习近平在中科院第十七次院士大会、工程院第十二次院士大会上的讲话
>
> 科技创新能够催生新产业、新模式、新动能,是发展新质生产力的核心要素。
>
> ——习近平在中共中央政治局第十一次集体学习时的讲话
>
> 一个人想做点事业,非得走自己的路。要开创新路子,最关键的是你会不会自己提出问题,能正确地提出问题就是迈开了创新的第一步。
>
> ——李政道(诺贝尔物理学奖获得者)
>
> 要创新需要一定的灵感,这灵感不是天生的,而是来自长期的积累与全身心的投入。没有积累就不会有创新。
>
> ——王业宁(中国知名物理学家)

第一节　创新创业的概念和内涵

一、创新概述

(一)什么是创新

创新是指以现有的思维模式提出有别于常规或常人思路的见解,利用现有的知识和物质,在特定的环境中,本着理想化需要或为满足社会需求,而改进或创造新的事物、方法、

元素、路径、环境，并能获得一定有益效果的行为。

创新的含义比较广，既包括社会文化的革故鼎新，也包括科学与技术的发现和发明。简而言之，创新是指创造和发现新东西。

创新也就是创造新事物。这里的"新事物"，包括新产品、新技术、新思想、新方法、新的教育方法、新的管理模式、新的用人机制、新的经济体制等，涵盖了所有有形事物、无形事物、物质文明成果和精神文明成果。

创新是人类特有的认识能力和实践能力，是人类主观能动性的高级表现，是推动民族进步和社会发展的不竭动力。一个民族要想走在时代前列，就一刻也不能没有创新思维，一刻也不能停止各种创新。创新在经济、技术、社会学及建筑学等领域的研究中有举足轻重的作用。从本质上说，创新是创新思维蓝图的外化、物化。

（二）创新的形式

目前社会各界对创新的形式还没有形成高度统一的说法，但基本认同革新、发现、发明都是创新的形式。

1. 革新

革新即改变原有的观念、习俗或制度，提出与前人不同的新观点、新思想或新学说，或者创立与前人不同的艺术形式等。不断发展变化的人类社会，其实就是人类的伦理道德、价值观念、生产制度、政治制度、婚姻家庭制度、礼仪制度、思想和艺术形式的传承与革新。

2. 发现

发现属于知识的创新，主要包括两方面，一是对自然界各种规律、原理的寻找或认识；二是对社会发展规律的探索或认识。换言之，人类通过发现，使那些过去不为人所知但客观存在的事物变得为人所知，形成新的科学知识。如艾萨克·牛顿依据苹果从树上掉下来的事实发现了万有引力定律；魏晋时期的数学家刘徽通过"割圆术"计算出了当时世界上最精确的圆周率为3.1416。

3. 发明

发明和发现虽有表面的相似，但有实质的不同。发现是通过观察事物而发现其原理；发明的本质是创造，是依据被发现的原理进行制造或运用，创造出一种新物质、新物品、新方法或能起某种作用的新配方，发明与技术、工艺密切关联。发明和发现既有区别又相互联系，相辅相成，相互促进。

发明可分为基本发明和改良发明两类。基本发明是指一种新原理的应用，或者综合诸多原理而创造的一种新发明，基本发明往往会成为其他发明的基础。改良发明就是对某种产品进行修改或改造，旨在提高其效率。如古人发现鱼类以鳍划水，于是发明了划船用的木桨。

拓展阅读

地震预警系统

2008年汶川地震发生后，原籍四川省达州市、当时在奥地利科学院从事理论物理研究的博士后王暾，决定回国研发地震预警系统。一个月后，王暾带着从亲朋好友那里筹集的300万元资金，在成都高新区注册成立了研究所，致力于地震预警系统的研究。

随着地震预警系统研究工作的展开，2011年研究所率先在中国突破了地震预警技术，发出了中国首条地震预警信息。此后，研究所地震预警系统就开始逐步服务于各个领域，填补了中国地震预警领域的一系列空白。

该地震预警系统目前已服务全国31个省区市，通过广播、电视、手机、专用接收终端等途径公开预警40次破坏性地震，无一误报，系统平均响应时间、盲区半径、震级偏差等关键核心技术和电视地震预警展示方式均处于全球领先水平。

（三）创新的特征

这里主要从创业的视角论述创新的基本特征。

1. 首创性

首创性是创新最主要的特征。在知识产权方面，创新往往意味着是第一次揭开某个领域的内在规律，发现或创造某种新的理论、新的技术或新的方法，以此促进经济的发展。随着经济全球化和信息化的不断深入，社会竞争越来越激烈，表现出"赢家通吃""快鱼吃慢鱼"的特点，大到一个国家，小到一个人，要脱颖而出，就必须比其他人先走一步，抢占先机。

2. 不确定性

不确定性是创新最明显的特征。一般来说，创新是某个领域或行业的新发现、新突破，往往思人所未思，行人所未行，因此创新往往面临着未知环境的挑战。

在创业领域，创新所面对的不确定性主要是市场的不确定性，消费者的需求趋势难以捉摸，在创新产品推向市场之时，用户是否接受，产品能否满足消费者的真正需要，新创企业能否在竞争中战胜落后的对手，淘汰落后产能，一切都是未知之数，创业者面对着巨大的风险。在技术领域，新技术的开发与应用，往往也面临着投资规模大、产业化成本高等问题，产品从设计、开发出原型再到规模化生产，每个环节都可能失败，使得创新者面对巨大的压力，不确定性较高。

3. 超前性

创新以求新为灵魂，任何事物要新，就必须善于抓住事物的内在本质，掌握内在客观规律，大胆想象，无中生有，敢于超前。当然，从创业者的角度来看，这种超前应该是从实际出发、实事求是的超前，只有超前，创新才有真正的意义，也只有超前，才能够在竞争中洞察事物发展的趋势，在竞争者还没有意识到的时候占领先机，获得资源，提前布局。

4. 双重性

创新的双重性表现在很多方面。首先，创新是能动性和受动性的统一。创新的受动性表现在它受制于客观规律的制约，受制于创新手段和创新目的，受制于创新主体的水平和能力等；创新的能动性表现在创新活动中不能听任客观事物固有规律的摆布，而应该发挥创新者的主观能动性，不断实现超越。其次，创新是绝对性和相对性的统一。总体而言，创新是无限的、绝对的，但就每个具体创新而言，又是有限的、相对的。最后，大多数创新对社会发展具有重大的促进作用，但也有一些创新对社会发展具有一定的破坏性，关键是如何利用和由谁来利用创新成果。

（四）创新的类型

按创新领域分类，创新可分为制度创新、知识创新、技术创新、产品创新、工艺创新和管理创新等。

1. 制度创新

制度创新是指在人们现有的生产和生活环境条件下，通过创设新的更能有效激励人们行为的制度和规范体系来实现社会的持续发展和变革的创新。

2. 知识创新

知识创新是指通过科学研究，包括基础研究和应用研究，获得新的基础科学知识和技术科学知识的过程。

3. 技术创新

技术创新是指生产技术的创新，包括开发新技术，或者对已有的技术进行应用创新。

4. 产品创新

产品创新是指创造某种新产品或对某个新产品或老产品的功能进行创新。

5. 工艺创新

工艺创新又称过程创新，是指产品生产技术的重大变革，如新工艺、新设备及新的管理方式。

6. 管理创新

管理创新是指企业把新的管理要素引入企业管理系统，以便更有效地实现组织目标的活动。

按创新方式分类，创新可分为原始创新、集成创新和引进消化吸收再创新。

1. 原始创新

原始创新是指前所未有的重大科学发现、技术发明、原理性主导技术等创新成果，是最根本的创新，是最能体现智慧的创新。

2. 集成创新

集成创新是指利用各种信息技术、管理技术与工具等，对各个创新要素和创新内容进行选择、集成和优化，形成优势互补的有机整体的动态创新过程。它与原始创新的区别是，集成创新所应用到的所有单项技术都不是原创的，而是已经存在的，其创新之处就在于对这些已经存在的单项技术按照自己的需要进行了系统集成，并创造出了全新的产品或工艺。

3. 引进消化吸收再创新

引进消化吸收再创新是最常见、最基本的创新方式。其核心是利用各种引进的技术资源，在消化吸收的基础上完成重大创新。

按创新主体分类，创新可分为自主创新和合作创新。

1. 自主创新

自主创新是指通过拥有自主知识产权的独特核心技术及在此基础上实现新产品价值的过程。

2. 合作创新

合作创新是指企业或个人通过与其他企业、科研机构、高校等建立技术合作关系，在保持各自相对独立的利益及社会身份的同时,在一段时间内开展协作,从事技术或产品的研究开发,在共同确定的研究开发目标的基础上实现各自目标的创新活动。

二、创业概述

(一) 什么是创业

很多研究者在对于"创业"定义的归纳总结中都存在着不同的角度和范畴,总的来说,创业有狭义和广义之分。

广义的创业是指在社会生活的各个领域中,人们为开创新的事业所从事的社会实践活动。创业突出强调的是主体在社会实践中所体现的一种特定的精神、能力和行为方式。创业行为普遍存在于各种组织和经营活动中,其本质在于把握机会,创造性地整合资源,创新和快速行动。

狭义的创业是一个经济学的范畴,是指主体以创造价值和就业机会为目的,通过组建一定的企业组织形式,为社会提供产品服务的经济活动。

综上分析,可以给"创业"下这样一个定义:创业是指发现某种信息、资源、机会或掌握某种技术,利用或借用相应的平台或载体,将发现的信息、资源、机会或掌握的技术以一定的方式进行转化,从而创造出更多的财富和价值,并实现某种追求或目标的过程,是以创业者的智力为核心来创造价值的活动集合。

(二) 创业的特征

创业作为现代社会经济活动的一种基本方式,有着一些固有的特征,这些特征概括地说就是具有相对于其他经济活动而言更多的社会性、自主性和风险性,具体特征如下所述。

(1) 创业活动承载着重要的社会使命,具有不可替代的社会意义和价值。同时创业意识、创业机制和创业过程都具有广泛的社会性。

(2) 创业是一项具有鲜明的社会性特征的实践活动。同时,创业也是充分体现创业者自主意识和能动精神的一种主体性行为。

(3) 创业具有一般社会经济活动所共有的特征,即需要承担一定的风险,如财务风险、社会风险等。

(4) 能够获得报酬,如金钱、独立自主、个人满足。

本书所说的创业,主要是狭义的。从这个角度说,创业是指个人或组织发现并捕捉机会,并由此创办企业去提供产品或服务,以创造价值来解决特定问题和满足目标顾客需求,从而获得预期收益的过程。或者说,创业是发现、创造和利用商业机会组合生产要素以谋求获得商业成功的一系列行动。

(三) 创业的类型

目前,创业类型日趋多样,对创业类型进行细分,是深化创业研究的必经之路。国内外众多专家、学者通过长期研究,将创业类型按照不同标准进行了分类,具体如下。

1. 根据创业动机的不同,分为机会型创业和就业型创业

(1) 机会型创业,出发点是抓住市场机遇,创造出新的需求,或者满足潜在需求,而非

谋生。因此这种类型的创业会带动新兴产业发展，而非使市场竞争加剧。

（2）就业型创业，出发点是谋生。这类创业很大程度上是模仿或尾随别人创业，即在现有市场上寻找机会，而不是创造新需求，因此小富即安，很难做大做强。

2. 根据创业主题数量的不同，分为独立型创业与合伙型创业

（1）独立型创业，指创业者独自进行创业。企业产权归创业者个人独有，其优势在于自由掌控，决策迅速。但劣势显著，需创业者独自承担风险，易受个人才能的限制。

（2）合伙型创业，指与他人合作创业。其优势和劣势与独立型创业相反，优势在于资源筹备相对容易，风险均摊、决策制衡，较好地发挥集体智慧；劣势在于权力分散，决策层级多，响应速度慢。

3. 根据创业项目性质的不同，分为传统技能型创业、高新技术型创业和知识服务型创业

（1）传统技能型创业主要指使用传统技术、工艺的创业。该类型的创业项目总是具有永恒的生命力，因为这些使用传统技术、工艺进行创业的项目，尤其是中药、酿酒、饮料、工艺美术品、服装与食品加工、修理等与人们日常生活紧密相关的行业，表现出了经久不衰的竞争力，许多现代技术都无法与之竞争。

（2）高新技术型创业主要指涉及高新技术领域的，具有研究开发性质的创业。该类型的创业项目主要从事高新技术产品的研制、开发、生产和服务，谋求产品、服务等的高附加值，吸收高额资本。项目领域通常涵盖信息技术、生物技术和新材料技术等。

（3）知识服务型创业是指为人们提供知识和信息的创业。该类型的创业项目投资少、见效快。当今社会，信息、知识、大数据的更新越来越快，为了满足人们节省精力和提高效率的需求，各类知识型咨询服务机构将会不断细化和增加，如广告公司、教育培训机构、律师事务所、会计师事务所、管理咨询公司等。

4. 根据创业项目是否存在创新因素，分为套利型创业和创新型创业

（1）套利型创业，即利用现有的差价优势低买高卖，从而赚取利润的创业。这种类型的创业源于企业家对套利机会的敏感，而市场上之所以存在套利机会，是因为市场处于非均衡状态，企业家可以通过创业活动进行套利。

（2）创新型创业，即建立在创新基础上的创业。与其他创业类型相比，更具开创性和原创性，并且强调通过实际行动获得利润。

此外，根据创业的融资形式，可将创业分为独资创业、合资创业等；根据创业主体的不同，可将创业分为大学生创业、失业者创业和兼职者创业；根据创业者与事业的关系，可将创业分为个人创业、家族创业、合伙创业、参与创业等；根据创业机遇的选择，可将创业分为先学习后创业、先深造后创业、先就业后创业、边学习边创业、休学创业等。

三、创新创业概述

（一）什么是创新创业

虽然创新与创业是两个完全不同的概念，但是它们相互联系、密不可分。经济学家约瑟夫·熊彼特认为，创新是创业的本质和手段，创业是实现创新的过程。"现代管理学之父"彼

得·德鲁克认为，创新意识和创业理念是由创业活动得以实现的。可见，创新和创业是具有互通性的。总而言之，从广义上来说，创新创业是一种实践活动，既强调创新精神，又注重价值创造，无论缺了哪一个都是不完整的。创新是创业的前提条件，只创办一个企业是远远不够的；而创业是创新的最终结果，只创造出新的事物却不能运用到实践中是不可行的。

（二）创新与创业的关系

1. 创新与创业的一致性

创新和创业在本质上具有一致性，即都具有开创的性质，只不过，创新一般多指理论、思维方面的创造活动，是整个创造活动的第一阶段；创业是实际活动中的创造，是创新思维、理论和技法的应用与现实体现，属于创造活动的第二阶段，也是创新的终极目的。

此外，创新精神或创新意识，作为一种意识形态，能够指导人的行动，即可以用创新精神或创新意识来推动创业行为的实施，并为创业者提供智力支持。创业者只有具备创新精神和创新意识，才能为创业竭尽全力。

2. 创新与创业的关联性

首先，创新是指理论、方法或技术等某一方面的发现、发明、改进或新组合。创业是一种思考、推理和行动的方法，在于把握机会，创造性地整合资源，从而创办新的企业或开辟新的事业。将创新的思想或成果用于产业或事业中，开创新的领域或新的局面，就是创业。

其次，创新重视的是所得到的结果，而创业不仅重视可能得到的结果，还重视其结果实现的条件。

最后，创业比创新更加关心结果的可实现性及可能带来的经济效益。

由此可见，创业是在创新的基础上将创新的思想或成果转化为现实生产力的一种社会活动。也就是说，创业是具有创新精神的个体与有价值的商业机会的结合，是开创新事业的活动，其本质在于把握机会，创造性地整合资源、创新和超前行动。创业的本质是创新，是变革。

3. 创新与创业的相互作用

创新是创业的本质与源泉。约瑟夫·熊彼特曾提出，创业包括创新和未曾尝试过的技术。创业者只有在创业的过程中保持持续不断的创新思维和创新意识，才可能产生新的富有创意的想法和方案，才可能不断寻求新的模式、新的思路，最终获得创业的成功。

创新的价值在于创业。从一定程度上讲，创业者的价值就在于将潜在的知识、技术和市场机会转变为现实生产力，实现社会财富的增长，造福人类社会。而实现这种转化的根本途径就是创业。创业者可能不是创新者或发明家，但必须具有能发现潜在商机的能力和敢于冒险的精神；创新者也并不一定是创业者或企业家，但是创新的成果则是经由创业者推向市场的。使潜在的价值市场化，创新成果才能转化为现实生产力，这也从侧面体现了创新与创业的相互关联性。

创业推动并深化创新。创业可以推动新发明、新产品或新服务的不断涌现，创造新的市场需求，从而进一步推动和深化各方面的创新，因此也就提高了企业或整个国家的创新能力，推动经济的增长。

（三）创新与创业的区别

首先，在语言学视角下对创新和创业的定义可以帮助人们理解两者的区别。

其次，就研究边界来讲，创新不等于创业，创业也不等于创新。创新是建立一种新的生产函数，引进生产要素的"新组合"；而创业则是这种"新组合"的市场化或产业化的实现过程，是从经济与技术相结合的角度探讨技术创新在经济发展过程中的作用。

（四）创新创业的意义

党的二十大报告提出，培育创新文化，弘扬科学家精神，涵养优良学风，营造创新氛围。党的十八大以来，习近平总书记站在我国和世界发展的历史新方位，坚持把创新作为引领发展的第一动力，把科技创新摆在国家发展全局的核心位置，对科技创新发展进行了顶层设计和系统谋划，提出了一系列新理念新思想新战略，部署推进了一系列重大科技发展和改革举措，我国科技事业取得历史性成就、发生历史性变革，我国进入创新型国家行列。在此背景下，我国创新氛围更浓、科技人员创新劲头更足。

1. 社会经济发展需要创新创业

从历史发展来看，任何国家创新能力的提高带来的直接结果都是国力的迅速强盛和人民生活水平的急剧提高。因此，从 20 世纪 50 年代起，许多国家大力提倡推进创新技术的开发和应用，斥巨资创立高科技产业。目前，从技术发明、技术改良到终端产品的创新发明与规模化生产，周期越来越短，更新频率越来越高。这在客观上对传统生产方式形成巨大冲击的同时，也为掌握高新知识与高新技术的青年大学生提供了很好的创业环境，成为青年大学生端正创业观念、寻找机会的必备要素之一。

在推进科技创新的进程中，技术创新具有十分重要的作用。没有活跃的技术创新，知识经济就失去了承受"知识生产、传播和运用"的物质载体。许多发达国家为适应知识经济的发展，纷纷采取发展创新企业和鼓励企业创新的政策，使技术创新成果立即推广应用，产生效益。要在世界高科技领域占有一席之地，必须提升技术创新的能力，冲破发达国家的技术垄断。为此，我国必须建立一整套技术创新可持续发展的机制，包括加速科技成果转化的新机制，开发适应市场需求的新工艺，发展新兴产业和高新技术产业的新机制等。只有这样，才能给科技创新以持久动力，不断增强我国经济发展的动力和后劲，促进我国经济的长远发展。

总之，在科学技术迅猛发展的今天，创新对于社会经济发展的强大推动作用，已远远超过了以往任何时代。综合国力的竞争已经进入了创新领域，竞争的最终结果是科研成果的产业化。一个民族、一个国家的创新能力已经关乎国运的兴衰。因此，顺应时代要求，培养具有创新精神和创新能力的人才，大力提高民族的创新素质，就成为一项重大迫切的任务。

2. 我国人力资源开发的需要

中国的人口负担呼唤创新创业，我国是一个人口大国，高校毕业生人数逐年攀升，严峻的就业形势使人们充满危机，部分面临"毕业即失业"的尴尬境地。

有创业才能就业，就业充分，人民才能安居乐业，国家才能繁荣富强，只有存在着大量的创业者，才能为广大的劳动者拓宽就业渠道，才能使每个人的才能得到发挥，做到"人尽其才，才尽其用"。

就业是民生之本。扩大就业是化解劳动者流动频繁带来的压力和保证社会经济乃至社会稳定的基础。在无法通过社会解决就业问题的情况下，只能引导和鼓励更多的人自谋职业和自主创业。只有创业的人不断增加，经济发展逐步加快，就业问题才能得到根本改善。

我国是人口大国，人力资源的开发还有很大的提升空间。一旦人力资源的开发取得良好效果，将会取得可观的财富。目前各级政府和企事业单位极其关注以提高人口素质为根本目的的人力资源开发事业。提高人口素质的终极目的是培养具有创造创新精神和能力的各级各类人才，以便开创和壮大各项事业，增强综合国力，实现民族振兴。世界各发达国家和发展较快国家的经验说明，这种开发人力资源的方法是明智的，是提高现代生产力的核心之举。

3. 创新创业是民族振兴，实现中国梦的必由之路

创新是一个民族进步的灵魂，是一个国家兴旺发达的不竭动力，也是中华民族最深沉的民族禀赋。在激烈的国际竞争中，唯创新者进，唯创新者强，唯创新者胜。当今世界，国家若严重缺乏创新，后果就是原地踏步甚至退步，而总有竞争对手在前进，因此不创新就意味着落后，落后就要挨打。回顾近代世界史，可以清晰地看到，一个国家和民族的创新能力，从根本上影响甚至决定国家和民族的前途命运。

产业是一个民族的依托，创新创业是一个民族振兴的必由之路。鸦片战争后，洋务派为救清朝政府，开始了一系列的自强运动，包括引进西方技术和制度，但由于封建主义的本质和外国势力的入侵，最终以失败告终。

新中国成立以来，特别是改革开放以来，在中国共产党的领导下，一大批高举振兴民族产业大旗的有志之士开始了新一轮的创新创业壮举，并取得了初步的成果，拥有了海尔、长虹、春兰、红塔、TCL等国际知名品牌，也拥有了北大方正集团有限公司、联想集团有限公司、紫光股份有限公司、网易公司、华为技术有限公司等高科技公司，还拥有了大批以振兴民族产业为己任的优秀创业人、企业家。这些成果再一次证实了国家振兴的有效途径就是创新创业，特别是高科技领域的创新创业。

未来国际社会的竞争，将越来越体现为以经济、科技和军事实力为基础的综合国力的较量。要迎接这种挑战，就要以国家创新体系（包括知识创新系统、技术创新系统、知识传播系统和知识应用系统）为平台，全面增强国家的科技创新能力。对一个国家来说，创新是一个民族进步的灵魂，是一个国家兴旺发达的不竭动力，随着国际竞争的加剧，创新将决定一个国家在全球竞争中的地位和未来发展的走向。

4. 人类的发展需要创新创业

人类未来的发展状况从表面看取决于空间、能源和耕地等资源的储备，但最终取决于人类智慧的开发程度，取决于科技创新的成果。地球上的人口数量仍然在增长，人类需要的物质总量也随之增加。但是，物质生产的增加，不能再以过去那种简单的方式进行了。过去很长的时间内，人们都是靠简单的资本投入或劳动力的增加来提高生产力的，这是一种低层次的，既浪费资源又破坏环境的发展方式，必须依靠科技的创新和开发来解决。这就要求针对人们未来生活的需求，对现有的物质供给进行创新；依靠科技，改进和提高现有的技术工艺，以提供令人满意的物质消费品和服务。

对于个人而言，提升自己的创新能力来提高创业能力和生存竞争能力已是必由之路。大量实践证明，具有较强创新能力的人，其工作适应面更广、工作质量更高、创造的效益更多。未来的社会千变万化，新知识、新事物、新问题层出不穷，一个人无论从事什么工作都必须具备创造性解决问题的能力。

> **拓展阅读**
>
> **华为的创新**
>
> 　　华为的巨大成功，就是自主创新的巨大成功。8秒，是华为Mate20系列新机首销当日销售额破亿所用的时间。七年，是华为手机从"没人看得起"走到出货量国内第一、世界第二排名的时间。2019年的新年，华为主管消费者业务的高管曾发布了一封致员工的信，信中说"全世界还没有一家公司在2B和2C领域同时取得成功"，一切都要摸着石头过河。在人类商业发展史上，不少曾显赫一时的大企业最后都倒在自己熟悉的领域——因为熟悉，所以顺手；因为顺手，所以愿意坚守；因为坚守，所以保守；因为保守，所以离死亡更近。纵观华为消费者业务的发展史，华为手机能取得持续进步，很大程度上与颠覆自己的原有模式，持续寻求创新有关。

第二节　大学生创新创业的意义

　　当今社会是一个以知识、信息和技术为基础、以创新创业为动力的知识经济时代。知识经济的兴起不仅要求适应新型的生产方式，还要求适应新的时代教育。

　　近代以来，人类文明取得的丰硕成果，得益于科学发现、技术创新的不断进步，得益于科学技术应用于生产实践中形成的先进生产力，得益于近代启蒙运动所带来的人们思想观念的巨大解放。可以这样说，人类社会从低级到高级、从简单到复杂、从原始到现代的进化历程，就是一个不断创新的过程。不同民族发展的速度有快有慢，发展的阶段有先有后，发展的水平有高有低，究其原因，创新能力的高低是一个主要因素。

　　当前，大众创业、万众创新的理念日益深入人心，然而同率先迈入创新驱动的国家相比，我国大学生在创新创业上普遍存在着创新精神不够、创新能力偏低、创业意愿不足、实战能力较弱、生存型多社会型少、资源型多知识型少等问题。当前处于新旧经济发展方式转换的历史节点，高等学校应不断提升对创新创业教育的认识，树立创新创业教育理念，将大学生的创新创业精神和能力培养作为高等学校人才培养的基本内容之一，进而形成适应本土创新驱动，并能促进人的实际发展的创新创业教育理论与实践体系，使更多大学生成为具有创新精神的知识劳动者、面向知识要素的创业者和通过创新创业活动实现自我全面发展的人。

一、大学生创新创业教育的意义

（一）创新创业可以带动就业

　　就业是民生之本，安国之策。创新创业是就业的一种高级模式。创业带动就业存在倍增效应。劳动者在创业的时候，既解决了自己的就业问题，也能通过合伙创业、组建公司等方式吸纳更多的人就业，培养和造就更多的潜在创业主体。创新创业者不是被动地等待他人给自己"饭碗"（就业机会），而是主动地为自己或他人创造"饭碗"。

　　目前，国家提倡和鼓励大学生自主创新创业，并为此出台了一系列包括工商、税务等方面的优惠政策。之所以提倡和鼓励大学生创新创业，是因为有利于缓解大学生就业压力，有利于帮助大学生实现致富梦想，有利于培养大学生的创新精神。

案例

重庆大学生卖手抓饼，年收入 250 万

"90后"大学生禹化普大三时就当上手抓饼小老板，两年来连锁加盟店已开遍大学城，有4家直营店、1个加工厂和8家加盟店，年收入达250万元。

每天下午4点，在北城天街小吃街店门口，已经有五六个白领在排队。放面团、煎鸡蛋、配佐料……三分钟后，两个手抓饼就新鲜出炉了。和传统烙饼不太一样，这个饼千层百叠，面丝千连，外层是淡淡的金黄色，内层柔软白嫩。

这么多人包围着店，为什么还有顾客加入呢？禹化普说："这五六个客人是活招牌。顾客也许不知道我们，但看着这人气，就会吸引他们来尝鲜。小吃店的秘籍就是要保持人气旺，排队人越多生意越好。"

禹化普要求师傅一次只做2个饼，甚至有时候只做1个饼。这个营销方式的反响很好，饼保持了最好的口感，排队的客人反而更多了，每天平均能卖400个饼。

一开始，禹化普想做连锁直营模式，但当他们拥有第三家直营店时，开始打磨品牌。想要与大品牌竞争打开这个细分市场领域，因此必须吸引加盟商。

禹化普说："每卖一个面团给加盟商，他们赚8毛，我们只赚5毛，薄利多销。按10个月算，5家加盟店每天至少购买2500个面团，一年仅靠卖面团营业额就能达到100万元。"

（二）转变就业观念、形成良好的就业心态

目前我国仍处于经济新常态阶段，当下社会的就业竞争越来越激烈，传统意义上的就业具有了更多的"求职"和"创造新的就业岗位"的新内涵，大学生就业不仅仅是"专业对口"的就业，还可以是一种主动的"创造式"就业。通过创业课程学习或参与创业竞赛和实践活动，有助于唤起大学生的主人翁意识，即寻求就业岗位不仅是为单位工作，更应该树立起为自己的事业打工的心态，进而树立起对自己负责的职业发展目标。

受我国传统教育观念的影响，大部分大学生对自己职业发展目标的定位主要集中于寻找稳定的工作岗位，使得公务员考试和事业单位考试成为我国热门的就业选择。在这样的氛围中，我国高校对大学生的培养目标也以应用型人才为主，强调大学生专业知识的把握和专业能力的培养，忽略了对大学生创新精神和创业意识的塑造。实际上，创业教育作为高等教育发展史上一种新的国际教育理念，已经在全球范围内广泛兴起，通过学习创业知识和参与创业活动，在全面提高大学生核心素质和能力的基础上，鼓励和扶持有创业意向的大学生真正去创业，不仅拓宽了大学生的职业发展路径，也为未来解决更多大学生的就业问题提供了就业岗位。大学生创业有多种形式，可以在就业的岗位上进行创业，也可以先就业后创业，不能人为地将就业与创业割裂开来，两者是相互交叉、相互支撑的统一体。

归纳起来，创新创业教育不只是教大学生如何创新创业，如何才能实现创新创业成功，更重要的是培养大学生的创新创业素质和创新创业品质，使大学生能够树立新的职业发展目标，端正职业发展过程中的心态，并以此为基础积累相应的知识和能力。对于大学生而言，真正的职业发展成功不是拥有多少财富，而是每个人内心的快乐及为社会发展所做的努力与贡献。

案例

"80后"女大学生返乡创业做"鸡倌"

一个没有资金、没有技术的女大学生返乡创业养鸡,当初亲戚朋友认为极不靠谱。如今她的养鸡场虽然规模不大,却远近知名。3月25日,记者在长宁县桃坪乡什字村长宁光毅养鸡专业合作社见到了"鸡倌"朱明莉。

记者见到朱明莉是在她的养鸡场里,她背着一包饲料,来回穿梭着。朱明莉告诉记者,养鸡场现在有6000多只鸡,每天要消耗1500斤的饲料。她早上6点就要起床开始喂鸡、抽水、捡蛋。

2009年,朱明莉从四川教育学院毕业后在外打拼,总觉得心里不踏实。偶然一次,朱明莉听一大学同学谈起实习的养鸡场,于是便打算回家乡利用闲置土地养鸡。说干就干,朱明莉多方借资,投入10多万元开始了创业之路。没有技术和经验,没过多长时间,就亏了两万多元。"干啥都有失败,从哪里失败我就要从哪里起来。"朱明莉安慰自己。

没有技术,朱明莉便去学。就在学技术的过程中,她不仅让养鸡场由亏转盈,还收获了爱情。有了丈夫的技术保证,朱明莉的养鸡场引进了新的品种。2013年,朱明莉结合养殖小区建设项目,新建养殖厂房3400平方米,建成后,养殖实现自动化,存栏蛋鸡达到2万只,年产鸡蛋32万千克,实现年产值300万元。

从2010年到现在,朱明莉已带动周边多家农户养殖土鸡上万只。2013年,朱明莉创建了长宁县光毅养鸡专业合作社,免费为农户提供养殖技术指导与销售渠道。现在"桃坪绿壳鸡蛋"品牌已小有名气。

对于朱明莉的发展,乡上和村上一直都很关心。朱明莉说,2009年底,由于公路到自己养殖场的路有1000米是泥路,顾客上门买鸡、买蛋不方便,养殖场的鸡粪堆积如山运不出去,外来的饲料也运不进来。桃坪乡政府知道这一情况后,立即拿出1万元委托村上铺成了泥石路。

朱明莉告诉记者,今后她会打造品牌,将市场做大做强,特别是把桃坪土鸡蛋做成无铅脱壳皮蛋,使鸡蛋销路更广。采访结束时,朱明莉也开始了一天的最后一项工作,送鸡蛋。今天周边的几个乡镇餐馆早早预订了20箱鸡蛋,朱明莉要赶在天黑之前送过去。面包车在崎岖山路上行驶,驶向幸福的未来。

(三)高校人才培养模式改革的需要

深化高校创新创业教育改革,是国家实施创新驱动发展战略、促进经济提质增效升级的迫切需要,也是推进高等教育综合改革、促进高校毕业生更高质量创业就业的重要举措。

高校作为大学生创业意识培育的主导者,在这个高度竞争、机遇无限、跨越发展的时代,必须凸显以学生为中心的理念,把学生的需要作为高校改革关注的重点,进行大学生创业意识研究,探索大学生创业意识培育路径;必须转变发展理念和发展模式,促进高校创新创业教育改革。

当今世界的竞争归根到底是人才的竞争,社会的发展对人才素质提出了更高的要求,创新创业意识就是其中要求之一。创新创业意识的培育能够帮助大学生树立正确的就业观,发挥他们的主观能动性,发掘内在潜能,提高创新创业素质。加强大学生创新创业意识的培育是高校人才培养模式改革的内在动力。

（四）大学生全面成才的需要

大学生全面成才的当代内涵指的是大学生德智体美劳各方面素质的全面发展。作为大学生全面成才的基本素质之一的创新创业素质，是在先天生理基础上，通过后天对创新创业知识的学习，逐渐内化创新创业意识，进而外化为创新创业能力的综合体现。

创新创业素质有两个层面的内容，分别是创新创业意识等精神层面和创新创业活动等实践层面。而创新创业意识是创新创业素质的核心部分，也是大学生全面成才的内在蕴涵。创新创业意识是大学生自觉实施创新创业行为的前提条件。大学生自觉进行创新创业源于对创新创业的深刻认识与了解，源于对创业运行的正确评价及自身的创新创业知识和修养。一般来讲，当大学生能理性认识到创新创业对现代社会发展的重要性和必要性，认识到创新创业与其自身成才的密切关系时，才会积极发挥主观能动性，从个人的内在需求出发让创新创业服务于自身的发展。

当今世界，各国之间的竞争归根到底是人才的竞争。大学生作为储备人才，应该顺应时代的发展变化，不断提升自身素养和能力。每年不断增长的高校毕业生人数和严峻的就业形势使得大学生不得不重新考量现状和就业问题，衡量自身能力，发掘自我潜能，直面自己的需要，重视个人全面发展和成才。

二、创新精神和创业精神的培育

（一）创新精神的培育

创新精神是一种勇于抛弃旧思想旧事物、创立新思想新事物的精神，是当代大学生应该具备的素质。

我国著名教育家陶行知先生通过长期的教育实践和理论探索提出了将"创造"引入教育领域的观点，致力于培养出具有"创新精神"和"开辟精神"的人才，天下兴亡、匹夫有责，良好的创新精神是大学生创业成功的前提和条件，但创新精神的培育并不是短时间内可以实现的，需要在理论学习和实践磨炼中有意识地培育和铸就。以下是部分培育方法。

1. 通过学习知识技能培育

对于大学生而言，创新精神并不是先天具备的，需要在后天的学习中培养形成。缺少主动、持续的理论学习，大学生很难构建起有效、实用的创业知识体系。

因此，树立正确的学习观，运用合理的学习方法，养成主动学习、持续学习的习惯有助于大学生获取知识和技能，培育创新精神。一方面，高校可以通过将创业知识与专业知识相结合来将创新意识、创新能力的培养贯穿到专业知识学习、技能训练之中，既可以从理论上教育与引导大学生树立正确的创业意识，又能为创新创业教育找到依托和载体，增强大学生学习创新创业知识的针对性和实用感；另一方面，高校可以结合不同学科的特点，开设专门的创业教育类课程，如创新创业知识和创新创业技能训练课、创新创业教育学等，深化大学生对于创新创业的认知。

2. 通过参与实践活动培育

创新精神是大学生创业者所必需的特质，创新精神的形成重在实践训练，积极的实践能带来及时的反馈和成就感，也能带来循序渐进、不断取得成功的喜悦。切实地投入到创业的实训实践活动中，有助于磨炼出大学生坚强的创业心理品质。

首先，由于任何与创业相关的实训实践活动都需要大学生通过实际行动来完成，因此作为提供实践活动平台的高校要建立创业实践基地，提供多种形式的实践机会，为大学生创造创业实践的便利。

其次，社会要为大学生提供更多的创业实践岗位，尽可能帮助不同专业的大学生找到创业实践的平台，使其能在社会真实环境中通过创业实践领悟创业活动的本质和技巧。

最后，作为创业的主体，大学生应该利用课余时间，主动参与创业实践，这也是大学生了解社会、增长才干、发现自身不足的有效途径，通过积极参与创业实践，大学生能够熟悉各种职业的特点和自己的能力特点，减少将来创业的盲目性。

3. 通过借鉴成功经验培育

对于大学生创业者而言，他人的创业行为和成长本身就是一笔宝贵的财富，成功的创业者具有一些共同的精神品质，包括自信、积极、独立思考、具有好奇心和探索精神、敢于创新、敢于竞争和冒险、专注、意志坚定、不怕挫折等。

从创新创业成功的案例中吸取宝贵的经验和教训，有助于大学生创业者构建包括创新创业意识、创新创业观念、创新创业责任、创新创业态度、创新创业激情和创新创业思维等要素的创业精神体系。

从高校创业教育的角度出发，一是要善于借鉴国内外的创业榜样，筛选创业成功的案例，通过对案例的详细讲解，帮助大学生明确创业目标，激发创业热情，树立创业志向；二是要在创业精神的培育过程中引入现实生活中的创业榜样，各行各业的创业典型都应该成为大学生学习的"活教材"；三是应聘请具有成功创业经验的创业者为大学生授课，分享成功创业的感悟和遭遇挫折的经历。

4. 通过优化创新创业环境培育

高校是大学生学习创新创业知识、践行创业理念及付诸创业行动的重要场所，因此在校园内营造良好的创业环境和氛围，成为鼓励大学生自主创业、培育创新精神的关键前提。首先，高校可以充分利用校园广播、电视、校刊校报等传播渠道，向大学生传播创业的重要意义。其次，高校可以充分利用现有资源，邀请成功创业的校友、社会知名人士、企业高管等定期到校为有创业意向的大学生授课和讲学，从不同的角度对社会现状、经济形势和创业经验进行讲解，帮助大学生形成关于创业的准确认识。最后，高校可以通过组织形式多样的创业活动，包括创新创业大赛、企业运筹决策模拟竞赛、挑战杯比赛等，激发大学生的创业热情。

（二）创业精神的培育

一般来说，创业精神是创业者创业的动力与源泉，它是创业者具有的思想意识、思维逻辑、品格特性及行为习惯的综合表现。创业精神主要包括：创业理想、自主精神、创新意识、艰苦奋斗精神、解决问题的欲望、协作分享意识。其中，自主精神是创业精神的基础，创新意识是创业精神的核心，创业理想是创业精神的归宿。

从狭义的角度看，创业精神指单个创业者的内在心理特征与品质；从广义的角度看，创业精神指组织、群体、区域、文化和制度等方面的创业人文特征。创业精神是一种无形的资源，也是一个国家产业竞争优势的重要来源。

创业精神贯穿于创业过程始终，影响创业机会识别、创业资源整合、商机与创业资源的匹配，关系创业进程的整体推进效果。创业精神能够激发人们进行创业实践的欲望，是一种内生动力机制。具体表现为：一是推动创业者由对创业的"知"向创业的"行"转化，把主观创新意识转化为现实创新行为；二是推动创业者通过实践活动实现认知上所理解的创业蓝图，力求实现原定创业目标或达成创业理想；三是个人的创业精神在创业实践中将经受磨砺，创业实践活动过程的复杂性、动态性丰富了创业者的人生体验，加深了其对生命意义的理解，让生命个体更成熟。

创业精神的培育从宏观层面讲，是一个教育系统性工程，有赖于全社会的创业教育和培训制度及体系。政府要弘扬创业、敬业意识，鼓励创新、宽容失败、崇尚协作，营造宽松、活泼的创业氛围。从微观层面讲，创业精神的培育，主要有以下几个途径（以高校为例）。

1. 校企协同开发创业精神培育课程

高校和企业协同培育在校生或社会人员的创业精神是首要之举，创业精神培育课程既要兼顾教育对象的个性化需求，又要具备较强的可操作性和复制性。

2. 校企协同培养创业精神培育导师

创业精神培育成功的关键是具备一支懂教育规律又专注于创业教育事业的导师队伍，把培养创业实战型教师与培育学生创业精神统筹起来，鼓励导师在政策允许的范围内积极从事创业实践，实现教学相长。

3. 个人积极参与创业实践

创业精神的塑造重在实践，实践出真知，实践养精神。通过创业园让教育对象开展小规模的创业实践，亲身感受创业的经历，在实践中磨砺创业精神；通过各类创业大赛，培养学生的竞争意识和团队协作精神；在校学生进新创企业顶岗实践，学习企业家精神，感受创业者的创业经历，接受创业实践教育。

拓展阅读

大学生可参加的创新创业大赛

1. 中国国际"互联网+"大学生创新创业大赛

中国国际"互联网+"大学生创新创业大赛是目前我国级别最高、知名度最大、覆盖院校最广、参与学生最多的大学生竞赛。

大赛旨在深化高等教育综合改革，激发大学生的创造力，培养造就"大众创业、万众创新"的生力军；推动赛事成果转化，促进"互联网+"新业态形成，服务经济提质增效升级；以创新引领创业、创业带动就业，推动大学生更高质量创业就业。

2. "挑战杯"中国大学生创业计划竞赛

创业计划竞赛起源于美国，又称商业计划竞赛，是风靡全球高校的重要赛事。它借用风险投资的运作模式，要求参赛者组成优势互补的竞赛小组，提出一项具有市场前景的技术、产品或服务，并围绕这一技术、产品或服务，以获得风险投资为目的，完成一份完整、具体、深入的创业计划。

作为学生科技活动的新载体，创业计划竞赛在培养复合型、创新型人才，促进高校产学研结合，推动国内风险投资体系建立方面发挥出越来越积极的作用。竞赛采取学校、省（自治区、直辖市）和全国三级赛制，分预赛、复赛、决赛三个赛段进行。

3. 中国创新创业大赛

中国创新创业大赛以习近平新时代中国特色社会主义思想为指导，深入贯彻落实创新驱动发展战略和党中央、国务院重大决策部署，秉承"政府引导、公益支持、市场机制"的模式，聚焦国家战略和重大需求，突出战略性新兴产业重点领域，以企业为主体、市场为导向，搭建众扶平台，引导集聚政府、市场和社会资源支持创新创业。

大赛第一阶段为地方赛，由各省级科技管理部门组织举办。第二阶段为总决赛，分为新一代信息技术、生物医药行业、高端设备制造、新材料、新能源、新能源汽车、节能环保等专场竞赛。

4. "创青春"中国青年创新创业大赛

"创青春"中国青年创新创业大赛由共青团中央、人力资源和社会保障部、农业农村部、商务部、国家乡村振兴局共同举办，是服务青年创新创业的重要赛事，自2014年起，已连续举办9届，累计吸引45万支青年创业团队、逾200万名青年创业者参赛，是规模较大，含金量较高的一类赛事。

5. 中国大学生服务外包创新创业大赛

"中国大学生服务外包创新创业大赛"（以下简称"大赛"），是响应国家关于鼓励服务外包产业发展、加强服务外包人才培养的相关战略举措与号召，举办的每年一届的全国性竞赛。

大赛的主要目的是搭建产学结合的大学生服务外包创新创业能力展示平台；促进校企交流，促进高等教育为服务经济发展提供人才保障；宣传服务经济，提升社会公众对服务外包产业发展的关注度和重视度。大赛为开放式竞赛，经过报名参赛、自主选题、分散备赛和集中答辩等环节，评选出相应的优秀团队。

6. 全国大学生电子商务"创新、创意及创业"挑战赛

全国大学生电子商务"创新、创意及创业"挑战赛（以下简称"三创赛"）是激发大学生兴趣与潜能，培养大学生创新意识、创意思维、创业能力及团队协同实战精神的学科性竞赛。三创赛为高等学校落实教育部、财政部《关于实施高等学校本科教学质量与教学改革工程的意见》、开展创新教育和实践教学改革、加强产学研之间的联系起到了积极的示范作用。

三、创业素质和创新创业能力

目前，我国就业市场上存在两难的困境：一方面，大学生找不到满意的工作，大学生就业难的呼声越来越高；另一方面，用人单位找不到合适的人才，需要想方设法吸引高素质人才。这种困境出现的主要原因在于大学生的就业能力与社会岗位需求不对称，即高校培养的人才与市场需求的人才形成错位。归结起来，大学生的核心就业能力包括责任感、领导能力、沟通能力、学习能力和创新能力等，而这些要素是大学生通过创业学习和参与创业实践可以有效提升的素质和能力。通过对大学生创业素质和创新创业能力的培养，开发和提高他们就业与创业的核心素质和能力，将会大大提高大学生的就业竞争力。

（一）创业素质

创业素质是指创业者在创业过程中所表现出来的自身独特的品质和能力。它是随着创业

活动的深入而不断提高和逐步完善的，创业者的素质在一定程度上决定了创业企业的成败。

1. 创业素质的构成

创业是一项复杂的活动，既需要创业者具备广泛的知识、丰富的经验，也需要创业者本身具备一些特点和品质。创业素质的构成包括创业意识、创业者的心理品质、创业者的能力和创业者的知识结构四大要素，其中，任何一个要素发生变化或残缺，都会影响其他要素的形成和发展，甚至影响创业的成功。

（1）创业意识。

创业意识是指创业者在创业过程中起着动力作用的个性倾向，包括需要、动机、兴趣、信念和世界观等心理成分。创业意识支配着创业者的态度和行为，规定着态度和行为的方向、力度，它具有强大的选择性和能动性。

（2）创业者的心理品质。

心理品质指创业者的心理条件，包括自我的意识、性格、气质、情感等心理构成要素，作为创业者，应该充满自信、性格刚强、勇敢和开朗，感情富有理性色彩。成功的创业者在面对成功时，不沾沾自喜、得意忘形；在碰到困难时，也不灰心放弃、消极悲观。

（3）创业者的能力

对于创业者而言，知识是基础，能力是关键。作为想创业并打算创业的大学生，必须培养和提高自身的综合能力。特别是需要锻炼自己的学习能力、应变能力、用人能力、沟通交流能力和组织策划能力。

（4）创业者的知识结构

建立合理的知识结构，是创业的必要条件。创业者要想成功创业，必须具备相应的专业知识，尤其是以新技术、新发明为基础的创业更要以专业知识为基础。此外，还需要具备管理知识、法律知识、财务知识、市场营销、"互联网+"等其他专业知识。

创业者的性格、技能和经济状况往往决定创业的成败。在打算创办一家企业之前，你需要客观全面地评价自己，判断自己是否适合创业，是否具备创业所需要的素质、能力和物质条件，如表 6-1 所示是创业素质自我评估表。

表 6-1

	评估内容	自我评估			他人评估		
		优势	劣势	不确定	优势	劣势	不确定
企业家精神	创新：创造性地解决问题	√			√		
	冒险：敢于承担风险	√			√		
	合作：善于与他人进行合作	√			√		
	敬业：把现有工作当成事业成功内在需求	√			√		
	学习：持续学习	√			√		
	责任：敢于承担责任	√					√
	执着：百折不挠，坚持不懈的毅力和意志			√			√
	诚信：说到做得到	√			√		
知识素质	专业技术知识：生产产品，提供服务的实践知识		√			√	
	经营管理知识：有效经营企业所需的知识		√			√	
	行业相关知识：较为丰富的知识面	√			√		

续表

评估内容		自我评估			他人评估		
		优势	劣势	不确定	优势	劣势	不确定
能力素质	领导能力：善于领导团队，能够有效地激励他人	√			√		
	决策能力：果断地做出决策	√			√		
	营销能力：具备良好的市场营销技能	√			√		
	交际能力：善于沟通，妥善处理内外部关系	√			√		
	人力管理能力：善于发现、使用、培养人才	√			√		
	战略管理能力：眼光长远，能从总体上把握形势	√			√		
	组织管理能力：高效地、科学地组织人员	√			√		
	信息管理能力：善于收集、整理与分析信息	√			√		
	文化管理能力：善于塑造积极向上的组织氛围	√			√		
身心素质	身体素质：具有健康的体魄和充沛的精力	√			√		
	自信心：充满自信，坚持信仰如一	√			√		
	独立性：善于独立思考、独立工作	√			√		
	坚韧性：百折不挠，坚持不懈	√			√		
	敢为性：敢于实践，敢冒风险	√			√		
	克制性：善于克制，防止冲动	√			√		
	适应性：灵活地适应各种变化	√			√		
总计							
优势（合计）	48	劣势（合计）		2	不确定（合计）		5

注意：通过测评得出优势、劣势、不确定的具体分数，然后进行比较，如果优势多，说明你创业潜质较高；如果劣势多，说明你目前还存在短板；如果不确定较多，说明自我认知或他人对你的认识不足，需要进一步使用其他的测评方法。

2. 创业素质的提升

创业准备期要求创业者具有较强的信息收集和分析能力，并结合自身需要进行创业机会发现、识别和利用能力的培养。因此，可以通过知识学习、社团活动、人物访谈和创业实践等途径去提升。

（1）学习创业知识。

创业知识是开展活动的基础，掌握全面的创业知识有助于形成系统性思维，有助于指导你顺利开展创业活动，学习创业知识的途径包括修读创新创业相关课程、查阅创新创业书籍报刊、观看创新创业视频、参加创新创业讲座、关注创新创业微信公众号等。

（2）参加创业社团活动。

大学社团活动能锻炼各种综合能力，这是创业者积累经验必不可少的实践过程。可以积极参加创业协会、青创学社和创业训练营等社团活动，主动结识创业相关领域的专家和商家，积累创业人脉资源。

（3）访谈创业人士。

想创业，就要和创业者在一起，想方设法与自己身边的创业人士接触，采访他们，与他们成为朋友，将会得到最直接的创业经验与技巧。通过采访创业人士，可以详细了解创业过程中的规范、要求，有助于在创业前做好相关方面的技能准备，还有助于建立创业人脉，为以后成功创业打下基础。

（4）投入创业实践。

实践是检验真理的唯一标准，"纸上得来终觉浅，绝知此事要躬行"。创业素质的提升从根本上要落实到实践中去。

（二）创新创业能力

创新创业能力是一种综合能力，除需要具有创新能力外，还需要具有实践能力和创业潜能。

具体来说，由于所处的领域不同、采取的创新创业方式不同，能力主体应该具备的创新创业能力也是不同的。但是只要有创新的想法，并且把它转化为现实，同时能够对人类和社会的发展产生有益的价值，那么个体的创新创业能力便能够体现出来。

大学生创新创业能力应该定义为：大学生根据已经掌握的科学文化知识和周围资源，对事物进行创造和改进，并将其转化为对个人或社会发展有益的经济价值、社会价值、文化价值等的能力。具体的创新创业能力要素可参考表6-2，表6-2中列出了基于文献和访谈的大学生创新创业能力要素。

拓展阅读

创业是复杂的，创业中的管理是很有难度的。创业者的管理能力体现在方方面面，涉及因素较多。请阅读大学生应有企业经营管理能力测评表，并试着测量一下，了解一下你的企业经营管理能力如何。

大学生应有企业经营管理能力测评表

（如果完全不懂得1分，如果非常清楚得5分）
（1）你知道哪些力量在影响着市场景气度吗？你对经济指标有多少了解？
（2）你做计划和预算的能力怎样？
（3）你对财务管理及控制有何了解？
（4）你是否能亲自进行日常管理工作？
（5）你对进货和存货控制的了解程度如何？
（6）你对市场分析、预测是否在行？
（7）你是否认为自己对市场需要哪些产品（或服务）有敏锐的感觉？
（8）你对促销术、广告巡视类的营销方式了解如何？
（9）你对员工建立良好互助关系有没有把握？
（10）你对定价有多少把握？这需要对客户需求、进料价格、竞争状况有较全面的考虑。

计算总和：
（1）45分及以上：你已有充分准备，赢在起跑线。
（2）35~44分：你可以尝试一下，并就薄弱环节尽快补课。
（3）34分及以下：你最好再加一把力，如找一些书籍自学，针对自己的不足，在他人公司里工作一段时间，或者去修一些课程，包括系统地向他人请教。

表 6-2

维度	具体要素	维度	具体要素
个性特质、知识、技能	创造性人格	管理经营能力	创业构想能力
	风险意识和风险承受能力		理念设计能力
	抗挫折、抗压能力		营销管理能力
	毅力		组织分工能力
	动机		建立制度能力
	态度		领导激励能力
	自身形象		目标设定能力
	专业知识		组合资源能力
	管理经营知识		规划经营策略能力
	信息处理能力		适应环境能力
	应变能力		沟通协调能力
	执行能力		建立良好关系能力
	实际工作经验		追求创业收益的信念
	自律能力		维护利益共同体的责任感
机会开发能力	预见和发现商机能力	专业知识应用能力	知识转化能力
	识别和评估商机能力		知识应用能力
	把握和利用商机能力		学习能力
创新能力	创造力	团队合作与管理能力	组建团队能力
	首创意识		合作能力
	开拓能力		
	创造性应用能力		鼓励和影响团队能力
	产品研发能力		

第三节　创新思维及其训练方法

一、创新思维概述

（一）创新思维的内涵

创新思维是指以新颖独创的方法解决问题的思维过程，这种思维通常能够突破常规思维的界限，以超常规甚至反常规的方法、视角去思考问题，提出与众不同的解决方案，从而产生独到而又新颖的思维成果。一切需要创新的活动都离不开思考，离不开创新思维，因此也可以说，凡是能想出新点子、创造出新事物、发现新路子的思维，都属于创新思维。创新思维是一切创新活动的开始，是思维的高级形态，既有一般思维的基本性质，又有其自身特征，与常规思维相比，创新思维的最大特点在于它的普遍性、变通性、新颖性和实践性，这些特性的产生在于巧妙地发挥了人脑思维的潜能。

（二）创新思维的类型

1. 发散思维

发散思维又称辐射思维、放射思维、扩散思维或求异思维，是指大脑在思维时呈现的一种扩散状态的思维模式。心理学家认为，发散思维是创新思维最主要的特点，是测定创造力的主要标志之一。对于具有发散性思维的人来说，当一种方法不能解决问题时，他会主动地否定这种方法，而去寻找另一种方法。例如，发明家爱迪生在发明电灯时，为试制灯丝，尝试了1600多种方案，直到找到了碳化竹丝。

发散思维是不依常规、从多方面寻求答案的思维方式，宽广的知识面让人思路开阔。因此，人们要注意培养广泛的兴趣，尽可能多地从各个方面吸收知识和信息，重视各种实践，加强思维训练。

2. 收敛思维

收敛思维又称聚合思维。收敛思维是一种从众多答案或方案中寻求唯一正确答案或最佳方案的思维方式。其特点是使思维始终集中于同一个方向，使思维条理化、简明化、逻辑化、规律化。收敛思维与发散思维，如同"一个钱币的两面"，是对立的统一，具有互补性。收敛思维常常使我们能够得到最终的创造性结论。

3. 逆向思维

逆向思维也叫反向思维，是指改变一般的思维方式，从事物的反面去思考问题的思维方法。这种方法常常使问题获得创造性的解决。

4. 联想思维

联想思维就是人们在某一件事情或事物上受到启发，并将其迁移到另一些事情或事物上的一种特殊的思维方式。主要包括幻想、空想、玄想。其中，幻想，尤其是科学幻想，在人们的创造活动中具有重要的作用。联想思维的最大特点就是克服了两个不同的概念在一种意义上的差距，并在另一种意义上把它们联结起来，由此产生了独特的创意。联想构思发明法就是利用联想思维进行创造的一种发明创造方法。

5. 逻辑思维

逻辑思维是指人们在认识事物的过程中借助概念、判断、推理等思维形式能动地反映客观现实的理性认识过程，又称抽象思维。只有经过逻辑思维，人们对事物的认识才能达到对其本质的把握，进而认识客观世界，它是认识的高级阶段，即理性认识阶段。

6. 灵感思维

灵感思维又称顿悟，是指凭借直觉进行的快速的、顿悟性的思维。它不是一种简单逻辑或非逻辑的单向思维运动，而是逻辑性与非逻辑性相统一的理性思维过程。现代科学研究表明，灵感是大脑的一种特殊技能，是思维发展到高级阶段的产物，是人脑的一种高级的感知能力。正如著名科学家钱学森所说："我认为现在不能以为思维仅有逻辑思维和形象思维这两类，还有一类可称为灵感。也就是人在科学和文艺创作的高潮中，突然出现的、瞬息即逝的短暂思维过程。"虽然灵感的闪现是扑朔迷离、难以捉摸的，但是灵感并不神秘，它也是可以控制的一种思维活动。灵感思维与人的直觉是密不可分的，直觉是人的先天能力，往往是创意的源泉。

7. "互联网+"思维

"互联网+"指的是依托互联网信息技术及互联网平台实现互联网与传统产业的深度融合，创造新的商业模式或新业态，充分发挥互联网在社会资源配置中的优化和集成作用，促进经济转型和产业升级的新经济形态。"互联网+"不是互联网与传统产业的简单相加，而是以网络信息技术为工具的一种新的生产力的兴起。

在（移动）互联网、大数据、云计算等科技不断发展的背景下，"互联网+"思维是对市场、用户、产品、企业价值链乃至对整个商业生态进行重新审视的思考方式。作为一种新时代的思维模式，"互联网+"思维有四个特点。

（1）用户至上。

互联网经营的特点是买家的好评也即所谓的口碑，是可以变成资产的，这使得所有的互联网企业都天然地试图与用户保持良好的互动关系，真正把"顾客就是上帝"，以用户为中心的理念贯彻到企业经营管理的所有环节中去。

（2）体验为王。

用户的口碑起源于对消费细节的感受。因此，时刻关注用户的需求，让用户从每个细节体验到产品与服务的特色，是很多互联网公司赢得用户的唯一方式。好的用户体验应该从细节开始，贯穿于产品与服务的全过程，并且能够让用户完整地感知到，甚至这样的感知要超出用户预期，满足用户的"痛点"，才能真正吸引用户。

（3）免费模式。

互联网信息技术的特点，使得"复制"基本零成本，当然也使得"免费"成为现实。如为了增加用户的黏性，腾讯QQ、微信、百度地图及其他各种各样的软件都是可以免费使用的。

（4）颠覆创新。

互联网的商业模式对于传统的商业模式来说，可以说很多是颠覆式的创新，为了吸引用户，把其从传统的商业领域拉到互联网领域，很多互联网企业不得不从用户的角度出发，围绕用户体验持续地改进产品与服务，最后让用户对其产品或服务产生越来越严重的黏性。

拓展阅读

创新人格测试

以下21个陈述，没有对错之分，只是在查看你的态度，请按照自己的实际情况回答。1~5分分别代表了从完全不符合到完全符合的不同程度，依据实际情况酌情打分。

1. 我很注意学习新知识、新思想和新观点。
2. 我愿意尝试用新的观点和新的方法去解决问题。
3. 我已经能熟练运用计算机进行学习、办公、开展业务活动或进行课堂教学了。
4. 我对将要发生的事情总有预见性。
5. 我的同事总是可以依靠我掌握现有设备的新用法。
6. 我有幽默感。

7. 我愿意经常和其他不同公司或部门的专家接触。
8. 我喜欢在工作中学习。
9. 在会议上我会就工作的新方式提出建议。
10. 我常在工作上自加压力、自找动力、自我激励。
11. 我喜欢树立较高的工作目标并将其结果具体化、社会化。
12. 思考问题时我会注意发散思维、不受原则或条约的束缚。
13. 我乐意听取朋友、同事们的意见。
14. 我常把自己的工作放到市场和社会的层面去审视，以期提出更加完善的举措。
15. 不愿例行公事的人不应该被惩罚。
16. 我对正式的会议讨论感到很沮丧。
17. 当一个新项目开始时，我希望更多地了解工作的数量而非工作的质量。
18. 在工作中我有能力使工作多样化。
19. 我会离开一个对我来说没有挑战性的工作。
20. 我不在乎别人对我的想法说三道四。
21. 我总愿意以最终结果的经济效益来评估某项业务工作的价值和意义。

测试结果：
总分在 60 分以上的，说明具有创新人格特征；60 分以下的，创新人格特征不明显。

二、创新思维训练方法

（一）奥斯本检核表法

奥斯本检核表法又称设想提问法，由美国创造教育基金会的创始人亚历克斯·奥斯本于 1941 年在《思考的方法》一书中提出。它开始只是作为智力激励法的辅助工具，供会议主持人引导发言用。后来，人们在创造发明的实践中发现，奥斯本检核表法不仅能够作为怎样提问的示范，而且还能启发和产生大量的创造性设想，因此在麻省理工学院有关专家的推动下演变为一种创新技法。如表 6-3 所示是奥斯本检核表。

表 6-3

检核项目	含义
1. 能否他用	现有的事物有无其他的用途，保持不变能否扩大用途；稍加改变有无其他用途
2. 能否借用	能否引入其他的创造性设想；能否模仿别的东西，能否从其他领域、产品、方案中引入新的元素、材料、造型、原理、工艺、思路
3. 能否改变	现有事物能否做些改变，如颜色、声音、味道、式样、花色、音响、品种、意义、制造方法；改变后效果如何
4. 能否扩大	现有事物可否扩大适用范围；能否增加使用功能；能否添加零部件；延长它的使用寿命，增加长度、厚度、强度、频率、速度、数量、价值
5. 能否缩小	现有事物能否体积变小、长度变短、重量变轻、厚度变薄及拆分或省略某些部分（简单化）；能否浓缩化、省力化、方便化
6. 能否替代	现有事物能否用其他材料、元件、结构等替代
7. 能否调整	现有事物能否变换排列顺序、位置、时间、速度、计划、型号；内部元件可否交换
8. 能否颠倒	现有的事物能否从里外、上下、左右、前后、横竖、主次、正负、因果等相反的角度颠倒过来用
9. 能否组合	能否进行原理组合、材料组合、部件组合、形状组合、功能组合、目的组合

奥斯本检核表的实质就是从9个方面进行设问，在大量问题的启发下，可以促使人们产生更多的新设想，从而为产生更好的创造性设想提供更多的可能。

（二）和田十二法

和田十二法又叫作和田创新法则，是我国创造学研究者许立言、张福奎和上海市和田路小学结合我国中小学生的思维习惯和实际情况，在借鉴奥斯本检核表法的基本原理和其他创新方法的基础上，加以提炼和改进而提出的一种思维创新技法，该法既是奥斯本检核表法的一种继承，又是一种大胆的创新，通俗易懂，操作简单，容易帮助中小学生打开创造性思路。

和田十二法利用"加、减、扩、缩、变、改、联、学、代、搬、反、定"12个动词作为提示词，帮助学生在进行创新性思维的时候拓展思路，在具体操作中，以如下方式呈现。

（1）加一加：能否在原有的物体上增加什么？如添加某种新的材料，增加某种新的组合，加长、加大、增加层次、增加次数。

（2）减一减：能否在原有的物体上减掉什么？如能否直接删除某些组成部分，减轻质量、减低高度、减少层次、时间、次数。

（3）扩一扩：能否对原有的物体进行放大或扩展，增加原有物体的体积或面积。

（4）缩一缩：能否对原有的物体进行压缩或缩小，减小物体的体积或面积。

（5）变一变：能否对原有的物体的造型、色泽、结构、味道、成分进行改变。

（6）改一改：原有的物体存在的不足之处或缺陷有哪些，可以在哪些方面进行改进。

（7）联一联：原有物体的结果与原因有何联系，对我们解决问题有什么帮助，把一些不同的物体组合在一起会怎样。

（8）学一学：通过模仿一些事物的结构和形状会产生什么新的发现和构想；学习其他领域的知识、方法和技术，对于原有的事物是否有启发作用。

（9）代一代：原有的物体可不可以用另一种物体或材料去替代，替代后会产生什么结果。

（10）搬一搬：原有的物体挪到其他位置会怎样。

（11）反一反：原有物体的前后、左右、上下、内外、正反等位置进行颠倒，会有什么改变。

（12）定一定：要解决某个问题或改变某件事情，需要做出什么规定。

拓展阅读

一个工厂接到一个大订单，需要生产大量椭圆形的玻璃板。首先，工人们将玻璃板切成长方形，然后将4角磨成弧形从而形成椭圆形。然而，在磨削工序中，出现了大量的破碎现象，因为薄玻璃受力时很容易断裂。

"我们应该将玻璃板做得厚一点。"一位工人对主管说。

"不行，"主管说，"客户的订单上要求的就是这种厚度的产品。"

那么怎样才能使薄玻璃在磨削的工序中不会断裂，同时厚度又能符合客户的需求，也就是说，玻璃怎样既厚又薄呢？运用组合原理，能否在空间上将相同物体或相关操作进行组合？动动脑，给出你的解决方案。

（三）列举法

列举法，是一种借助对具体事物的特定方面（如特点、优缺点等）从逻辑上进行分析，并将其本质一一罗列出来，再针对列出的项目一一提出改进的创意思考方法。

列举法的主要作用是帮助人们克服感知不足，使人们带着一种新奇感将事物的细节列举出来，使人们能时刻思考一个熟悉事物的各种缺陷，以及尽量想到所要达到的具体目的和指标。这样比较容易捕捉到所需要的目标，从而进行发明创造。

列举法的目的不在于一般性列举，而在于从所列举的项目中挖掘出发明创造的主题和启发出创造性的设想。

列举法简单实用、较为直接，为创造性解决问题提供了方向和思路。列举法主要包括属性列举、缺点列举、希望点列举和综合列举等类型。其中，综合列举是指综合运用属性列举、缺点列举和希望点列举，设计出尽可能多的思路，然后筛选出最佳方案的创意思考方法。

（四）头脑风暴法

所谓头脑风暴，最早是精神病理学上的术语，是指精神病患者的一种胡思乱想的思维状态。创造学中将其转化为无限制的自由联想和讨论，目的在于产生新观念或激发创意思考。头脑风暴法又称智力激励法、畅谈法、集思法等。

头脑风暴法是由美国创造学家亚历克斯·奥斯本于1939年首次提出的一种激发创意思考的方法。在群体决策中，由于群体成员的心理相互影响，易于屈服权威和大多数人意见，因此会形成所谓的群体思维。群体思维削弱了群体的批判精神和创造力，损害了决策的质量。奥斯本认为，人类在长期解决问题的过程中总企图走捷径，遇到问题时习惯于本能地过早进行评判。但这种评判的依据又是什么呢？它经常是依据以前经验而形成的定式，所以评判的结果总是指向与原先行为相同的思路和方式，这样就无法突破定式，无法创造性地解决问题。因此，在创造发明的过程中，要控制这种评判，采用群体对话的方式集思广益。这种集体对话的基本原则是"自由阐述""不争论""不打断"和"仔细倾听"。

拓展阅读

头脑风暴法解决了扫雪难题

有一年，美国北方格外寒冷，大雪纷飞，电线上积满冰雪，大跨度的电线常被积雪压断，严重影响通信。过去，许多人试图解决这一问题，但都未能如愿以偿。后来，电信公司经理召开头脑风暴法座谈会，参加会议的是不同专业的技术人员，要求他们必须遵守以下原则：

第一，自由思考。即要求与会者尽可能解放思想，无拘无束地思考问题并畅所欲言，不必顾虑自己的想法是否"离经叛道"或"荒唐可笑"。

第二，延迟评判。即要求与会者在会上不要对他人的设想评头论足，不要发表"这主意好极了""这种想法太离谱了"之类的"捧杀句"或"扼杀句"，至于对设想的评判，留在会后组织专人考虑。

第三，以量求质。即鼓励与会者尽可能多而广地提出设想，以大量的设想来保证质量较高的设想的存在。

第四，结合改善。即鼓励与会者积极进行智力互补，在增加自己提出的设想的同时，注意思考如何把两个或更多的设想结合成另一个更完善的设想。

按照这种会议规则，大家七嘴八舌地议论起来，有人提出设计一种专用的电线清雪机；有人想到用电热来化解冰雪；也有人建议用振荡技术来清除积雪；还有人提出能否带上几把大扫帚，乘直升机去扫电线上的积雪。对于这种"坐飞机扫雪"的想法，大家心里尽管觉得滑稽可笑，但在会上也无人提出批评。相反，有一位工程师在百思不得其解时，听到用飞机扫雪的想法后，大脑突然受到启发，一种简单可行且高效率的清雪方法冒了出来。他想，每当大雪过后，出动直升机沿积雪严重的电线飞行，通过调整旋转的螺旋桨即可将电线上的积雪迅速扇落。他马上提出"用直升机扇雪"的新设想，顿时又引起其他与会者的联想，有关用飞机除雪的主意一下子又多了七八条。不到一小时，与会的10名技术人员共提出90多条新设想。

会后，公司组织专家对设想进行分类论证。专家们认为设计专用清雪机、采用电热或电磁振荡等方法清除电线上的积雪，在技术上虽然可行，但研制费用高、周期长，一时难以见效。那种因"坐飞机扫雪"激发出来的设想，倒是一种大胆的新方案，如果可行，将是一种既简单又高效的好办法。经过现场试验，发现用直升机扇雪真能奏效，一个久悬未决的难题，终于在头脑风暴会上得到了解决。

（五）类比法

类比法是建立在类比联想思维基础上的一种创新方法，具体是指人们在创造活动中，将创造对象与熟悉的对象进行比较分析，从中推出这两个对象在某些方面的相同或相似之处，从而产生新设想或新成果的方法。具体的方法主要有以下几种。

1. 拟人法

拟人法就是将创造对象想象成具有人的情感、人的行为和人的性格从而进行创新的方法。此方法在科技发明中运用较多。如生产车间的机械手就是模仿人类手的动作来进行设计的；机器人也是模仿人类的各种行为进行设计的。

2. 直接类比

直接类比就是直接将某一类事物的功能或作用嫁接到另一类事物上，重新进行组合而创造出新事物的方法。如根据鱼在水里游的原理发明了潜水服；在变色龙的启发下，发明了迷彩服。

3. 象征类比

象征类比是一种通过某种象征性的符号、图案或具体的形象来表达某种抽象的情感或意义的类比方法。如 LV 包作为一种奢侈品得到了商界人士的追捧，从而成为某种身份的象征；星巴克的猫爪杯一直遭到疯狂抢购，甚至有人为了能拥有这样一个杯子通宵排队，原因是猫爪杯已经成为某种生活方式的象征。

4. 因果类比

因果类比是指根据某事物的因果关系推断出其他事物也有类似的因果关系，并据此进行创新创造的一种类比方法。如海绵橡胶就是受到在面粉中加入发酵粉可做出松软的馒头的启发，在橡胶中放入"发泡剂"而发明出来的。

5. 对称类比

对称类比是指根据某些事物所具有的对称性的特点来进行对比性创新的类比方法。如英国物理学家狄拉克从描述自由电子运动的方程中，得出正负对称的两种能量解，一个能量解对应着电子，那么另一个能量解对应着什么呢？通过对称类比，他提出了存在"正电子"的大胆假设，后来终于由美国的安德森在宇宙射线实验中得到证实，这是首次发现的反粒子。

6. 综合类比

综合类比是指在事物属性之间的关系比较复杂的情况下，根据一个对象与另一个对象的综合相似而进行的类比推理。一般来说，两个对象要素的多种关系综合相似，就可以推出它们的结构相似，再由结构相似可推出它们的整体特征和功能相似。如设计一架飞机时，先做一个模型放在风洞中进行模拟飞行试验，就是综合了飞机飞行中的多种特征进行类比。

拓展阅读

突破思维障碍

蜡烛问题是一个经典测试，1945 年由心理学家邓克尔发明。实验对象会领到如图 6-1 所示的一根蜡烛，一盒图钉，一盒火柴，要解决的问题是：把点着的蜡烛固定到墙上，并且蜡不会滴到下面的桌子上。那么你会怎么做？

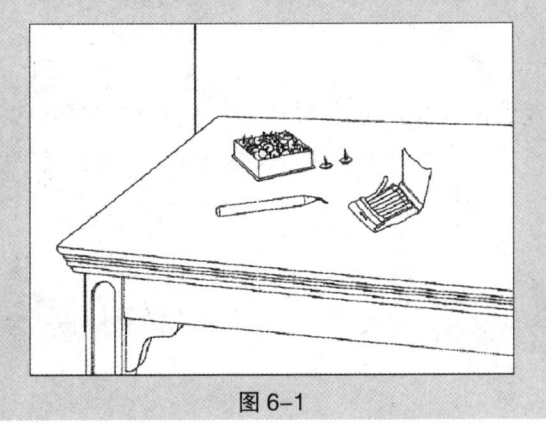

图 6-1

第七章　互联网时代的创新创业

学习要点

了解互联网思维的表现形式和互联网思维下的商业模式，掌握互联网时代下创业的发展趋势及大学生创业的模式。

学习目标

1. 了解互联网思维的表现形式和互联网思维下的商业模式；
2. 掌握互联网时代下大学生创业及其发展趋势；
3. 掌握大学生互联网创业的主要模式及切入点。

名言名句

现在人类已经进入互联网时代这样一个历史阶段，这是一个世界潮流，而且这个互联网时代对人类的生活、生产、生产力的发展都具有很大的进步推动作用。

——习近平

网络正在改变人类的生存方式。

——比尔·盖茨

如果错过互联网，与你擦肩而过的不仅是机会，而是整整一个时代。

——王峻涛

第一节　互联网思维下的商业模式

一、互联网思维的表现形式

互联网思维，就是在（移动）互联网+、大数据、云计算等科技不断发展的背景下，对市场、用户、产品、企业价值链乃至对整个商业生态进行重新审视的思考方式。

最早提出互联网思维的是百度公司创始人李彦宏。在一个大型活动上，李彦宏与传统产业的老板、企业家探讨发展问题时，李彦宏首次提到互联网思维这个词。他说："我们这些企业家今后要有互联网思维，可能你做的事情与互联网无关，但你要逐渐用互联网的方式去想问题。"

互联网时代的思考方式，不局限在互联网产品、互联网企业。这里说的互联网，不单指桌面互联网或移动互联网，而是指泛互联网，因为未来的网络形态一定是跨越各种终端设备的,如台式计算机、笔记本、平板、手机、手表、眼镜等。互联网思维是降低维度,让互联网产业低姿态主动去融合实体产业。

互联网思维体系主要表现出以下七种形式。

(一)用户思维

互联网思维中最重要的就是用户思维。用户思维,是指在价值链各个环节中都要"以用户为中心"去考虑问题。作为厂商,必须建立起"以用户为中心"的企业文化,只有深度理解用户,才能生存。

拓展阅读

Who-What-How 模型

用户思维体系涵盖了最经典的品牌营销的 Who-What-How 模型。

Who,就是清楚目标消费者是谁,也就是任何产品的营销必须有自己的目标群体。当企业产品不能让用户成为产品的一部分,不能和他们联结在一起时,企业的产品必然是失败的。QQ、百度、淘宝、微信,无一不是从锁定目标群体开始的。

What,就是要了解消费者的需求是什么,提高用户参与感。要想提高用户参与感,一种情况是按需定制,厂商提供满足用户个性化需求的产品即可,如海尔的定制化冰箱;另一种情况是在用户的参与中去优化产品,如淘品牌"七格格",每次的新品上市,都会把设计的款式放到其管理的粉丝群组里,让粉丝投票,这些粉丝决定了最终的潮流趋势,自然也会为这些产品买单。

How,就是怎样实现"全程用户体验至上"。好的用户体验应该从细节开始,并贯穿于每个细节,能够让用户有所感知,并且这种感知要超出用户预期,给用户带来惊喜。

(二)简约思维

大道至简,越简单的东西越容易传播,产品越专注越有竞争力。尤其在创业时期,做不到专注,就很难生存下去。在产品设计方面,要做减法。外观要简化,内在的操作流程要简化。如谷歌网站的首页、苹果电脑的外观、特斯拉汽车的外观,都是简约极致的设计。

(三)迭代思维

"敏捷开发"是互联网产品开发的典型方法论,是一种以人为核心,迭代、循序渐进的开发方法,允许有所不足,不断试错,在持续迭代中完善产品。这里的迭代思维,对传统企业而言,更侧重于迭代的意识,意味着我们必须及时乃至实时关注消费者需求,把握消费者需求的变化,快速推出满足消费者需求的产品。在互联网时代,由于产品的设计、研发和供应的整个环节变短,企业组织扁平化程度也比较高,使得产品迭代要求更快。

(四)免费思维

在互联网中,流量即金钱,流量即人口。为了获取用户,获得流量、点击率,互联网企业大多用免费策略极力争取用户、锁定用户。从没有哪个时代让我们享受如此之多的免费服务,所以免费必然是互联网思维里面的一个典型特征。当然,这里说的免费是相对而言的,免费是进一步挖掘用户价值的一种手段,免费也是为了更好地收费。

(五)大数据思维

互联网让数据的搜集和获取更加便捷了,并且随着大数据时代的到来,数据分析预测对提升用户体验有非常重要的价值。对商家来说,可以通过一些免费或是其他一些有利于用户的活动来搜集用户信息,通过对数据的分析来了解用户的需求,进而实现营销的目的。

(六)平台思维

互联网的平台思维就是开放、共享、共赢的思维。平台模式最有可能成就产业巨头。全球最大的100家企业里,有60家企业的主要收入来自平台商业模式,包括苹果、谷歌等。对创业者而言,当你不具备构建生态型平台实力的时候,那就要思考怎样利用现有的平台。

(七)跨界思维

跨界思维就是多角度、多视野看待问题和提出解决方案的一种思维方式。互联网技术飞速发展,产业边界变得相对模糊,互联网企业的触角无孔不入,已经触及零售、图书、金融、电信、娱乐、交通、媒体等各个领域。

拓展阅读

"原麦山丘"用互联网思维卖面包

"原麦山丘"是一家以"幸福、分享"为品牌核心的高品质烘焙连锁品牌,其主打产品是低糖、低油、低盐、不添加防腐剂、不添加香精、不使用反式脂肪酸奶油的面包,其品牌连锁店已经遍布北京。"原麦山丘"主要的经营策略有以下几点。

1. 坚持好的产品是第一位

无论什么思维,好的产品永远是企业生存与竞争的法宝。近些年,大家越来越关注健康,于是能当主食吃的"欧包"渐渐流行。但毕竟少油少盐少糖无馅料的"欧包"实在不符合中国人的口味,所以很快就被"中国胃"们抛弃了。于是,"原麦山丘"的机会就来了。从产品层面,原麦山丘解决了这两个需求,健康(老面,无添加)又好吃(添加馅料,口感改良)的产品当然是一切的根本,但在消费升级时代,在产品上下功夫,仅仅是开始。

2. 用户思维,增强用户体验感

(1)营造氛围。邀请日本设计师进行选址与装修,营造原麦生长的店铺环境,让消费者觉得在"原麦发酵"的氛围中排队也是一种享受。

(2)打造符号化的产品。用纯手工帆布袋制作面包的包装,使"原麦山丘"符号化,给买面包的人一种身份上的认同感。

(3)营造归属感。实行会员制,消费者可以通过微信公众号直接注册会员,享受福利;还会通过一系列的线上和线下活动,去提高会员的归属感和参与感;成立原麦社区,让喜欢全麦面包的消费者走到一起。

3. 平台思维

利用微信朋友圈打造原麦山丘的面包平台。微信朋友圈如今已成为人们获取信息的第一渠道，周末去哪儿吃、去哪儿玩，大都是通过朋友圈推荐。对"原麦山丘"的运营团队来说，门店仅是体验和展示，线上才是主战场。微信推送，才是全面输出产品线和价值观的重要端口。

4. 分享思维

很多人抱怨"原麦山丘"的面包太大，不方便携带，但这正是"原麦山丘"所倡导的价值观——因为大，所以分享。

5. 故事思维

在"原麦山丘"的微信公众号上，以PGC（Professional Generated Content，专业生产内容）的方式，讲述了许多关于产品的故事，每款面包的生产过程，从选面团、配料，到发酵、烘焙，再到热气腾腾地端上货架的每个细节，呈现了一坨老面到全麦吐司的心路历程。CEO姚天说："微信公众号推送的内容，很多都是消费者的消费体验，以及他们与原麦山丘的故事，关于面包、爱情和友情。"

二、互联网思维下的商业模式

现代管理学之父彼得·德鲁克说过"当今企业之间的竞争，不是产品之间的竞争，而是商业模式之间的竞争"。

"互联网+"企业的发展，使得企业的商业模式、管理模式、生产模式、营销模式纷纷"落地"，其中最核心的就是商业模式的互联网化，即利用互联网平等、开放、协作、分享的精神来颠覆和重构整个商业价值链。目前来看，互联网下的商业模式主要表现为以下六种。

（一）"工具+社群"商业模式

互联网的发展，使信息交流越来越便捷，志同道合的人更容易聚在一起，形成社群。同时互联网将散落在各地的星星点点的需求聚拢在一个平台上，形成新的共同的需求，并形成较大规模，实现了重聚的价值。

如今互联网正在催生新的商业模式，即"工具+社群+电商/微商"的混合模式。例如，微信最开始就是一个社交工具，然后加入了朋友圈点赞与评论等社区功能，继而添加了微信支付、精选商品、电影票、手机充值等商业功能。为什么会出现这种情况？简单来说，工具如同一道锐利的刀锋，它能够满足用户的痛点需求，用来做流量的入口，但它无法有效地沉淀粉丝用户；社群是关系属性，用来沉淀流量；商业是交易属性，用来变现流量价值。三者看上去是三张皮，但内在融合的逻辑是一体化的。

（二）长尾型商业模式

长尾概念由克里斯·安德森提出，它描述了媒体行业从面向大量用户销售少数拳头产品，到销售庞大数量的利基产品的转变。虽然每种利基产品相对而言的销售量较少，但利基产品销售总额可以与传统面向大量用户销售少数拳头产品的销售模式媲美。长尾型商业模式的核心是"多款少量"，因此需要较低的库存成本和强大的平台，并使得利基产品对于有兴趣的买家来说容易获得。

拓展阅读

利基是一个商业用语，是指针对企业的优势细分出来的市场，这个市场很大，而且没有出现令人满意的服务。产品推进这个市场，有盈利的基础。利基营销又称"缝隙营销"或"补缺营销"或"狭缝市场营销"。

（三）跨界商业模式

互联网能够如此迅速地颠覆传统行业，其实质就是利用高效率来整合低效率，即对传统产业核心要素进行再分配，从而提升整体系统效率。互联网企业通过减少中间环节、减少所有渠道不必要的损耗、减少产品从生产到进入用户手中所需要经历的环节来提高效率、降低成本。因此，对于互联网企业来说，只要抓住传统行业价值链条当中的低效或高利润环节，利用互联网工具和互联网思维，重新构建商业价值链就有机会获得成功。

（四）免费商业模式

小米科技的董事长雷军说过："互联网行业从来不打价格战，它们一上来就免费。"传统企业向互联网转型，必须深刻理解这个"免费"背后的商业逻辑的精髓到底是什么。

如果有一种商业模式既可以统摄未来的市场，也可以挤垮当前的市场，那就是免费的模式。信息时代的精神领袖克里斯·安德森在《免费：商业的未来》一书中归纳了基于核心服务完全免费的商业模式：一是直接交叉补贴，二是第三方市场，三是免费加收费，四是纯免费。

很多互联网企业都是先以免费、好的产品吸引用户，再通过提供新的产品或服务给不同的用户来构建商业模式的。互联网颠覆传统企业的常用方法就是在传统企业用来赚钱的领域免费，从而彻底把传统企业的用户群带走，继而转化成流量，然后利用延伸价值链或增值服务盈利。

（五）O2O 商业模式

2012 年 9 月，马化腾在互联网大会上的演讲中提到，"移动互联网的地理位置信息带来了一个崭新的机遇，这个机遇就是 O2O，二维码是线上和线下的关键入口，将后端蕴藏的丰富资源带到前端"。O2O 和二维码技术是移动开发者应该具备的基础能力。O2O 是 Online To Offline 的英文简称。O2O 从狭义上理解就是线上交易、线下体验消费的商务模式，主要包括两种场景：一是线上到线下，用户在线上购买或预订服务，再到线下商户实地享受服务，目前这种类型比较多；二是线下到线上，用户通过线下实体店体验并选好商品，然后通过线上下单来购买商品。广义的 O2O 就是将互联网思维与传统产业相融合，未来 O2O 的发展将突破线上和线下的界限，实现线上线下、虚实之间的深度融合，该模式的核心是基于平等、开放、互动、迭代、共享等互联网思维，利用高效率、低成本的互联网信息技术，改造传统产业链中的低效率环节。

（六）平台商业模式

互联网的世界是无边界的，市场是全国乃至全球。平台型商业模式的核心是打造足够的平台，产品更为多元化和多样化，更加重视用户体验和产品的闭环设计。

在互联网时代，用户的需求变化得越来越快，越来越难以捉摸，单靠企业自身拥有的资源、人才和能力很难快速满足用户的个性化需求，这就要求打开企业的边界，建立一个更大的商业生态网络来满足用户的个性化需求。通过平台以最快的速度汇聚资源，满足用户多元化的个性化需求。所以平台模式的精髓，在于打造一个多方共赢互利的生态圈。但是对于传统企业而言，不要轻易尝试做平台，尤其是中小企业不应该一味地追求做全、做大平台，而应该集中自己的优势资源，发现自身产品或服务的独特性，瞄准精准的目标用户，发掘用户的痛点，设计好针对用户痛点的极致产品，围绕产品打造核心用户群，并以此为据点快速打造一个品牌。

拓展阅读

如何用互联网思维进行产品设计

互联网时代究竟需要什么样的产品？怎样才能设计出具备互联网思维的产品呢？我们可以按照互联网的思维特点思考问题、解决问题。

（1）定位：认真考虑"你的用户是什么样的人"。当你知道用户是哪些对象，就可以针对他们的需求去设计产品，例如，"黑袜先生"（美国皮马棉男袜定期配送服务商）锁定的目标用户是男性白领，他们的需求就是有人像母亲一样照顾自己，把全新的袜子按时送达。

（2）专注：精炼产品，少就是多。互联网时代的产品不再追求数量和规模，而是追求那些能够抓住用户痛点的产品。例如，"黑袜先生"的目标用户群用简单的黑袜子就能网住，就不用设计出花样繁多的白袜子、灰袜子去扰乱他们的视线。

（3）迭代：快速地升级。现在的产品可不是你设计出一个完美的产品，就可以一直销售下去，如果你的产品不更新换代，很快就会被市场淘汰。

（4）关注抱怨：抱怨是一种信号——我不满意，但是你还有机会讨好我。当用户不再抱怨时，说明他已经不再关注你的产品。企业要关注用户的抱怨，并且超出他的期望去解决他的抱怨。

（5）提高用户参与度：在产品中注入可以互动的基因，企业要建立与用户之间进行互动的平台，在和用户交流的过程中共同发现问题、完善产品，甚至激发用户设计产品。

第二节　互联网时代下的大学生创新创业

随着互联网技术的飞速发展及网络经济的迅速崛起，网络成为时代宠儿，网络经济所蕴含的巨大商机和良好的发展前景激发了包括大学生在内的许多人的创业激情。大学生群体对网络比较熟悉，知识水平较高，接受新事物和创新的能力较强，并且通过互联网创业比在现实中进行实体创业具有诸多优势，因此受到了很多大学生的青睐。

一、互联网创业

（一）互联网创业的概念

互联网创业，也称网络创业，可以从广义和狭义两个层面来理解。广义的互联网创业是指凡是以互联网及其他电子网络通信设备为基础，发现和捕捉新的市场机会，提供新的商品或服务以创造价值的过程。狭义的互联网创业是指以网络平台为基础的创业形式。

（二）互联网创业的发展趋势

1. 互联网加快传统行业的转型升级

当前，"互联网+"上升到国家战略高度，使得互联网与传统行业的结合变得更为紧密。尤其是在生活服务领域，出行、旅游、教育、招聘、医疗等传统行业都在借助互联网的平台优势进行着商业模式的转型升级，未来将有更多的传统行业，包括国家高度关注的供给侧结构性改革中的相关行业也可以借助互联网和移动互联网实现产业的转型升级。

拓展阅读

一、什么是"互联网+"

所谓的"互联网+"，其实是创新2.0下的互联网发展的新业态，是知识社会在创新2.0推动下的互联网形态演进及其催生的经济社会发展新形态。

通俗地说，"互联网+"就是"互联网+各个传统行业"，但这并不是简单的两者相加，而是利用信息通信技术及互联网平台，让互联网与传统行业进行深度融合，创造新的发展生态。

二、"互联网+"时代的创业环境

根据中国互联网信息中心提供的数据，截至2018年6月30日，我国网民规模已达8.02亿人，普及率为57.7%。其中，手机网民规模已达7.88亿人，网民通过手机接入互联网的比例高达98.3%。

互联网力量重塑了创新、创业特征，一大批以创新工场、创意园区、创客空间为代表的新型创业平台如雨后春笋般产生，为以大学生为代表的草根创业者、小微团队和民间创新力量提供了必要的技术资源和平台支撑。

"互联网+"时代是一个信息透明的时代。互联网出现之前，商家跟消费者之间的关系，是以信息不对称为基础。有了互联网之后，游戏规则变了。消费者变得越来越有主动权，越来越有话语权，消费者的体验变得越来越重要。

"互联网+"正广泛渗透到经济产业和社会生活的方方面面，促进应用领域的进一步深化、细化，通信、传媒、广告、零售业、交通、农业、金融、医疗、教育等领域成为互联网创业蓝海，这让创业者跃跃欲试，并投身挖掘互联网行业"第一桶金"的浪潮中去。

三、"互联网+"给现在的各个产业带来哪些机会

"互联网+"农业：农业看起来和互联网最远，但农业作为最传统的产业也决定了"互联网+"农业的潜力是巨大的。首先，利用信息技术对地块的土壤、肥力、气候等进行大数据分析，并提供与种植、施肥相关的解决方案提升农业生产效率。其次，农业信息的互联网化将有助于需求市场的对接，互联网时代的新农民不仅可以利用互联网获取先进的技术信息，也可以通过大数据掌握最新的农产品价格走势，从而决定农业生产重点以把握趋势。最后，农业互联网化可以吸引越来越多的年轻人积极投身农业品牌的打造中，具有互联网思维的"新农人"群体日趋壮大，将创造出更多模式的"新农业"，催化中国农业品牌化。

"互联网+"教育：近年来，在线教育如在线外语培训、在线职业教育等细分领域成为中国在线教育市场规模增长的主要动力。例如，网易公司旗下的有道词典，就在英语垂直应用

领域掌握了4亿的高价值用户,这部分用户对于在线学习的需求非常强烈,因此,有道词典推出了类似在线学英语、口语大师等产品和服务,将用户需求深度挖掘,并通过大数据技术实现个性化推荐,基于移动终端的特性,用户可以用碎片化时间进行沉浸式学习,让在线教育切中了传统教育的一些痛点。

"互联网+"医疗:"互联网+"医疗的融合,实现了信息透明,并解决了资源分配不均等问题。例如,类似挂号网等服务,可以解决大家看病时挂号排队时间长、看病等待时间长、结算排队时间长的问题。

"互联网+"工业:"互联网+"制造业和正在演变的"工业4.0",将颠覆传统制造方式,重建行业规则。例如,小米科技等互联网公司就在工业和互联网融合的变革中,不断抢占传统制造业的市场,通过价值链重构、轻资产、快速响应市场等来创造新的消费模式,而在"互联网+"的驱动下,产品个性化、定制批量化、流程虚拟化、工厂智能化、物流智慧化等都将成为新的热点和趋势。

"互联网+"金融:从余额宝、微信红包再到网络银行……互联网金融已经悄然来到每个人的身边。传统金融向互联网转型,金融服务普惠民生,成为大势所趋。低门槛与便捷性让资金快速流动,大数据让征信更加容易,也有助于中小微企业、工薪阶层、自由职业者等大众获得金融服务。随着移动支付的普及,"互联网+"金融正发挥着巨大的作用。

"互联网+"交通:随着社会的发展和生活水平的提高,人们对交通快捷的需求越来越高。很多产品不一定需要100%的拥有,你需要考虑的是如何更好地使用,"拥有权"不再重要。"互联网+"交通不仅可以缓解道路交通拥堵,还可以为人们出行提供便利,为交通领域的从业者创造财富。例如,实时公交应用,可以方便出行用户对于公交汽车的到站情况进行实时查询,减少延误和等待时间。

"互联网+"家电/家居:真正有价值的"互联网+"家电/家居是互联网家电产品的互通,即不同家电产品之间的互联互通,实现基于特定场景的联动,手机不仅是智能家居的唯一入口,更是智能家居的入口和控制中心。

2. 移动互联网向平台化和垂直化发展

目前,移动互联网呈现出向平台化和垂直化双向发展的趋势。一方面,互联网巨头通过超级App大范围地覆盖用户,围绕自身核心资源打造生态。超级App逐步通过连接各类应用、场景,成为移动互联网应用服务的中枢。例如,截至2015年底,微信在移动互联网领域的月均活跃用户覆盖率达到87.9%;2016年10月,覆盖率约为90%。2017年初,微信推出"小程序"功能,通过微信可与购物、游戏、视频、音乐、旅游、金融等多种应用和场景连接,微信已然成为一个平台化应用。另一方面,随着行业互联网化的进程深入,带动中长尾应用场景不断裂变,向着垂直领域的专业化、精细化应用发展。例如,互联网旅游行业根据用户需求场景不同可以拆分出火车票预订、旅游攻略、旅游工具、航空服务、酒店预订等多个细分场景。

3. 智能硬件成为互联网创业新趋势

移动互联网与硬件的结合更为紧密,从而催生出更多的、使用范围更广的智能硬件类产品,进而带动创新创业,成为拉动中国经济增长的重要力量。智能硬件是移动互联网与传统制造业相交汇的产物,多个智能硬件之间也将通过App来实现在互联网上的互联互通,从而实现物联网。

4. 农村将成为互联网创业最具潜力的市场

当前，我国正大力推进"互联网+"农业，应用物联网、云计算、大数据、移动互联等现代信息技术，推动农业全产业链改造升级。"互联网+"农业代表着现代农业发展的新方向、新趋势，也为转变农业发展方式提供了新路径、新方法。"互联网+"农业是一种生产方式、产业模式与经营手段的创新，通过便利化、实时化、物联化、智能化等手段，对农业的生产、经营、管理、服务等农业产业链环节产生了深远影响，为农业现代化发展提供了新动力。

拓展阅读

"智慧农业"圆"80 后"小伙子创业梦

2010 年，怀揣创业梦想的青年张扬与吴迪一拍即合，两人认真考察市场后，选择到伊川县江左镇承包土地种植袖珍西瓜，并创立了洛阳新大农业科技有限公司。吴迪在创业探索过程中逐渐发现，成本高是农民种植各类作物的"痛点"，于是，他聘请专家，招收技术人员，潜心研发"智慧农业"系统。

2012—2014 年，吴迪带领团队开发的"智慧农业"系统的版本从 1.0 升级至 3.0。这套系统结合物联网技术，可实时监控采集西瓜、草莓等作物的生长过程，根据空气温湿度、土壤温湿度、光照强度、二氧化碳浓度等实时数据，制定标准化种植流程。目前，该"智慧农业"系统辐射的种植面积已有近千亩，创造经济效益 1000 多万元。

二、互联网为大学生创业提供了优势条件

在就业形势日益严峻的今天，创业已经成为解决大学生就业问题的重要途径之一。互联网的快速发展和电子商务的蓬勃兴起，使具有门槛低、成本低、风险小等优势的互联网创业成为大学生自主创业的一项选择。大学生应充分利用网络优势，寻找创业机会，实现自己的创业目标。具体来说，大学生选择互联网创业有以下优势。

（一）创业投入成本低

相较于传统的经营模式，在"互联网+"的大背景下，网络创业准入门槛低，成本相对较低。互联网创业不需要雇佣劳务，不需要租赁店面，网络代销模式不需要囤积货物，这在很大程度上降低了大学生的资金和库存管理风险，对于初期创业的大学生而言是较好的选择。

（二）营销方式层出不穷

互联网创业的营销方式可谓层出不穷，除了我们现在已知的淘宝店铺、各类 App，还有微博营销、微信营销、QQ 营销、邮件营销等多种方式。大学生在学校的时候就已经充分掌握了各种运用电商平台的技能，以及应用各类搜索引擎的能力，这些在日常生活中积累的经验都将成为他们的营销管理经验，而对于互联网产品的应用则成为他们的销售工具。

（三）工作时间自由

工作时间自由也是大学生选择互联网创业最重要的原因之一。对于在校大学生而言，他们除了要管理商铺，还要应对课业、社团活动等事情，因此利用业余时间进行创业是最好的选择；而对于已毕业的大学生而言，互联网创业也是一个开创自己事业的不错的选择，刚离开校园，步入社会的他们有更多的时间去打理自己的店铺，可以及时更新各种营销手段以增加销量。

互联网创业在时间上的自由性意味着创业者只要有网络就可以随时随地进行销售。即使是外出，智能手机的存在，也提高了实现交易的可能性；他们不需要像上班族一样朝九晚五地在办公室里工作，在无交易的情况下可以做自己喜欢做的事情，实现自己的其他人生理想。

因此，互联网创业对于大学生而言具有独特的吸引力，吸引着众多大学生利用互联网平台进行创业。

三、大学生互联网创业的主要模式及切入点

（一）大学生互联网创业的主要模式

大学生互联网创业的模式主要有以下四种。

（1）产品与服务销售模式。包括开设网络店铺和自建网络商城。通过互联网或其他电子渠道，依据交易主体的需求直接销售商品或提供服务，包括咨询、展示、交易、支付及售后服务等一系列商业活动。

（2）访问量利用模式。包括建立搜索引擎网站、策划网站运营方案和运营网络社交平台。创业者对个人网站进行内容的策划与宣传，以增加网站的访问量并以网站的访问量为资源，向商家收取广告费；或者通过设置搜索排名、会员资格及提供网络营销推广服务等方式向信息提供方及搜索方收取费用。

（3）创意类商品交易模式。创业者利用互联网将个人知识、智慧、经验、技能等无形的创意类商品通过交易转化为实际收益，如成为"威客"、做淘客或担任网络写手等。

> **拓展阅读**
>
> 威客的英文 witkey 由 wit（智慧）和 key（钥匙）两个单词组成，也是 the key of wisdom 的缩写，是指那些通过互联网把自己的智慧、知识、能力、经验转化为实际收益的人，他们在互联网上通过解决科学、技术、工作、生活、学习中的问题从而让知识、智慧、经验、技能转化为经济价值。

（4）网络技术业务模式。创业者利用自身的网络技术，通过编写网络程序、制作网页等服务实现商业利润，包括销售或注册授权软件等。

四种模式各有优势，如表 7-1 所示是四种互联网创业模式的对比。大学生要根据自己的实际情况及对互联网熟悉程度选择相应的创业模式。

表 7-1

创业模式	资金需求	推广方式	技术要求	盈利模式	创业风险
产品与服务销售模式	启动资金少	产品促销、广告宣传	较低	简单，销售获利	较低
访问量利用模式	启动资金多，运营成本高	多元化、线上线下结合	较高	较多，广告收入、会员注册费、第三方应用分成	较高
创意类商品交易模式	启动资金较少	口碑营销	高	商品交易	较低
网络技术业务模式	启动资金多，资金来源以风险投资为主	口碑营销、广告宣传	高	技术服务费、广告宣传费	较低

（二）大学生互联网创业的切入点

校园是大学生生活和学习的主要场所，因此大学生可以考虑从自己熟悉的环境入手，选择"互联网+"校园模式，在一定程度上提高创业的可行性。

1. 自营便利店

自营便利店是抓住在校大学生的购物需求，建设的一种产品和服务销售模式，这种模式有以下优势。

（1）消费者需求情况容易把握。每个大学附近商品便利店中商品的重合度较高，而自营便利店只需要经营一些大学生购买频次较高的商品即可。同时，采用自营，就能直接从厂家那里采购商品，提升盈利能力和对商品的把控能力。

（2）消费者居住地比较集中，这对于零售配送来说就可以同时配送更多订单，节约了配送成本。

（3）推广模式简单易行。地面推广是 O2O 产品触达消费者的重要通道，如果这条通道转化率极低，那么之前所有的工作将无法落地，借用学生配送的方式在某种程度上很好地解决了 O2O 线上线下结合的问题和宣传问题。

当然，大学生如果选择从自营便利店切入校园 O2O 的商业模式，也需要注意下列问题。

（1）资金问题。自营便利店的成本较高，这对于很多在创业前期没有太多资金的大学生来说无疑是难上加难。因此在融资上对创业的大学生提出一定的要求。

（2）消费流量问题。自营便利店的商品毛利低，必须建立在量大的情况下才有可能实现盈利。送货上门在一定程度上增加了额外的人力成本，如果不能在规模上获胜的话，盈利将会十分困难。

（3）人员管理问题。像很多自营便利店的"自建配送+楼长代理人"的方式对于代理楼长的依赖性非常强，大学生兼职的流动性往往都非常大，一旦该楼长代理人出现合作突然终止的情况，平台就必须在短时间内寻找新的楼长代理人，因此要加强对代理楼长的管理。另外，管理庞大的校园卖家团队，还将会面临服务质量无法充分保障的问题。

2. 校园物流平台

校园物流平台也是一种产品和服务销售模式，与自营便利店不同的是这种模式没有自营的超市，只做商家的配送体系。这种模式有以下优势。

（1）节约成本。这种物流配送的方式相比自营便利店来说，节约了成本，从模式上来说是一种更轻便的模式，尤其适合大学生零成本创业，毕竟大多数大学生在创业初期都缺乏最基本的启动资金。这种模式的盈利点主要在于物流配送盈利，利润率相对较低，要求大学生必须具备吃苦耐劳的精神。

（2）容易招募员工。从招募员工的角度来说，自营便利店所招聘的代理楼长需要让楼长们囤货，这就需要楼长支付一定的囤货金。而校园物流平台所招聘的学生配送人员则完全不需要支付任何费用，更容易被接受。

（3）易与校园电商进行垂直整合，发展前景广阔。校园物流平台的最终目的并不只是局限在物流配送上，还可以尝试通过借助物流作为突破口，进军校园电商这个更大的垂直领域。

四、大学生互联网创业需要注意的问题

（一）提前做好调研，选择正确的创业项目

首先，对于要进行互联网创业的大学生而言，要进行市场调研，选择合适正确的创业项目，不能人云亦云。虽然服装、护肤品和美妆行业产品的需求量非常可观，但是对于很多用户而言，他们在长期的购物习惯中已经形成了自己的品牌意识，购物时很多都是选择自己熟悉的品牌，因此后加入的创业者在这一点上其实并不占据优势。

其次，大学生在进行产品描述时，要有针对性地进行描述，不能一味地参考其他同类产品的描述语言，做出自己的特色才能脱颖而出，否则很容易就被同类产品打压；大学生要充分了解自己产品的特性和特点，不断研究其卖点，在和消费者沟通的过程中，不断深化和加强对产品卖点的沟通，规避本产品和其他同类产品的相同点，用独特的卖点去打动消费者，只有这样，大学生创业的项目才能够走下去。

最后，大学生选择创业项目时，要从个性化需求出发，现在大众产品虽然客源比较多，但是消费者越来越重视私人定制的体验，只有发现人们的个性化需求并以此为出发点来打动消费者，才能在创业的过程中立于不败之地。

（二）不断学习，提高自身创业技能

首先，对于要进行互联网创业的大学生而言，不能眼高手低。互联网创业看似简单，其实背后深含各类专业知识，如电子商务、营销管理、领导艺术等，大学生在创业的过程中，要不断学习专业知识，弥补缺陷改正不足，让学习成为创业的推动力。

其次，大学生在互联网创业的过程中，不可能永远一帆风顺，因此创业者要调整自己的心态，不能被一时的挫折所击倒，要不断强大自己的内心，引导团队和自己的项目渡过难关，最终获取创业项目的胜利。

最后，大学生创业者应该不断学习领导技能。对于一个创业团队而言，领导是一个团队的核心。大学生创业团队大多是由自己的同学或好友组成，大家在一起容易磨合，不受拘束。但是领导者是一个团队的领军人物，在关键时刻要能够扮演项目负责人的角色，只有这样团队才不会是一盘散沙，才能有团队凝聚力，也才能在互联网创业的过程中走得更加长远。

（三）增强风险意识，控制项目的可行性

对于"互联网+"环境下创业的大学生而言，在创业的过程中一定要增强风险意识。一方面，要控制好自己的资金，在项目运作的过程中，对资金的流向和用途要进行严格的把控，防止出现私自挪用的情况。虽然大学生创业在前期很多时候只是个人，即便如此，创业者也要有长期发展的规划目标，从一开始就要控制好资金的流向，为以后做大做强做好准备。另一方面，大学生在互联网创业的过程中要做好货源的把控。对于互联网创业者而言，货源尤其重要，同样产品质量的东西，消费者当然会选择价格更占优势的一方，因此大学生在创业初期，就要做好货源调查和联系，并且做好备选方案，在货源紧张的情况下，能够有其他货源及时顶替，这样就不会出现缺货断货的情况，从而保证创业项目的良好信誉，给消费者留下良好的印象。

（四）增加营销渠道，多管齐下

对于当今的互联网产品而言，大学生在互联网创业的过程中要不断学习，不断创新营销。在微博没有盛行的时候，大学生互联网创业者多是通过QQ空间进行宣传，到后来的微博营销、微信营销，再到今天的小咖秀营销、直播营销。面对这些不断更新的互联网应用，大学生互联网创业者不能只是一味地觉得好玩，要在产生兴趣的同时增强自己的营销意识，将当下最新的营销工具和自己的产品相结合，创新营销方式。以当下最流行的直播为例，通过团队拍摄有故事性和趣味性的创意视频，引发关注，增加粉丝，后期再进行产品宣传，这样才能使消费者不反感，同时也能增加消费者黏性。

第八章　高职高专大学生创业形势分析

学习要点

了解影响高职高专大学生创业的因素，掌握当前高职高专大学生创业面临的问题和机遇，了解我国相关的创业政策。

学习目标

1. 了解影响高职高专大学生创业的因素；
2. 能够正确分析高职高专大学生创业面临的问题和机遇；
3. 了解国家相关创业政策；
4. 能够结合当今时代背景和自身实际情况进行自我创业评估。

名言名句

得时无怠，时不再来，天予不取，反为之灾。

——《国语·越语·越兴师伐吴而弗与战》

自古天下事，及时难必成。

——《送张洞推官赴永兴经略司》欧阳修

知者善谋，不如当时。

——《管子·霸言》

党的二十大报告指出，必须坚持科技是第一生产力、人才是第一资源、创新是第一动力，深入实施科教兴国战略、人才强国战略、创新驱动发展战略，开辟发展新领域新赛道，不断塑造发展新动能新优势。大学生作为创新创业队伍中的主力军，创新创业，既能缓解大学生所面临的就业创业压力，又是大学生实现自我价值和社会价值的根本途径。

一方面，在创业人群中，大学生渴望成才、勇于创新，是最具活力和最有潜力的创业群体。同时大学生创业也是解决大学生就业及社会人才资源充分利用问题的有效途径，有助于解决自身及周边群体的就业问题，也有助于推动社会创新发展，为中国经济发展带来新的活力和动力；另一方面，由于融资难、经验少、服务不到位等问题，大学生创业也面临着较大的困难和较高的失败率。当前，国家给予大学生创业极大的支持，中国经济蓬勃发展也给大学生创业搭建了良好的平台，大学生创业有着良好的机遇，但与此同时要清楚地看到，大学生创业面临着挑战，如何把握时机，顺势而为至关重要。

第一节　影响高职高专大学生创业的因素

一、社会因素

影响高职高专大学生创业的社会因素主要包括社会创业环境及社会创业舆论环境等方面。

社会创业环境是创业过程中的各种经济条件、政策条件、资金条件等因素的有机统一，良好的社会创业环境对于高职高专大学生的创业而言往往会起到利好的促进作用，会进一步提高高职高专大学生的创业意向，帮助高职高专大学生将创业意向转化为创业行动。其中，政策的扶持对大学生选择创业有显著影响，扮演着非常重要的角色，优惠的政策给大学生提供了更多的创业机会，给予了进行自主创业的大学生足够的自信心，降低了创业的风险性，提高了大学生自主创业的成功率。同时，随着产教融合、校企合作的深入推进，越来越多的企业参与到大学生的培养工作中，相关企业的支持对大学生创新创业能力的培养有着重要作用，不仅能提供实践的平台，帮助大学生提升综合能力，同时也有利于增强大学生创业的积极性和竞争力。

"互联网+"时代，社会创业舆论环境对高职高专大学生创业产生的影响也不容忽视，客观、公正地反映创业的现状和真相，正确分析创业环境，形成正确的舆论氛围尤为重要。正向的社会创业舆论不仅可以为高职高专大学生创业提供创业信息支撑，真实反映创业形势和创业现状，还可以使大学生自觉树立正确的创业观，把握正确的创业方向，科学做出创业选择。

二、学校因素

高校创新创业教育水平的高低在很大程度上影响大学生的创业能力和创业意向。近些年来，高校创新创业教育被纳入国家政策，国内各大高校纷纷响应国家号召，深化学校创新创业教育改革，越来越注重培养学生的创新创业能力，许多高校将大学生创新创业课程纳入必修课程体系，投入大量的师资力量来教授学生知识，旨在为大学生营造一个良好的创新创业氛围。

高校创新创业教育包括一系列创新创业课程、创新创业大赛及实践活动。创新创业课程是通过过程教学，向大学生传授创业知识、锻炼大学生创业能力和培养创业精神，是学校"双创"教育工作理念展示的重要窗口，是学校"双创"教育课程体系建设的策源地，是学校"双创"教师队伍培养的主抓手，更是大学生真正系统地接受创新创业启蒙教育的主阵地。通过创新创业课程，不仅可以帮助大学生掌握开展创业活动所需要的基本知识，提高创办和管理企业的综合素质和能力，同时可以帮助大学生树立科学的创业观，主动适应国家经济社会发展和人的全面发展需求，正确理解创业与职业生涯发展的关系，自觉遵循创业规律，积极投身创业实践。

创新创业大赛有助于进一步培养大学生的创新创业能力，激发大学生的创业热情，支持和鼓励大学生主动探索、开展自主创新实践。

此外，高校创新创业平台的建设对大学生创业也会产生一定的影响。在国家创业政策的推动下，高校创新创业平台的数量有了明显提高，"创业园""创意园"是当今高职高专院校的一道靓丽风景。但一些高职高专院校对平台建设缺乏清晰的定位和完善的运行机制，平台硬件设施配套不齐，难以完全满足创新创业的高度开放性要求。

三、家庭因素

家庭环境也是大学生创新创业的客观影响因素之一，我们每个人的家庭情况都有它的独特之处，每个家庭成员带给大学生的影响也是不可估量的，他们对自主创业的认知程度和对创业行为所持的态度，对大学生创业均会产生一定的影响。

一方面，家庭成员对创业的态度会对大学生的创业选择产生直接影响。大多数家庭受传统就业观念的影响，认为孩子毕业后应该进入事业单位、国有企业工作，若家庭成员几乎没有创业经验，就可能害怕孩子遇到困难，更希望他们找一份安稳的工作，这些家庭中的大学生在选择是否创业问题上就会更加谨慎；另一些有着创业经验，并且鼓励孩子大胆尝试的家庭，他们的孩子在这种创业氛围中耳濡目染，对创业有着浓烈的兴趣和想法，就会更加积极主动地加入创新创业队伍。

另一方面，家庭条件也在一定程度上影响大学生的创业意向，并间接影响大学生的创业能力。家庭条件相对较好、父母有着较好的工作和稳定的收入来源，大学生在选择创业时就更敢于承担更大的风险；反之，在家庭条件不太好的情况下，有的大学生毕业后需要尽快挣钱补贴家用，从而导致一部分大学生放弃了创业的想法。

四、个人因素

在当今这个以创新驱动发展的大环境下，个人的创新能力是影响创业的关键因素。个人性格、创新意识、对创业知识的储备、对行业和市场规律的认识对创业结果有着直接影响，个人素质良好的创业者更容易在市场上取得胜利。

与同龄人相比，大学生有相对较高的知识水平、专业优势和创业激情，自主创业具有其他群体不可比拟的优势。经过多年的学习，大学生的学习能力得到了锻炼，对专业理论知识和专业发展前景有了相当程度的了解，因此更有利于从本专业出发创业。同时年轻人总是充满激情的，更易于接受新鲜事物，动手能力强，试错空间大，即使在创业途中遇到了困难，也能够重新站起来，获得更多的机会。

在大众创业、万众创新的良好创业环境下，大部分大学生都萌发过创业的冲动，当中的一部分更是有了条件后就将想法付诸实践。与一般的本科院校相比，高职高专大学生在学习过程中遭受的挫折更多，具有良好的心理素质和较强的抗压能力，职业技能优势更加突出。但高职高专大学生的创新创业知识理论体系相对不完善，创新能力参差不齐，一些思维较活跃、能吃苦耐劳、敢于直面挑战、征服欲较强的大学生更加具有创新精神，进而推动自身创新发展；而其他一些热衷于稳定发展，忽略创新能力重要性的大学生，就可能不会主动去开拓培养自己的创新创业能力。

第二节　高职高专大学生创业面临的问题

高职高专大学生创业虽然有政府和学校的各项政策支持，但先就业后择业仍是现阶段大学生进入职场的首选，高职高专大学生创业仍然面临诸多的问题和挑战。

一、创业服务体系不够完善

近年来，各地各高校不断加大对大学生创业的扶持力度，颁布了很多政策支持大学生创业，但一些优惠政策门槛高，涉及多部门合作，办理手续相对复杂，周期长，缺乏一个完整的服务体系。此外，一些创业优惠政策在高职高专大学生中宣传落实不到位，如一次性创业补贴、创业吸纳就业奖励、大学生创业小额贷款政策、孵化创业项目补贴、创业实体补贴等，高职高专大学生对创业政策的知晓率和申请率并不高。

二、创新创业教育存在薄弱环节

学校的创新创业教育是高职高专大学生学习创新创业知识的重要平台，应贯彻在整个大学生涯中。但与本科院校相比，高职高专院校在创新创业教育方面还存在薄弱环节。

缺乏针对性和时代性。一些高职高专院校在培养学生创新创业能力方面理念与模式相对落后，创新创业教育体系普遍还是"点状"结构，在入学教育、专业课程学习、社团活动、实习指导、毕业就业指导等环节的创新创业教育元素渗透不足。部分高职高专院校开展创新创业教育往往从活动切入，学生参赛动力不足，很难形成持久的积聚效应。在创新创业教育相关活动的普及、组织和开展时，没有更好地结合当前我国对创新创业人才的实际需求进行教育教学。

师资力量有待提升。一些高职高专院校从事创新创业教育的师资力量相对薄弱，大多数从事创新创业教育教学工作的教师为管理、经济、就业方面的教师，缺乏理工科背景、专业技术背景较窄，没有创业经历，没有接受过专业系统的创业指导，在涉及较为具体、深入的技术或产品难题时，难以真正指导学生攻坚克难、解决技术问题。与此同时，一些高职高专院校自身也没有重视对双创教师的培养与培训，没有组织开展更多的培训活动来塑造教师良好的职业素养、教学能力和双创精神，不利于提升高职高专院校创新创业教育工作者的业务能力与专业水平。

学生对创业知识的学习积极性不高。对大多数大学生而言，创业知识的传授是一种非必要的理论学习，一些高职高专大学生对创新创业课程的认可度不高，学习需求不强烈，迫切性也不强。

三、学生的创业能力有待提升

随着国内市场经济的快速发展，高职高专大学生创业者需要面对的市场竞争更加激烈。与高学历创业者相比，高职高专大学生专业理论知识相对欠缺，知识结构存在弱点，创新意识和创业能力等方面存在薄弱环节；与有职场工作经验的创业者相比，高职高专大学生缺少运营管理经验，社会阅历欠缺，竞争力不够。

此外，一些高职高专大学生对创业认知存在偏差，盲目自信，认为创业不难，对市场缺乏充分调研，对创业项目认知不深入，导致在创业过程中面对同行间残酷的竞争时往往感到不适应，导致创业失败。同时，大多数高职高专大学生的家庭没有创业背景，家庭成员或朋辈群体仍存在固有的传统就业观念，使得高职高专大学生对创业缺乏兴趣，甚至抱有抵制态度。

第三节　高职高专大学生创业面临的机遇

在建设科技强国的新征程上，鼓励和支持广大青年创新创业，是激发全社会创新潜能的重要举措。在大众创业、万众创新的时代背景下，越来越多的高职高专大学生加入自主创业的队伍。随着改革的逐步深化，企业发展环境日益完善，创业者市场准入门槛降低，高职高专大学生创业面临前所未有的机遇。

一、创业扶持力度不断加大

为提升大学生创新创业能力、增强创新活力，进一步支持大学生创新创业，2021年至今，国务院联合相关部门相继印发了《"十四五"就业促进规划》《国务院办公厅关于进一步做好高校毕业生等青年就业创业工作的通知》《国务院办公厅关于进一步支持大学生创新创业的指导意见》等文件，为推进大学生创新创业指明了方向。

此外，各省市、各高校都在结合本地、本校的实际情况为大学生创业提供各种优惠政策。如南京市持续优化创新创业政策，先后推出了"青年大学生宁聚计划""宁聚新十条"等举措，构建从开业补贴、场租补贴、创业成功及带动就业补贴、创业贷款、融资配套等一系列创业支持政策；海南省针对大学生创业出台了一系列支持政策，包括创业担保贷款、社会保险补贴、困难毕业生求职创业补贴等，将个人创业担保贷款额度提高到30万元，并对新发放的10万元以下的个人创业担保贷款取消反担保要求；云南省印发了《云南省2024届高校毕业生就业创业提质行动实施方案》，将通过严格落实就业优先政策、压实推进落实政策性岗位、健全就业统计监测机制等7个方面30条举措，进一步提升高校毕业生就业创业工作质量，助力高校毕业生高质量充分就业。

二、市场环境不断改善

党的十八大以来，我国持续深化市场监督管理改革，各有关部门深入推进"放管服"改革，持续优化营商环境，市场准入门槛不断放宽，市场准入环境更加宽松便捷，工商登记注册便利化水平不断提升，投资创业制度性成本降低，市场环境不断改善。2023年9月，国家市场监督管理总局出台了22条举措，聚焦5个方面，对提振民营经济发展信心、依法规范和引导民营资本健康发展具有重要意义。新技术、新产业、新业态、新模式快速发展，为大学生创业提供了广阔的空间。据统计，2012—2022年，全国新设"四新经济"企业2545.4万户，占全国新设企业的41.7%，并且呈逐年上升态势。创业门槛的降低、创业成本的减少，给缺乏资源的大学生带来了创业的机遇。

三、新质生产力加快发展

近年来，我国科技创新成果丰硕，创新驱动发展成效日益显现；城乡区域发展协调性、平衡性明显增强；改革开放全面深化，发展动力活力竞相迸发；绿色低碳转型成效显著，发展方式转变步伐加快，高质量发展取得明显成效，新质生产力已经在实践中形成并展示出对高质量发展的强劲推动力、支撑力。加快发展新质生产力，是新时代新征程解放和发展生产力的客观要求，是推动生产力迭代升级、实现现代化的必然选择。

1. 高科技、高效能、高质量是新质生产力的重要特征

高科技体现在新质生产力重视科技创新，特别是原创性、颠覆性的科技创新。科技创新是形成和发展新质生产力的核心要素，原创性、颠覆性的科技创新通过与劳动者、劳动资料、劳动对象结合贯穿于生产的全过程，主导和推动着新质生产力的发展。

高效能体现在生产要素配置效率之"高"、科技成果转化效率之"高"和生产效率之"高"。其一，基于生产要素配置方式的创新，各类优质生产要素能够以更高的效率流向关键核心技术领域，进一步加快原创性、颠覆性技术的资源配置效率和科技创新效率。其二，伴随着经济体制与科技体制的深化改革，促成科技成果转化的体制机制逐渐成熟，原始创新到产业转化的时间周期将持续缩短，科技成果转化效率进一步提高。其三，原创性、颠覆性技术产业化的过程推动了劳动者、劳动资料和劳动对象等生产要素的变革，缩短了社会必要劳动时间，提高了劳动生产率。

高质量则体现在新质生产力区别于依靠大量资源投入、高度消耗资源能源的生产力发展方式，是摆脱了传统增长路径、更加符合新发展理念的生产力，是数字时代更具融合性、更体现新内涵的生产力。新质生产力在"质"和"量"两个方面实现了对传统生产力的超越。

2. 加快发展新质生产力是推动高质量发展的重要着力点

新质生产力的核心是创新，载体是产业。离开作为载体的产业，创新就成为无源之水、无本之木。当前，我国科技支撑产业发展的能力不断增强，为发展未来产业奠定了良好的基础。因此要紧紧抓住新一轮科技革命和产业变革的机遇，以科技创新为引领，加快传统产业高端化、智能化、绿色化升级改造，培育壮大战略性新兴产业，前瞻性谋划未来产业，以产业升级和新兴产业发展为着力点，推进新质生产力加快发展。

推动传统产业深度转型升级。在高端化方面，要一手抓基础支撑，突破一批基础元器件、基础零部件、基础软件、基础材料和基础工艺，另一手抓产业高端装备引领，在大飞机、工业母机、医疗装备等重点领域突破一批标志性的重点产品，提升传统产业的技术密集程度，向价值链高端和产业链核心迈进。在智能化方面，要大力推进人工智能技术在传统产业领域的融合及应用，通过互联网对传统产业生产运行过程中产生的数据进行感知和采集，以及人工智能与生产设备和控制系统的融合，实现生产控制和运营优化等方面的智能化变革，形成具有一定自治功能的智能生产和运行系统，打造智能工厂和智慧供应链。在绿色化方面，要加快实现绿色低碳技术重大突破，实施传统产业焕新工程，推进传统产业制造工艺革新和设备改造，提升产业绿色化发展水平。通过传统产业的高端化、智能化、绿色化升级夯实现代化产业体系的基底，提升当前生产力的发展水平，推动新质生产力的形成。

培育壮大战略性新兴产业。战略性新兴产业要增强科技创新能力，以科技创新推动产业创新，以产业创新打造发展新引擎、新动能。一是要发展壮大战略性新兴产业集群，紧紧围绕战略性新兴产业的重点领域，对标国际领先水平，打造一批具有国际先进水平的战略性新兴产业集群，增强产业发展的整体竞争力。二是要培育鼓励创新的市场环境，加大对知识产权的保护和监管，建立自主知识产权创新激励机制，健全科研成果转化机制，破除不利于科技创新的各类障碍，激发市场主体创新活力，为战略性新兴产业的发展注入源源不断的创新动力。三是要健全战略性新兴产业人才保障机制，构建充分体现知识、技术技能等创新要素的收益分配机制，激发各类人才创新活力和潜力，为战略性新兴产业高质量发展提供人才支撑。战略性新兴产业科技创新能力的提升将催生更多的原创性、颠覆性技术创新，形成新的经济主导产业和支柱产业，为新质生产力的生成提供创新内核，为新质生产力的发展提供产业载体。

前瞻性谋划未来产业。发展未来产业既是推动高质量发展的内在要求，也是现代化产业体系建设的重要支撑。着眼于未来产业，要合理规划产业布局，建立多元投融资支持体系，为未来产业的培育创造良好条件。一方面，要优化未来产业的时空布局，聚焦国家整体战略规划和地方产业规划，根据技术成熟度、市场发育度变化与各地科教资源、产业基础的差异，分阶段分梯次开展产业培育，因地制宜布局产业发展。另一方面，要通过制度设计和政策引导，支持未来产业企业创业和技术研发，营造良好的金融生态环境。通过上述举措，抢占未来产业发展的制高点，释放更多新质生产力，为推进中国式现代化培育竞争新优势。

3. 新质生产力释放创业新动能

创新创业与新质生产力的发展关系密切、相辅相成。新质生产力的特点是创新，其中科技创新是核心要素。创业项目作为创新知识生产和成果转化的关键枢纽，是推动科技创新、整合利用要素资源、培育产业竞争新优势的有生力量。2024年4月28日，教育部下发的《关于举办中国国际大学生创新大赛（2024）的通知》中提到，"把创新教育贯穿教育活动全过程，加强拔尖创新人才自主培养，培育新质生产力发展新动能，为教育强国建设支撑引领中国式现代化作出更大贡献。"对于大学生创业者而言，新质生产力为创业项目的发展提供了新的思路和方向，在创业活动中要坚持以新质生产力为引擎，要善于推动各类优质生产要素向发展新质生产力的方向涌流。要勇于尝试新模式、新业态，敢于颠覆传统行业。例如，利用大数据、人工智能等技术，开发出个性化的产品和服务。同时，还应注重用户体验，建立用户反馈机制，不断优化产品和服务，在创新中提质，在提质中创新，走出一条高质量发展的康庄大道。

拓展阅读

新质生产力正在引领现代农业大变革

发展新质生产力是推动高质量发展的内在要求和重要着力点，在新的发展阶段，我们需要以新质生产力为引领，推动农业强国建设。

目前，以基因技术、量子信息技术、新材料新能源技术、虚拟现实技术等为代表的第四次科技和产业革命已经到来，也同时带动了农业领域新革命。每次科技变革都会带来农业领域的革新，推动农业方式转型和产业结构升级：第一次是从人畜投入的简单、低效的经营模式进入以机械耕作的时代；第二次是以进化论、杂种优势学说、遗传学理论等发展起来的现代农业育种技术、现代化肥技术等；第三次以 DNA 双螺旋结构、计算机和信息技术、生物技术为支撑。

技术创新能够提高资源的使用效率。美国科学院公布未来十年美国农业科技领域亟待研究和突破的五大关键技术分别是系统认知分析、精准动态感知、数据科学、基因编辑和微生物组。农业领域的科技突破能够大大提高生产效率，使农业生产出现人工智能操控的特点。如德国 Infarm 公司利用高容量、自动化、模块化的种植与配送中心，粮食生产效率比传统土壤农业高 400 倍。未来像 LPWAN、5G、LEO 卫星等先进和前沿的数字连接技术可以从根本上改变农业生产方式，如智能作物监控、无人机耕作、智能牲畜监测、自主农业机械、智能建筑与设备管理等。麦肯锡研究显示，到 21 世纪末，通过加强农业的物联技术能够使全球生产总值增加 5000 多亿美元，使农业的生产率再提高 7%~9%。

农业科技革新催生了现代农业产业变革，产业链条持续延伸，基因化、数字化、工程化、绿色化、营养化成为农业产业发展的新方向。合成生物学、干细胞育种等颠覆性技术推动细胞工厂、人造食品等新业态；基因工程、智能装备极大压缩了农业的自然属性；全链条协同创新推动农业生产绿色低碳、可持续发展新态势。

新质生产力发展不足是我国农业强国建设的最大短板

我国是农业大国，但还不是农业强国。在过去的 60 年里，我国农业经济保持着高速增长，农业总产值占全球农业总产值的 22.5%，位列第一。但有测算显示，我国农业强国整体实现度为 67.2%。对标新质生产力和现代农业强国的特征，我国农业在生产效率、科技创新、高水平人才支撑等方面与发达国家还存在一定的差距。主要表现在以下几个方面：

一是与农业发达国家相比，我国农业劳动生产率处于较低水平。

2021 年我国农业就业人数占就业总人数的比重为 24%，加拿大、美国等农业强国仅为 1%~3%。我国 24% 的农业劳动力的产出仅占 GDP 的 6%，而美国 1.4% 的农业劳动力的产出占 GDP 的 5%。农业劳动生产率的巨大差距，背后体现的，就是农业生产力水平的差距。

二是前沿性科学技术发展滞后，缺乏重大原创性成果。

虽然我国农业科技进步贡献率从 2012 年的 54.5% 提高至 2022 年的 62.4%，但发达国家科技对农业的贡献率普遍在 80% 左右。有研究显示，我国农业科技中国际领跑型技术仅占 10%，并跑型技术占 39%，跟跑型技术占 51%。

三是高水平农业科技人才支撑力度不足。

据调查，我国高水平农业科学家的比例是 0.049‰，美国是 0.738‰。当前我国高等农林教育人才培养存在传统人才较多、复合应用型少，整体素质相对偏低，高层次创新型人才匮乏等问题。

以上分析显示，要使我国进入全球农业强国第一方阵，依靠传统、常规生产力水平的提升远远不够。如果没有新质生产力引领，与农业发达国家相比，我国的农业现代化建设将如"逆水行舟"，不但不能缩小差距，差距还将越来越大。

以新质生产力引领农业强国建设的着力点

根据马克思主义生产力三要素论，生产力由劳动手段、劳动力、劳动对象三要素构成。以新质生产力引领农业强国建设，必须在这三个方面系统着力。

一是着力提升前沿农业科技水平。

前沿农业科技是以现代生物技术、信息技术、工程技术、人文社会科学技术交叉融合为特征的"大农科"，以跨领域、高技术融合为特征，涉及信息工程、基因编辑、合成生物学等颠覆性技术。以生物制造为例，据预测，全球生物制造产值接近30万亿美元，被认为具有引领"第四次工业革命"的潜力，是世界各国竞争的热点。我国也把生物制造列为重点发展的战略性新兴产业。类似这种农业和生物科技领域的新质生产力，必须成为未来我国农业科技需要着力突破的领域。

二是着力强化创新型人才培养。

新质技术的创新、掌握、使用都需要"新质人才"。需要大力培养具有原创精神、具备交叉学科素养、掌握前沿科技的高素质创新型人才。目前涉农人才的培养中，较为普遍地存在知识体系陈旧、知识结构过窄、创新能力不足等问题，不能很好适应新质生产力发展的需要。

三是着力发展涉农新业态。

涉农领域新质生产力的发展，将拓展"农"的边界由第一产业向第二产业和第三产业延伸，引领农科新兴产业、新兴业态的培育与发展。涉农新业态的范围不仅涵盖传统的农业种养业、农产品加工业和农业服务业，还将延伸到营养健康、医学和公共卫生、生态文明、农业文化等诸多新的领域。

新质生产力与农业创新的关系

在科技的加持下，传统农业解决了吃饱问题，下一步，科技创新将从吃饱到吃好，在质量上下功夫。未来，农业需要通过生物技术、人工智能技术、大数据技术、物联网传感器技术、自动机器人技术等先进科技成果，与传统农业深度融合，创造新机会。

在育种环节，除了生物技术，大数据和AI算法给基因科学带来了效率上的巨大突破，过去依靠实验室多年的成果，大数据算法的应用，几个月就能做完。种子是农业的芯片，一样面临"卡脖子"的境地，种子关系着国家粮食安全，是农业效益和农民收入的最基本保障。这个环节，将是新质生产力的发力点之一。

在生产环节，借助传感器技术、自动化控制技术、环境控制技术把工厂自动化生产技术深度应用到农业生产中，在车间复刻动植物生产所需的环境。从国内外的案例看，农业工业化是必然趋势，去年探访的一家位于发电厂的蔬菜工厂，将热力发电所产生的余热及二氧化碳与蔬菜工厂相结合，利用农作物的光合作用，将二氧化碳固定到有机物中，实现农业碳中和。农业工业化可创新可突破的范围很广，除了主粮的小批量品类都有工业化的可能。

在自媒体平台上，搜德国农业机械，一定会被各种大型自动化机械装备的作业场景所震惊，在这方面，虽然我国这几年农业机械的自动化智能化水平提升了很多，但仍然与国际领先水平存在巨大差异，体现在大型装备自动化智能化水平过低，适应我国丘陵地区的小型自动化程度不高。

在农资方面，在减肥增效等行业政策指引下，我国生物质肥料、有机肥料、菌肥等非化工肥料得以快速发展，已经形成了生物质肥料持续增加，化工肥料持续下降的趋势。农业环节的农资部分是典型的制造企业，这部分不仅在科技方面有创新空间，在互联网经济影响下，新商业模式提高农业产业效率，也是新质生产力所指引的方向。

以上只是粗略地将农业产业从育种、生产、农业装备和农资三个环节拆分，从产业链视角分析，信息技术对产销一体的影响，大数据对智慧农业的促进，新科技对农产品加工的影响，新科技对预制菜的发展都是农业产业可以在新质生产力方面的突破方向。

四、高职高专院校创新创业教育不断推进

近年来,全国各高校不断加强创新创业教育,把创新创业教育融入人才培养全过程,把创新创业教育实践课程纳入必修课体系,不断加强创新创业师资队伍建设,搭建了较为成熟的高校创业服务平台。

创新创业教育课程体系建设不断完善。越来越多的高职高专院校把创新创业教育有效纳入专业教育和文化素质教育教学计划,建立多层次、立体化的创新创业教育课程体系。更加突出专业特色,将创新创业类课程的设置与专业课程体系有机融合,将创新创业实践活动与专业实践教学有效衔接,积极推进人才培养模式、教学内容和课程体系改革。

创新创业师资队伍建设不断加强。引导各专业教师、就业指导教师积极开展创新创业教育方面的理论和案例研究,不断提高在专业教育、就业指导课中进行创新创业教育的意识和能力。支持教师到企业挂职锻炼,鼓励教师参与社会行业的创新创业实践。积极从社会各界聘请企业家、创业成功人士、专家学者等作为兼职教师,建立专兼结合的高素质创新创业教育教师队伍。

创新创业实践活动广泛开展。高校把创新创业实践作为创新创业教育的重要延伸,通过举办创新创业大赛、讲座、论坛、模拟实践等方式,丰富大学生的创新创业知识和体验,提升大学生的创新精神和创业能力,各类双创活动为大学生创新创业提供更多展示机会。

第四节 创业政策

近年来,为支持大学生自主创业,国家和地方各级政府出台了多项优惠政策,旨在优化创业环境,完善扶持政策和孵化服务,最大限度地释放创新创业动力。如税收优惠政策、担保贷款和贴息政策、资金扶持政策、工商登记政策、户籍政策、创业服务政策、学籍管理政策等。

一、税收优惠政策

(1)毕业年度内高校毕业生、登记失业半年以上的高校毕业生,持《就业创业证》(注明"自主创业税收政策"或"毕业年度内自主创业税收政策")或《就业失业登记证》(注明"自主创业税收政策"),从事个体经营的,自办理个体工商户登记当月起,在3年内按每户每年12000元为限额依次扣减其当年实际应缴纳的增值税、城市维护建设税、教育费附加、地方教育附加和个人所得税。限额标准最高可上浮20%,各省、自治区、直辖市人民政府可根据本地区实际情况在此幅度内确定具体限额标准。

(2)对高校毕业生创办小微企业的,可按规定享受小微企业普惠性税费政策;创办个体工商户的,对其年应纳税所得额不超过100万元的部分,在现行优惠政策基础上减半征收个人所得税。

二、担保贷款和贴息政策

(1)创业担保贷款和贴息支持:符合条件的高校毕业生可申请最高20万元的个人创业

担保贷款，由财政给予贴息；合伙创业的，可根据符合贷款条件的合伙创业人数适当提高贷款额度。

（2）创业担保贷款申请程序：申请创业担保贷款贴息支持的个人和小微企业应向当地人力资源社会保障部门申请资格审核，通过资格审核的个人和小微企业，向当地创业担保贷款担保基金运营管理机构和经办银行提交担保和贷款申请，符合相关担保和贷款条件的，与经办银行签订创业担保贷款合同。

三、资金扶持政策

（1）免收有关行政事业性收费：毕业2年以内的普通高校大学生从事个体经营的，3年内，免收管理类、登记类和证照类等有关行政事业性收费。

（2）一次性创业补贴：对首次创办小微企业或从事个体经营，且所创办企业或个体工商户自工商登记注册之日起正常运营1年以上的离校2年以内的大学生，给予一次性创业补贴。

（3）享受培训补贴：大学生自主创业可参加创业培训，符合条件的可按规定申领补贴。

四、工商登记政策

简化注册登记手续：大学生创办企业，只需填写"一张表格"，向"一个窗口"提交"一套材料"，登记部门直接核发加载统一社会信用代码的营业执照，"多证合一"。

五、户籍政策

取消落户限制：大学生可在创业地办理落户手续（直辖市按有关规定执行）。

六、创业服务政策

（1）免费创业服务：可免费获得公共就业和人才服务机构提供的创业指导服务。

（2）技术创新服务：各地区、各高校和科研院所的实验室及科研仪器、设施等科技创新资源可以面向大学生开放共享，提供低价、优质的专业服务。

（3）创业场地服务：政府投资开发的孵化基地等创业载体安排一定比例场地，免费向大学生提供。

（4）创业保障政策：加大对创业失败大学生的扶持力度，按规定提供就业服务、就业援助和社会救助，毕业后创业的大学生可按规定缴纳"五险一金"。

七、学籍管理政策

（1）折算学分：各高校要设置合理的创新创业学分，建立创新创业学分积累与转换制度。

（2）弹性学制：各高校可以根据情况建立并实行灵活的学习制度，可放宽大学生修业年限，保留学籍休学创新创业。

除了国家出台的相关优惠政策，地方各级政府结合当地实际，也纷纷出台了各项支持大学生创业的优惠政策。

  北京市就业工作领导小组办公室印发《关于开展2024年高校毕业生等青年就业创业推进计划的通知》，集中推出稳岗扩岗促就业、就业指导进校园、高频次就业招聘、精准就业帮扶等十个专项行动，千方百计地促进高校毕业生等青年早就业，就好业。

  陕西梳理发布《陕西省高校毕业生就业创业政策服务指南（2023版）》（简称《指南》），帮助高校毕业生、用人单位知晓和享受政策服务，助力高校毕业生自主创业和灵活就业。指南中明确了对于在毕业年度内实现自主创业的高校毕业生，可在完成参保缴费后6个月内，向本人社保参保地人社部门申请不超过2年的社会保险补贴。自主创业失败时，其享受社会保险补贴期满或距社会保险补贴期满不足1年（含）的，可再享受1年期限的社会保险补贴……

  云南省印发《关于进一步推动高校毕业生等青年就业创业17条措施》大力鼓励高校毕业生返乡创业，面向在校大学生提供免费创业培训、落实创业补贴，建立省级高校毕业生创业培训师资库，加大"在校大学生创业孵化园"扶持力度。实施"彩云雁归"创业计划，对创业平台给予最高200万元的资金补助，吸引扶持高校毕业生等重点群体返乡创业。

  2024年3月，广西壮族自治区财政厅筹措下达自治区就业补助资金3619万元，用于支持落实高校毕业生创办个体工商户一次性创业扶持政策和个体工商户吸纳高校毕业生就业一次性扩岗补贴政策。

  山东省人力资源社会保障厅、省教育厅、省财政厅联合出台《关于开展大学生就业创业赋能中心建设的实施意见》（简称《意见》），在全省范围内开展大学生就业创业赋能中心建设。根据《意见》，2024年山东省将选取20所左右的高校作为试点，探索建设大学生就业创业赋能中心；2025年，根据试点情况逐步扩大建设范围，力争覆盖省内30%以上高校；2028年底前，经过5年持续推广建设，实现"一校一中心"，助力高校毕业生高质量充分就业。

  天津市就业工作领导小组印发通知，出台30条措施全力促进高校毕业生高质量充分就业。持续开展"访企拓岗"专项行动。包括持续推进"高校书记校长访企拓岗促就业专项行动"、大力实施"企业进校园"计划、常态化开展校园招聘活动、鼓励中小企业更多地吸纳高校毕业生等。

  海南省出台了吸引留住高校毕业生参与海南自贸港建设的若干政策措施，给予落户自由、住房补贴、创业帮扶、个税优惠、医疗保障、安居房购买等支持。通过举办职业生涯规划大赛，引导大学生增强职业规划意识等。

拓展阅读

部分就业创业文件

  1. 教育部办公厅等七部门关于联合开展2024年度高校毕业生等重点群体促就业"国聘行动"的通知（教就业厅函〔2024〕8号）2024年3月12日

  2. 教育部办公厅关于开展2024届高校毕业生春季促就业攻坚行动的通知（教就业厅函〔2024〕10号）2024年3月12日

3. 人力资源和社会保障部办公厅关于印发《新就业形态劳动者休息和劳动报酬权益保障指引》《新就业形态劳动者劳动规则公示指引》《新就业形态劳动者权益维护服务指南》的通知（人社厅发〔2023〕50号）2024年2月23日

4. 退役军人事务部办公厅关于组织开展2024年度退役士兵就业服务专项行动的通知（2024年2月23日）

5. 教育部关于做好2024届全国普通高校毕业生就业创业工作的通知（教就业〔2023〕4号）2023年12月1日

第九章　高职高专大学生创业准备

> **学习要点**
>
> 了解成功的创业者应该具备什么样的心理素质和能力，以及如何筹措创业资金等。
>
> **学习目标**
>
> 1. 了解成功的创业者应该具备的心理素质和能力；
> 2. 掌握与创业相关的知识；
> 3. 知道创业资金的筹措渠道和方法。
>
> **名言名句**
>
> 　　企业发展就是要发展一批狼。狼有三大特性：一是敏锐的嗅觉；二是不屈不挠、奋不顾身的进攻精神；三是群体奋斗的意识。
>
> 　　　　　　　　　　　　　　　　——任正非（华为技术有限公司创始人、总裁）

　　创业之初，需要做的准备、掌握的知识、具备的能力，方方面面，不胜枚举。虽然并非人人都要创业，但是每个人都应该对创业有所了解。在校大学生更应该提前学习创业知识，不仅是学习和了解创业本身，更重要的是培养创新精神。创业者无论从哪个方面起步，都要先建立全局观，提前了解企业发展的生命历程，洞悉创业的核心内容，理解关键要素之间的关系，这样才能真正将创新、创意运用到创业中，并针对自身的特点和优势，进行战略部署及资源任务优先级的排序和分配。大学生创业，在缺乏实际工作经验的前提下，更要从以往的案例中学习和提炼创业者的经验与教训。这样，即使未来不选择创业，这些经验和教训也会对将来的实际工作、创新创意活动有所帮助。

　　创业是一种激情，创业是一种磨砺，创业是一种幸福，更是一种信念。要认识到创业是一个非常艰辛的过程，创业可能成功，也可能失败。因此，在决定创业前应做好充分的思想准备，应全面审视自己是否有强烈的创业愿望，是否适合创业，是否具有创业者的基本心理素质、能力和条件。只有做好了充分的准备，创业才可能成功。

第一节　心理准备

　　创业需要一种精神、一种意识，更需要具备一定的素质；创业不是个人行为，是合作和表率；创业不是牟取私利，是奉献与无私；创业者是富有激情的实践者，是艰苦创业的实干家。因此，创业者应具备以下的心理素质。

一、强烈的创业愿望

强烈的创业愿望是创业的原动力,心理学研究表明,内在成就动机越强烈、越深刻,对行动的影响就越强大。强烈的创业动机会使创业者在艰苦的创业过程中始终如一、坚忍不拔,是创业的引擎,会伴随着整个创业的过程。

做自己喜欢的事情,这是大多数创业者的创业理由,创业就是创造自己的事业。

创业能独立自主地做决策,主宰自己的命运,将未来掌握在自己手里。创业给创业者提供了自我发展、自我完善的空间,做自己热衷的事,才会百折不挠、坚持到底。

对财富的追求是推动人们创业的一个最基本的原动力,创业是一种有利于创业者积累财富的有效载体,通过财富的积累,创业者可以不断提高自己的生活品质。创业对于财富的创造空间无限,勇于创业,会使人生得到锻炼、意愿得以实现,从而最终实现自己的人生价值。

二、吃苦耐劳的毅力

创业意味着没有假期,没有固定的休息时间,加班变成一种常态;意味着不能抽出很多时间陪伴家人。在创业的过程中,会面对许多困难,创业者要有吃苦耐劳的心理准备,必须克服自己身上的惰性,学会约束自己。

三、坚韧地承受压力和挫折

创业过程中会出现很多问题,如经营处于低潮怎么办,客户纠纷怎么处理,员工不称职怎么办,工商税务怎么办理,现金流中断怎么办,遇见突发事件怎么办等。这些问题都会让你产生压力感和挫折感。严重的压力感和挫折感会影响你的判断能力和决策能力,使你的工作效率低下,甚至影响你的身体健康。同时,创业也可能失败,让你遭受沉重的打击。

大量事实表明,大多数人在创业之初雄心勃勃,但在实施过程中,可能因为遇到这样或那样的挫折而最终心灰意冷。在市场竞争日趋激烈的情况下,创业成功与否,不仅取决于是否有强烈的创业意愿、过硬的专业技能和卓越的管理才华,而且在更大程度上取决于其面对挫折、摆脱困境和超越困难的能力。

四、自信乐观的人生态度

创业是一份极富挑战性的工作,创业也许很顺利,也许很艰辛,对于一个创业者来说,首先要自信,相信自己的选择,相信自己能够成功。在创业的过程中,出现不自信的心理时,创业就会受阻,自信是人生和事业成功的基础。

自信,不是盲目自信,而是建立在理性分析基础上的自信,因此,创业的准备工作越详细越好,应尽量考虑到各种可能的风险。此外,对自己的资源、优势和劣势应做全面分析,提前考虑各种应对问题的方法,甚至失败后的退路。

积极、乐观、自信的心理跟创业者健康的体魄密切相关,古往今来,成功者往往是那些精力旺盛的人,因为,身体越健康,精力就越旺盛,就越能应付繁重的工作。身体状况越好，情绪也越好，人就越会有积极、自信的心态。

五、创业要有失败的心理准备

创业不仅是个人生存与发展的需要，还能激励人们努力实现自身价值，是社会进步和发展的一种标志，是值得提倡与鼓励的。遗憾的是，众多满怀热情的创业者似乎正在陷入某种创业误区中难以自拔，因为他们的眼睛里只盯着"成功"二字，对创业所必须承担的风险及可能遭遇的打击缺乏必要的心理准备及承受能力。

当今社会，市场风云多变，谁也没有必胜的把握，就连那些经验丰富的创业者也常常会出现一些失误，甚至失败，更何况是初涉商场、白手起家的创业者呢？失误、失败并不可怕，关键在于如何从失败中奋起，反败为胜。

无数个创业成功的案例告诉我们，创业之路充满各种危机与困难，如果没有坚强的意志、良好的心理素质，只能在困难面前束手无策。

总之，创业之前做好失败的心理准备，保持一份安定和冷静，其实就是给自己留一条退路。同时也能够时刻提醒自己莫把创业当成赌博，要有理性，要有韧性，更要有一种坦然超脱的心态。即使最后不成功也没有什么大不了的，人生又非只有创业一条路可走。切记不可以把自己以后的人生都"托付"给一次创业，这种"孤注一掷"的做法是创业者最大的忌讳。

六、敢于行动、敢冒风险

在市场经济的大潮中，机会与风险共存，只要从事创业活动，就必然会有各种风险伴随，并且创业的范围和规模越大，取得的成就越多，伴随的风险也越大。

立志创业，必须敢闯敢干，有胆有识，才能将理想变为现实；只要瞄准目标，判断有据，方法得当，就应敢于实践，敢冒风险。对选定的事业敢冒风险的心理品质又称敢为性，具有敢为性的人对事业总是表现出一种积极的心理状态，总会不断地寻找新的起点并及时付诸行动，表现出自信、果断、大胆和一定的冒险精神。

七、坚持不懈、不屈不挠

创业者需要百折不挠，坚持不懈的毅力和意志；需要能够根据市场的需求和变化，确定正确的目标，并带领团队战胜逆境实现目标。创业者必须有一颗持之以恒的进取心，三心二意、知难而退、虎头蛇尾、见异思迁，终将一事无成。

创业者的恒心、毅力和坚忍不拔的意志，是十分可贵的品质。具有这一品质的人遇事沉着冷静、思虑周全，一旦做出行动决定，便能锁定目标、坚持不懈。创业过程是一个需要长期坚持、努力奋斗的过程，立竿见影、迅速见效的事是极少的。在方向目标确定后，创业者就要朝着既定的目标一步一步走下去，纵有千难万险，也要不忘初心，不能半途而废。

拓展阅读

做一个有准备的人

何叶丹是浙江财经大学东方学院2014届金融学专业的一名毕业生。她个头不高，出身农家,就是这样一位普通的小姑娘,在迈出大学校门一年多的时间里就创造了上千万元的营业额,并获得教育部部长的高度评价。

在大学生就业形势非常严峻的今天,"90后"何叶丹是如何创造这一奇迹的?她的成功创业又给当今大学生创业带来了哪些启示?

1. 用金融学经营农场

还没毕业,何叶丹就开始参与农场经营,并特别注重融资和财务管理问题。何叶丹说:"在我们那里,农场主对于财务报表方面不怎么重视,差不多每季度或半年才做一次。我接手农场后每个月都会做财务报表,这样可以很好地进行资金控制。财务报表很重要,有了这个,除天灾不能预测,基本上可以预测到下一阶段的销量、管理费用等。"

何叶丹说,由于大学所学的扎实知识都能运用于实践,因此,她所经营的农场资金链通畅,很少遇上资金短缺等问题。

2. 看准目标不畏艰险

何叶丹说:"近年,国家明确支持发展家庭农场,我觉得机会来了。"这一年,尽管还在海宁读书,但她还是回到老家富阳,通过土地流转承包了200多亩地,开办起喜乐家庭农场。

何叶丹承包了竹山,但2014年一场突如其来的干旱让鞭笋绝产,冬笋也损失严重,直接导致当年这两批笋几乎没有盈利,她没有因此退却,而是在一番分析后,赶快造起了蓄水池等设备,防止来年再次出现同样的情况。

何叶丹说:"这次教训,让我懂得了做事要未雨绸缪。"在她的不懈努力下,她的农场成为2013年"首批省级示范性家庭农场",2013年年底,她还为自己的家庭农场注册了公司。

3. 转变思路大获丰收

2015年上半年,何叶丹启动了130亩稻蛙共生项目。何叶丹说:"刚准备蛙稻共养的时候,我信心十足,具体实践起来,其实是非常辛苦的,但为梦想买单嘛,我也就豁出去了……"刚开始,她也因为没经验,不了解蛙的习性,死了不少蛙,对此情况,她没有灰心,而是到处查资料,请教专家,最后终于走出困境,成为当地小有名气的农场主。

据了解,何叶丹农场的竹笋销售遍及省内外50多家企业,营业额达到上千万元;由于是"杭州市国际商会会员",何叶丹计划将产品推向国际市场,目前正准备接受美国三年的质量检测。

第二节 知识准备

创业者除了应具备扎实的专业知识和技能,还应掌握一定的金融、管理、营销、财务、税务、法律等方面的知识。

一、专业知识

创业者对市场的判断能够影响产品本身,具备扎实专业知识的创业者能让产品的起点比同类的高一些,能根据市场需求的变化改善产品的不足之处,能够更加理智、专业地分析目前所处的位置和未来的发展方向。

二、金融知识

金融知识水平的提升有助于得出明确的创业决策，帮助创业者形成良好的创业动机。进一步研究发现，金融知识能够帮助人们树立正确的理财观念，有助于人们改善家庭水平；其次，金融知识能够增强人们的创业渴望。

三、管理知识

企业在创业阶段靠的是独特的市场眼光和排除万难的勇气，而成长阶段靠的是管理制度的规范。很多挣到了第一桶金的企业由于管理不善而失败。因此，在创业的过程中，创业者要不断学习管理知识。

创业者要从战略、领导力、市场营销、人力资源、创新五个方面学习管理知识，并不断把学到的知识运用到企业实践中去。良好的企业管理首先要确保企业"做正确的事"，然后努力"把事做正确"。前者是企业的定位和发展方向的问题，后者是企业的内部管理和工作流程的问题。创业者在这两个问题上要时刻保持清醒的头脑。

管理的核心问题是企业的决策机制和执行机制，通俗来讲就是"听谁的""谁去做""怎样做"的问题。在多人合资的企业中，若开始没有界定清楚彼此的权利与义务关系，在经营过程中很容易引起争执，严重的还会造成创业者反目成仇，国内不少很有前途的企业就是因为管理层内斗而元气大伤。因此，在合资创业前，创业者应签订合资协议书，共同讨论企业经营的目标与范围、管理制度的细节、执行业务股东的酬劳计算、利润分配、亏损补偿等方案，以及企业停止营业时财产处理等原则，避免日后产生纷争。

四、营销知识

营销管理是指分析、规划、执行和控制各种方案，以便与目标市场的客户建立和保持互惠交易以实现组织的目标。营销管理的实质是要制定一套开发客户、提供服务、收款及售后服务的企业运作流程。如如何选择成本最低、成效最高的营销方法，如何找到可靠且成本低廉的供货商，如何提供成本最低又能符合需求的产品与服务，怎样的收款流程最顺畅，以及如何降低呆账率、化解风险等。创业者可先试着找出同业中的佼佼者，仔细观察其运作方式，然后根据自己企业的情况去调整运作模式，建立属于自己的运营制度。

市场营销的最终目的是创造客户，企业之所以存在，就是因为客户的需求。不能满足客户需求的企业迟早会被市场淘汰。如何在企业中建立以客户为中心而不是以产品为中心的文化，是企业能否长远发展的关键。

五、财务知识

公司正式运作后，要了解公司是否走上轨道，"让财务报表说话"是最好的方式。不少大学生创业者由于缺乏基本的财务管理知识，因此在创业初期就没有养成良好的财务管理习惯，既不了解自己一个月净赚多少、实际毛利率有多高，也没有充分考虑预留周转金，由于一笔款项周转不灵而导致创业失败的例子屡见不鲜。因此，创业初期除了启动资金，预留一定的流动资金、发展基金是非常必要的。

此外，创业者要充分了解经营状况，最好能够掌握一些账目管理的基本知识，翔实记录收入支出、进货量销货量等。长此以往，有利于创业者对于未来可能的利润和收支平衡点做到心中有数，并对降低生产成本、报税、调整经营方向等起到参考作用。

六、税务知识

对于创业者来说，了解一定的税务知识是很有必要的，虽然不用很深入地研究，但必须把握其中的一些关键原则。要认识到税务登记的重要性，了解基本的税种及这些税种的基本概念、征税范围和税率。创业者应严格遵守发票管理与使用规定，确保发票的真实性、合法性和有效性。为了鼓励创新创业，国家和地方政府出台了一系列税收优惠政策，创业者应密切关注这些政策的动态，了解并申请适用的税收优惠政策，以降低企业的税收负担。此外，合理避税也是创业者需要掌握的重要技能。通过合理安排业务流程、选择适当的计税方法和利用税收协定等方式，创业者可以在合法合规的前提下降低企业的税收负担。

税务风险是企业在经营过程中不可忽视的问题。创业者应增强税务风险意识，建立完善的税务管理制度和内部控制机制以防范潜在的税务风险。税务筹划是企业在合法合规的前提下进行税收优化的重要手段。创业者可以通过合理的税务筹划来降低税收负担、提高税后利润，从而增强企业的竞争力。

创业者应定期向税务机关报送相关报表和资料，并配合税务机关进行税收征管工作。在遇到税务问题时，创业者应积极与税务机关沟通并寻求解决方案。创业者应严格遵守国家税收法律法规和政策的规定，确保企业的税务行为合法合规。通过诚信纳税，创业者可以树立良好的企业形象并获得税务机关的信任和支持。

七、法律知识

创业者在创业的过程中会遇到许多困难，可能是产品研发的技术困难，也可能是销售渠道的开拓困难，还可能是法律层面的困难。因此，对于创业者来说，了解与创业相关的基础性的法律知识是刻不容缓的。要知道合法合规是创业道路上的保护伞。

与创业相关的法律法规主要包括《中华人民共和国公司法》《合伙企业法》等商法及《合同法》等民法，以及与具体企业类型和产业类型密切相关的法律法规。

第三节　能力准备

能力是指人们顺利完成某种活动所必需的个性心理特征。能力包括一般能力和特殊能力。一般能力即智力，是指以思维能力为核心，包括观察力、记忆力、想象力和注意力等多种能力要素的有机结合。特殊能力也叫专业能力，如写作能力、绘画能力、市场营销能力等均属特殊能力。经营管理能力属于特殊能力，是保证创业获得成功的主要因素，包括专业技术能力、开拓进取能力、善于学习能力、团结协作能力、创新能力、人际交往能力、把握商机能力等。

一、专业技术能力

专业技术能力是创业者掌握和运用专业知识进行专业生产的能力。熟练的专业知识，精湛的专业技能是保证创业者成功创业的必备条件，尤其对于从零开始的创业者来说更加重要。如果对一个领域或行业的专业不懂就去创业，失败的可能性就很大。

专业技术能力的形成需要实践，许多专业知识和专业技巧要在实践中摸索，逐步发展、完善。因此，创业者要重视创业过程中的知识积累，重视专业技术方面的经验和职业技能的训练，对于书本上介绍过的知识和经验，应在加深理解的基础上予以提高、拓宽；对于书本上没有介绍过的知识和经验要探索，在探索的过程中要做好详细记录、认真分析，通过总结、归纳，上升为理论，形成自己的经验和特色，只有这样，专业技术能力才会不断提高。

二、开拓进取能力

永不满足、不断突破自我是创业者最基本的也是最核心的人格素质。强烈的进取心，既是创业能力、经营能力形成的基础，也是现代企业家综合素质构成的基本要素。远大空调有限公司的总裁张跃曾说："我把多年来的经历和感悟归纳起来，得出一个结论，就是企业家素质应该包含以下内容：一高、二强、三多、四稳。一高是境界高，二强指欲望强、耐力强，三多是多才、多艺、多兴趣，四稳是原则稳固、方向稳当、作风稳健、情绪稳定。"可见，具有极强的生存意识，胸怀必胜的信念，敢拼敢搏，奋勇向前，是创业者最为可贵的品质。

三、善于学习能力

知识经济时代，科学技术突飞猛进，企业环境复杂多变。在这样一个日新月异、难以把握的时代，创业者要想把工作做好，就必须有好学的精神，善于学习。同时，还要善于从自己及别人的成功和失败中吸取经验教训。这样，才能跟得上时代的步伐，以系统的思路、全新的理念去经营好企业。

四、团结协作能力

当前市场竞争激烈，自主创业"万事开头难"，创业者要处理的事情面广量多，仅靠一个人的力量很难有效地处理各类情况。因此，大学生在创业时可以联络几个有着共同理想的同学、师兄师姐，形成一股合力，共同面对挑战。优势互补的团队是自主创业的基础。有了优势互补的创业团队，既能有效进行技术创新与经济管理，又能保证创业团队形成最大的合力，从而在市场竞争中取胜。

此外，员工的职业素养和向心力如何，也是企业成长的关键。有的大学生创业者常常抱怨自己创业团队的员工流动性高、学习意愿不强、工作态度不积极等，这很有可能是管理出了问题。要避免这些状况，即使只是三五人组成的小公司，也应将员工的招募、训练和管理视为最重要的任务。同时也可以制定一套工作章程，确定员工的权利和义务，将福利、升迁、分红、奖惩制度等说明清楚。

五、创新能力

创新是知识经济时代保证企业可持续发展的源泉之一。创业者只有保持不断创新才能使企业在未来的市场竞争中占有一席之地。对创新能力的具体要求如下：

（1）能及时适应市场变化，调整经营方向，不断推出能满足消费者潜在需求的新产品、新服务项目，使企业在竞争中处于领先地位。

（2）能动员全体员工积极创新，做员工创新的倡导者、激励者、协调者和组织者。

（3）能将观念创新和理论创新体现在企业组织及管理领域内，以形成一种创新的组织文化，推动企业的全面创新。

六、人际交往能力

创业的过程中难免需要与人打交道，因此能够妥善处理人与人之间的关系，并与他人和谐共处、共同发展十分重要。创业者只有具备人际交往能力，善于处理各种人际关系才能在创业的过程中充分施展自己的才能。在人际交往中，要善待他人，"将心换心""以诚相待"，学会尊重他人，多为他人设身处地着想，这样才能得到他人尊重；要学会既能做大事，又能做小事的本领，学会处理具体问题时既坚持原则又不失灵活。

七、把握商机能力

什么是商机？能够满足一种需要或是能够增加满足的需要，都可能是商机，它只会在某一个特定的阶段出现，稍纵即逝。大学生在创业时要学会把握商机，要能够看到事物表象之下潜在的需求或市场。

拓展阅读

某大学生在帮朋友买书的时候，王府井书店科技图书的热销给他留下了深刻的印象，经过简单的市场调查，他发现科技书店在家乡是一片空白，于是开始自己创业，但书店开起来之后并不像他想的那样火爆，他再次来到王府井书店进行详细的调查，回去后调整了经营思路。通过农民来买书和政府组织的送书下乡活动，他发现农村市场的广阔，现在他的科技书店办得红红火火。

这是个很典型的把握商机的案例：买书的时候观察，其实就是在做市场调查；再后来送书下乡，就是市场测试；看农民买什么书，是进行市场细分。这是一个完整的市场调研、市场分析、市场策划的过程。企业本身是一个生命体，它不断地需要培植、成长，不是抓住一个机会就能使一个企业不断地繁荣，而是不断地在经营过程中发现一些新的商机，才能给企业不断地带来新的增长。

把握商机贵在争分夺秒。拿破仑有句名言："我的军队之所以打胜仗，就是因为比敌人早到5分钟。"打仗是这样，商战也如此。创业中抢得先机，获胜的筹码就会增加很多。

八、决策能力

决策能力是创业者根据主客观条件，正确地确定创业的发展方向、目标，以及选择实施方案的能力。决策是一个人综合能力的表现，一个创业者首先要成为一个决策者。决策能力通常包括分析能力、判断能力和创新能力。大学生要创业，首先要从众多的创业目标及方向中进行分析比较，选择最适合发挥自己特长与优势的创业方向。在创业的过程中，要求创业者具有良好的分析能力和判断能力，就是能从客观事物的发展变化中找出因果关系，并善于从中把握事物的发展方向。分析是判断的前提，判断是分析的目的，良好的决策能力是良好的分析能力加果断的判断能力。

> **拓展阅读**
>
> 看看你的创业能力如何？
>
> 你的公司在一座 8 层的大厦里，你希望自己的工作地点在哪一层？（请在下列选项中选择）1. 一层； 2. 二层； 3. 六层； 4. 八层。
>
> 解析：
>
> 一层：你的创业意识较强，能从基础出发，脚踏实地，是个较务实的创业者，但有时遇到问题过于犹豫，往往失去好的发展机会；
>
> 二层：你不脱离实际，并有超人而上的思想和能力，是非常精干的创业者，只是过于机敏反而误失时机；
>
> 六层：你能够抓住时机迎头而上，具备超强的市场洞察力，能够听从他人的指正，是位非常难得的创业者；
>
> 八层：你好胜，不服输，具有力压群雄之势，有竞争力，对自己创业充满信心，但应防止过于求胜反其道而行。

第四节　资金筹措

任何创业都需要最基本的启动资金，如产品定金、店面租金等。因此，对于创业者来说，能够快速、高效地筹集到资金是创业成功至关重要的因素之一。创业资金的筹措主要有以下几种渠道。

一、自有资金

自有资金包括自己或父母的积蓄。这将意味着拿自己辛苦工作积累的钱和父母省吃俭用积累的钱去冒险，因为创业可能成功也可能失败。这就要求在选择、评价、审定创业项目时，要选择合适的企业形态；在销售计划制订等方面，要做更加细致充分的工作，取得父母的支持。

二、私人借贷

许多中小企业在创业初期，依靠的是亲戚、朋友或熟人的财力。尽管求助于亲戚、朋友或熟人融通的资金有限，但仍不失为一种非常重要甚至是创业之初唯一的融资渠道。

为有效地减轻这类借贷的压力可以采取以下几种方式。

（1）"亲兄弟，明算账"。任何借款都要写借条，写明借款的时间、地点、数目和条件。受中国传统思想的影响，人们总是觉得借钱写借条很"生分"，其实这是一种错误的观念。一方面，时间在这里本身就是风险；另一方面，没有人愿意把自己的钱毫无理由地放在别人的腰包里。还有一个原因是，借了钱而不支付利息，实际上等于剥夺别人的财富。

（2）在借款之前，最好向亲戚、朋友或熟人如实地说明你的经营情况与项目，包括投资额度、预期收入与风险，然后把你的资金状况和缺口告诉他们，看看他们是否愿意将钱借给你。如果你获得了他们的支持和资金，也要及时告知你真实的经营状况和信息，尽可能地避免他们对你产生不信任。

（3）在你向亲戚、朋友或熟人借贷的过程中，如果有人对你的经营项目产生了很大的兴趣，并且他们也觉得有信心，这个时候，你可以询问他们是否愿意合作经营。当然，你也得向他们说清楚，一旦合作经营，其收益可能远远大于他将自己的钱借给你而获得的利息；而一旦经营失败，所要承担的风险也要远远大于他将钱借给你的风险。但是，只要你的项目得当，而且他们也很信赖你，那么通过合作方式来筹集资金是完全可能的。

三、政策性扶持资金

作为调节产业导向的有效手段，各地政府部门每年都会拿出一些扶持资金，例如，2001年杭州市提出建设"天堂硅谷"，把发展高科技作为重点工程来抓，与之相配套的措施是杭州市及各区县均建立了孵化基地，为有发展前途的高科技人才提供免费的创业园地，并拨出数目相当可观的扶持资金。李某计算机专业毕业后，十分希望办一家软件公司，发挥自己的才能。他得知杭州市将创办高科技企业孵化基地，对通过资格审查的企业将提供免三年租金的办公场所，并给予一定的创业扶持资金的消息后，认为这无疑是一个难得的创业机会。他立即带领几个同学创办了一家软件公司，不仅成功地进驻了位于杭州黄金地段的办公场所，还得到了10万元的扶持资金。

政府提供的创业基金通常被创业者高度关注，其优势在于利用政府资金不用担心投资方的信用问题，而且，政府的投资一般是免费的，进而降低或免除了筹资成本。但申请创业基金有严格的申报要求，同时，政府每年的投入是有限的，申请者之间需要竞争。

四、合伙入股

创业社会化是一种趋势，由于一个人势单力薄，因此几个人凑在一起有利于创业投资。合伙创业不但可以有效筹集到资金，还可以充分发挥人才的作用，并且有利于对各种资源的利用与整合，但也应当注意一些问题：一是要明晰投资份额，个人在确定投资合伙经营时应确定好每个人的投资份额；二是要加强信息沟通，很多人合作是因为感情好，相互信任，所以定期的信息沟通有助于增强相互之间的信任；三是要事先确立章程，俗话说"生意好做，伙计难做"，寻找合伙人投资要遵循"共同投资、共同经营、共担风险、共享利润"的原则。

五、商业银行贷款

由于银行财力雄厚，并且一般具有政府背景，因此是很多创业者贷款时的首选。目前，银行贷款有抵押贷款、信用贷款、担保贷款等。银行贷款的优点是利息支出可以在税前抵扣，中小企业融资成本低，运营良好的企业在债务到期时可以续贷。缺点是一般要提供抵押（担保）产品，由于要按期还本付息，如果企业经营状况不好，就有可能导致债务危机。

一般情况下，只要符合条件，商业银行也积极向个体工商户和私营企业发放贷款。个人创业宜按从小到大滚雪球式发展，所以可先通过有效的质押、抵押或第三方保证担保等向银行申请流动资金贷款，等有了一定实力再申请项目贷款。

个人创业者可充分利用自身条件，到商业银行寻求贷款，需要注意以下几个方面。

一是要善于说服银行把钱借给自己。对于一般的商业银行来说，对个人创业贷款不一定完全要求是质押，只要你的个人信用良好，有相关的企业和部门做担保，也可以贷到自己需要的资金。

二是要充分利用消费信贷。将自己的住房、耐用消费品等通过银行消费信贷来购买，然后把自己的积蓄全部用于创业投资。

三是利用存单、国债、保单等。

六、寻找风险投资

风险投资分广义和狭义两种。广义的风险投资泛指一切具有高风险、高潜在收益的投资。狭义的风险投资是指以高新技术为基础，生产与经营技术密集型产品的投资。需要提醒创业者的是风险投资者虽然关心创业者手中的技术，但他们更关注创业企业的盈利模式和创业者本人。

七、申请创业贷款

创业贷款的申请途径主要有三个：直接向银行申请贷款、申请科技型中小企业贴息贷款和利用新的技术成果或知识产权、专利权进行担保贷款。

目前，国家为支持高校毕业生自主创业开辟了多种渠道，除了对自谋职业、自主创业的大中专毕业生继续提供小额担保贷款，还将允许多名毕业生组合群贷，贷款额最高可达100万元。为了方便毕业生申请小额担保贷款，担保中心、小额担保贷款经办银行在创业培训中心还设立了常驻办事机构，各部门联合办公，建立了审批、担保、贷款发放的一站式绿色通道。针对创业后期，有的省市还落实了小额担保贷款的后续跟踪服务。

第十章　大学生创业的基本流程

学习要点

了解创业的基本过程，掌握创业过程中创业目标的选择与确定、创业计划书的撰写、组建创业团队、创业融资、注册登记等主要环节和注意事项。

学习目标

1. 能够撰写一份完整的创业计划书；
2. 了解创业者和创业团队的概念及组成要素，掌握如何组建创业团队；
3. 了解创业融资的概念及一般流程；
4. 了解企业注册登记流程；
5. 了解如何创建品牌信誉，以及企业创新经营的主要内容。

名言名句

当今企业之间的竞争，不是产品之间的竞争，而是商业模式之间的竞争。

——彼得·德鲁克

最有希望的成功者，并不是才干出众的人而是那些最善利用每一时机，去发掘开拓的人。

——苏格拉底

第一节　创业的过程、阶段和核心

一、创业过程

创业过程是指创业主体从产生创业想法到创建新企业或开创新事业，并获取回报的整个过程。在这个过程中，涉及较多的活动和行为，如创业机会识别、创业团队组建、创业资金筹集和创业计划制订等。创业过程大致包括机会识别、资源整合、企业创办、企业生存和成长四个环节。

（1）机会识别。一般来讲，创业机会的识别途径主要分为两种：经过研判考量之后发现的和意外发现的。国家产业结构的调整、新技术的出现、人口和家庭结构的变化、人的物质和精神需要的变化、流行时尚等都可能形成创业机会。及时、准确地识别创业机会之后，还要对创业机会进行成本评价，才能适时把握和发掘创业机会。

（2）资源整合。整合创业资源是成功创业的关键环节之一，否则，无论创业机会多么具有吸引力或提供的新产品和服务多么有创意，也都是纸上谈兵、空中楼阁，无法真正在市场中创造出价值。创业主体需要整合的资源通常包括有关市场、环境和法律的基本信息，人力资源（团队合作者、企业雇员）和财务资源等。

（3）企业创办。创办企业需要进行方方面面的准备工作，特别是创业计划的制订、创业资金的筹集和工商注册登记。好的创意能否转变成实际行动，关键看是否制订出了详尽、周密的创业计划；兵马未动，粮草先行，资金在创办企业的过程中至关重要，融资不顺往往成为制约企业创办的"瓶颈"；完成创业计划并融资成功之后，便可按照相关法定程序到地方工商行政管理部门进行注册登记，一般程序包括企业组织形式确定、企业名称设计、提出注册登记申请和领取"企业法人营业执照"等内容。

（4）企业生存和成长。企业创办初期，通常以维系生存为首要目标，主要依靠自有资金创造自由现金流，实行群体管理制度，创业主体也常常亲自深入生产一线，了解运作细节。企业成长的重要内容包括制定恰当的营销策略、适时调整组织结构、稳健管理企业财务等方面，只有做好以上经营管理方面的工作，才能使企业的发展更上一层楼，并在市场运作上取得成功。另外，还要打造自己的品牌，形成品牌效应，这样才能在企业文化方面占据竞争优势，这也是企业成长的重要标志之一。

拓展阅读

在创业中成长的"00后"大学生

李晨是重庆电子工程职业学院的大二学生。有创业梦想的他，在家人和学校的支持下，李晨组建了创业团队，开启了边学习边创业的模式，针对国内锂电池废水处理常用的MVR（机械蒸汽再压缩技术的简称）技术关键问题进行攻关。

在技术攻关中，李晨和团队的大学生不但将所学专业知识与技能应用到项目开发中，还在与学校、行业顶尖专家的交流咨询中不断拓宽了视野、提高了能力，最终研发出了国产化率超过70%的锂电池废水处理MVR工艺智能控制系统。

创业路上，这个大学生团队除了要进行技术研发，还要对接市场、找销路，最终因为产品质优价廉，受到市场欢迎，近一年时间内签订的销售合同金额就超过了900万元，直接带动就业30余人，间接带动就业150人。

在接受媒体采访时，李晨说："我觉得大学生创业很重要的一点是——要有活力和创造力，有创造力才能创出更好的产品，才能不被这个时代淘汰，要逐步更新换代自己的产品来顺应市场潮流的变化。"

二、创业阶段

按照创业过程的关键环节和时间顺序，哈佛大学教授拉瑞·葛雷纳把企业的成长过程划分为五个阶段，提出了五阶段模型，见图10-1。这个模型主要描述了企业成长过程中演变与变革的辩证关系，较好地解释了初创企业的成长过程，是研究企业成长的基础。

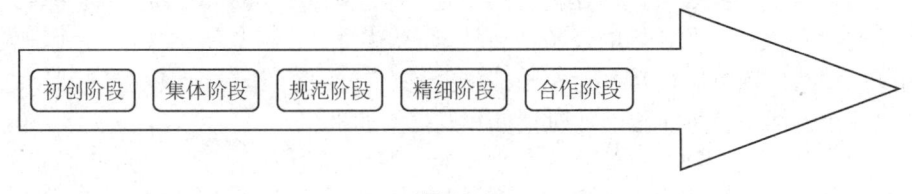

初创阶段 → 集体阶段 → 规范阶段 → 精细阶段 → 合作阶段

图10-1

（1）初创阶段。在初创阶段的企业，显著的特点之一就是更多地依赖创业者个人的创造力和英雄主义，重点是研发和市场，首要任务是快速销售新产品，最大的动力是创造。因此，创业者不需要太复杂的管理和战略就可以控制整个团队。经过几年的成长，员工数量逐年增加，企业的人事管理方面将会出现第一次震荡，甚至出现领导危机。这时，企业的最大困难就是创始人需要在认知上进行自我革命，同时也需要有壮士断腕的勇气，放弃很多东西，需要对企业的日常管理进行科学管控。

（2）集体阶段。集体阶段是指企业内部的各部门由职业经理人进行管理。当企业发展到一定程度时，随着员工的工作水平不断提高，加之企业规模的扩大和管理层级的增多，将会出现人事管理方面的第二次震荡，即自立危机。导致自立危机出现的主要原因就在于中层干部、基层经理和一线员工这三个阶层都希望获得更多的自主权。这时就应该适度地简政放权，并建立规范的管理体系。

（3）规范阶段。规范阶段的重点工作是授权，即通过权力下放实现价值增长。这一阶段的大多数企业成长迅速，市场份额逐渐增大，员工数量增长加快，分工更加细化，销售网点越来越多，因此只有中下级的管理层得到更多的授权才能更好维系企业的快速成长。分权之后，随之而来的新问题就是控制危机。控制危机出现的主要原因在于授权失衡。授权过多易导致中、基层员工自作主张、本位主义；授权过少易出现中、基层员工合作难以协调的现象。

（4）精细阶段。处于精细阶段的企业，其内部合作需要更规范的管理体系和更先进的信息系统来支撑。企业的快速发展必然诱发很多新的问题，如官僚主义的出现、繁文缛节的公事程序、管理层级过多、决策周期过长、人员冗余等。因此，在面对此类问题时，企业内部需要加强合作，进行精细化管理，如采用设立专项的方法、组建多个团队、根据产品类型和销售区域设置相应的部门与团队以提高市场竞争的快速反应能力等。

（5）合作阶段。企业规模通过精细合作快速扩大，有望走出国门，进入国际市场，成为全球化的公司。企业总部和各分部的运营依靠的是两种不同的实力，企业总部运营依靠的是一种可跨越行业范畴的无边界核心竞争力，即软实力；而各分部运营依靠的是行业核心竞争力，即硬实力。

三、创业的核心

创业不是一件某个人有了想法、有了项目或有了资金就可以开始干的事情。创业在任何时代都不是新生事物，它有自身自然朴素的内在规律。很多时候，不管多么高深的事物，都离不开简单而朴素的真理。有的时候，往往背后的道理对了，做的事情也就对了。在深入学习新领域的知识之前，先了解事物背后的规律及方法论，并树立正确的价值观，这比立刻执行重要得多。

（一）企业的九字诀

企业的九字诀指的是价值观、方法论和执行力，见图10-2。

价值观决定企业经营的方向。

方法论是思维模式，是企业操作执行的专业依据。一个企业确定自己的产品，采用什么商业模式，如何进行团队管理，如何开展市场营销，这些都是方法论层面的。企业的经营之道虽然随着时代的变迁会呈现不同的样貌,但是有很多基本法则是不会被颠覆的。遵循一定的方法论,在某种程度上可以帮助创业者少走弯路。

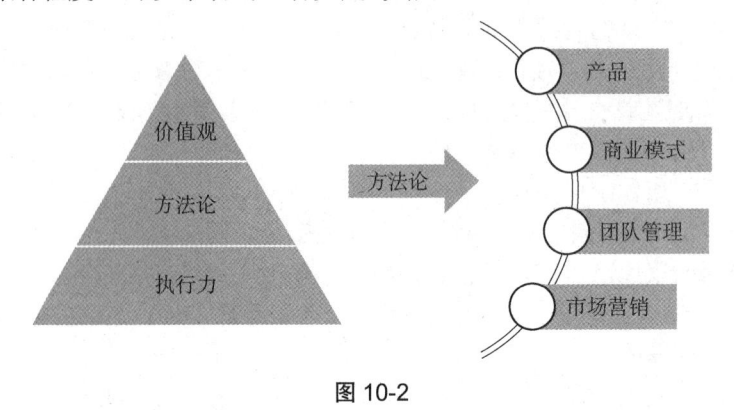

图 10-2

执行力是企业从探索运营到成功的必经之路,积极地执行、勇敢地试错往往比空洞的想象要实际得多。

企业建立之初,不妨多花点时间思考企业应建立起怎样的价值观。在正确的价值观的指导下,运用一定的方法论,在强大的执行力的推动下,企业将迅速步入正轨。

(二)创业的三大核心内容

企业的九字诀中,除了价值观和执行力,最关键的就是方法论。它主要涉及四个内容,分别是产品、商业模式、团队管理和市场营销。其中,商业模式、团队管理和市场营销是创业的三大核心内容,简称3M。产品是创意想法落地后形成的实体,创业的三大核心内容就是让产品实体能商业化落地的方法论。方法论不但能提供专业的思维模型、方法工具,而且可以帮助创业者建立专业的思维模式。在众多方法论中,创业者需要特别关注这三大核心内容,这三大核心内容相互关联、互相影响,是创业者可以遵循的方法。

1. 三大核心内容的相互关系

对于创业者而言,了解商业模式是创业的第一步思考,团队管理是创业的人员组织实施,市场营销是创业的商业实施。创业的产品从实体到商业化落地,需要这三驾马车齐头并进,缺一不可。它们彼此之间相互关联,又相互影响。产品的创意实现需要有明确的价值主张、准确对应的目标用户、明确的自身资源优势、客观的现状分析、有针对性的市场营销策略等。这里的价值主张决定着后续商业模式的方向、人员的选择和管理、市场推进的方式,三者相互牵连、相辅相成,形成了商业落地计划,最终促成了商业化落地的实现。因此,充分了解三者的内容和关系,对实现商业化落地有切实的帮助。

2. 投资者对三大核心内容的看法

对于商业模式、团队管理和市场营销这三大创业的核心内容,投资者较看重的是团队管理和商业模式。

投资一个项目首先关注团队,包括团队的激情、创始人的眼界和志向及其组织实施能力。这些都是衡量团队的重点。有了团队之后,再看商业模式。

投资圈有句名言——投资就是投人。创业的过程就是验证一个假设的商业模式的过程,这种假设可能成立，但大多数时候不成立，因此商业模式的变化是很正常的事情。很多优秀的投资者选择项目时，首先考虑的往往不是商业模式，而是创始团队，尤其是创始人的综合能力。与充满变数的商业模式相比，创始团队的能力反而是容易衡量的，他们也是商业模式的设计者和执行者。特别是在多变的商业动态中，各种变化层出不穷，创始人及其团队应对挑战的能力反而是众多未知因素中相对可知、可控的因素。他们对商业模式的设计懂得适时调整，同时在执行的过程中也懂得灵活机变。

拓展阅读

从价值观到方法论——校内网到美团网

1. 案例概况

王兴是从福建龙岩一中被保送至清华大学的，他毕业后获得奖学金前往美国读书，随后归国创业。经历了两次不成功的创业后，王兴创立了校内网。

2006年10月，校内网被千橡互动集团CEO陈一舟收购，继而获得软银投资，并将校内网改为人人网，于2011年上市。

2007年6月12日，王兴创办饭否。

2010年3月上线新项目美团网，并在千团大战之中脱颖而出。

2015年并购大众点评网。

2018年，美团上市，在这期间王兴还涉足酒店、商旅、出行、电影等领域，成为连续创业者。

2. 案例分析

（1）价值观从未改变。

有人觉得看不懂美团，怎么美团什么领域都涉足，从团购到外卖，再到酒店、电影、美团出行，摊子是不是铺得太大了？创业不是应该专注一个领域，然后做深做精吗？带着这样的疑问，我们需要了解一下这个企业的价值主张。美团的价值主张是"Eat Better, Live Better"，即"让人们吃得更好，生活得更好"，围绕用户的本地生活开展服务，包括衣、食、住、行、娱乐，所有这些都是人们日常生活中所需要的。从这个价值主张可以看出，美团的业务范围和发展方向从来没有偏离过它最初的价值观。价值观一再指引着企业前进的方向。

（2）方法论一直在起作用。

美团相比其竞争对手而言，进入外卖市场比较晚，属于后来居上者。在整个竞争过程中，可以说方法论一直在起作用。

① 团队管理。发挥地面推广人员（简称"地推"）团队优势，开辟二三线城市的校园作为"新战场"，"攻陷"以学生为主体的用户。随后以"农村包围城市"的方式，"俘获"一二线城市的"白领"人群，洞察用户的差异化需求，用"美团外卖"专业骑手来满足白领用户对及时性的需求。

② 市场营销。运用"后来进入市场比首次进入市场获客成本高3~5倍"的原理，迅速提高市场占有率，抬高竞争对手的获客成本，加大对手的竞争难度，从而获得市场控制的主动权。

③ 商业模式。在线上到线下（Online To Offline，O2O）的外卖模式不断稳定的前提

下，充分发挥移动互联网的作用，不断在原有外卖用户的基础上衍生出相关联的服务，如酒店、出行、电影等，形成了相同用户、多重消费的局面。

3. 总结启发

王兴可以说是典型的连续创业者，从创业失败的校内网到饭否网，再到美团上市，每次创业经历都帮助他不断积累创业的经验和认知。美团凭借强大的商业洞察力，从一开始学习别人，然后进行研究、琢磨，选对新赛道，直到最后超越对手，其不但学得快、挖得深，而且执行力更强，能选对关键战略。正是因为美团很早就拥有自己的价值观，能够独立对业务进行判断，迅速捕捉到业务的破局点，所以无论是团购、外卖还是电影、酒店等领域，美团都能够实现赶超，而所有这些都是围绕企业的九字诀展开的。

第二节 创业目标的选择与确定

创业除了需要自身具备创业条件，包括合理的知识结构、积极的心态、健全的人格、杰出的综合能力及丰富的社会阅历等，还要对整个创业过程进行科学的运筹和规划，才能确保创业的成功。想要创业成功，必须有一个明确的创业目标，有了目标，才有了奋斗的方向，才能投入最高的热情和积极性，这样就大大增加了创业成功率。因此，创业应从确定创业目标开始。

首先，我们应该有个基本的意识，创业是一个高风险的经营活动，尤其是对大学生的第一次创业来说，难度较大，道路坎坷，充满了挑战。大学生创业时如果缺乏前期的市场调研和论证，只是凭自己的兴趣和想象来决定创业方向，甚至仅凭一时心血来潮做决定，一定会碰得头破血流。此外，大学生创业的优势和劣势都非常明显。

1. 大学生创业的优势

（1）大学生往往对未来充满希望，他们有着年轻的血液、充满激情，以及"初生牛犊不怕虎"的精神，这些都是一个创业者应该具备的素质。

（2）大学生在学校里学到了很多理论性的东西，有着较高层次的技术优势，而目前最有前途的事业就是开办高科技企业，技术的重要性是不言而喻的。大学生创业从一开始就必定会走向高科技、高技术领域，"用智力换资本"是大学生创业的特色和必然之路。一些风险投资家往往就因看中了大学生所掌握的先进技术，从而愿意对其创业项目进行资助。

（3）现代大学生有创新精神，有对传统观念和传统行业挑战的信心和欲望，而这种创新精神也往往是大学生创业的动力源泉，成为成功创业的精神基础。

（4）大学生创业的最大好处在于能提高自己的能力、增长社会实践经验，以及学以致用；最大的诱人之处是通过成功创业，可以实现自己的理想，证明自己的价值。

2. 大学生创业的劣势

（1）由于大学生社会经验不足，常常盲目乐观，没有充足的心理准备。对于创业中的挫折和失败，许多创业者感到十分痛苦茫然，甚至沮丧消沉。其实，成功的背后还有更多的失败。只有既看到成功，也看到失败，才能更加理智地看待创业。

（2）急于求成、缺乏市场意识及企业管理经验，是影响大学生成功创业的重要因素。大学生虽然掌握了一定的书本知识，但终究缺乏必要的经营管理经验。此外，由于大学生对市场营销等缺乏足够的认识，很难一下子胜任企业经理人的角色。

（3）大学生对创业的理解还停留在仅有一个美妙的想法与概念上。在大学生提交的相当一部分创业计划书中，许多人还试图用一个自认为很新奇的创意来吸引投资。这样的事以前在国外确实有过，但今天这几乎是不可能的了。投资人看重的是你的创业计划中真正的技术含量有多高，在多大程度上是不可复制的，以及市场盈利的潜力有多大。而对于这些，必须有一整套细致周密的可行性论证与实施计划，绝不是仅凭一个主意就能让投资者信服的。

（4）大学生的市场观念较为淡薄，不少大学生很乐于向投资人大谈自己的技术如何领先与独特，却很少涉及这些技术或产品究竟会有多大的市场空间。就算谈到市场的话题，他们也多半只会计划花钱做广告，而对于诸如目标市场定位与营销手段组合这些重要方面，则完全没有概念。其实，真正能引起投资人兴趣的并不一定是那些先进的东西，相反，那些技术含量一般却能切中市场需求的产品或服务，常常会得到投资人的青睐。同时，创业者应该有非常明确的市场营销计划，能强有力地证明盈利的可能性。

综上所述，大学生创业者在创业初期一定要做好市场调研，应在了解市场的基础上创业。一般来说，大学生创业者资金实力较弱，宜选择对启动资金和人手配备要求不高的项目。进一步分析大学生创业的优势和劣势，应尤为重视对创业目标的选择。对于初次创业的大学生来说，建议可以从以下几个方面综合考虑，选择第一次的创业目标。

（1）选择个人有兴趣或擅长的项目，俗话说"隔行如隔山"。

（2）选择市场消耗比较频繁或购买频率比较高的项目，如校园小型超市、数码速印站等。

（3）选择投资成本较低的项目，如网页制作、网络服务等。

（4）选择风险较小的项目，如知识服务领域的家教、家教中介、设计工作室、翻译事务所等。

（5）选择客户认知度较高的项目，如连锁奶茶店、快餐业等。

（6）可先选择互联网创业（免费开店）后进入实体创业项目，如淘宝、京东、拼多多等网购平台。

拓展阅读

济南大学"00后"女生自主创业：用人工智能助力肿瘤早筛

2000年出生的李瑞云，是济南大学自动化与电气工程学院的在读研究生，大学期间，包括她在内的8人团队成功开发了"人工智能辅助的早期癌症筛查和预警平台"。2022年6月，李瑞云注册成立了济南嘉邦医疗科技有限公司。

目前，李瑞云团队自主开发的恶性肿瘤高风险人群评估数据采集平台，共计完成重点人群筛查11042人次，完成检查21644项次。基于"专家知识+AI算法"早期恶性肿瘤智能辅助诊断方法，结合高风险人群预测和预警平台，在恶性肿瘤阳性病变检出率、早诊率、高危率及筛查率等关键指标方面取得显著成效。

据悉，上述项目技术已经应用于千余例高风险人群的早期恶性肿瘤筛查服务，形成了行业引领示范，为山东大健康产业发展做出了积极贡献。仅项目应用单位山东第一医科大学附属中心医院就检出恶性肿瘤54例，节约患者治疗及护理等相关费用1585万元。

1. 信念引领创业之路

李瑞云是一个乐观活泼、热情开朗的小姑娘，喜欢美食、美景等所有美好的东西；喜欢看综艺、看古董，增长见识；最喜欢的还是与人相处，认识不同的人，结交不同的朋友。

她在社区做志愿者时，多次遇到身患肺癌、肝癌的患者，看到他们被病魔折磨的身体，听到"检查的时候已经晚了""太贵了，不治了"这样的话语，见到家属绝望的表情，李瑞云心里很难受，她说："每次听到看到这些，我都忍不住想要帮他们一把。"

李瑞云在查找资料的过程中，意识到了癌症早筛早治的重要性，早期筛查有助于提高癌症早诊率、治疗率。癌症筛查不仅是降低恶性肿瘤死亡率极为有效的途径，还是降低疾病负担的有效途径，有助于提高重点人群癌症早诊率和治疗率，提高患者生存率和生活质量，降低死亡率和未来发病率。于是，李瑞云下决心做一个方便快捷的癌症早筛平台。

李瑞云介绍说，这个项目首创了"一筛二访三联四诊五治六评价"的精准服务机制，完善细化了癌症早诊早治项目技术方案，实现了对可疑阳性人群的主动随访、跟踪和动态管理；健全了肿瘤高危风险评估指标体系，有效缓解了早期恶性肿瘤筛查检出率低的行业共性难题；形成了一套早期筛查诊断和治疗操作规范；项目与协作单位协同攻关，研究了可疑阳性人群的监测数据分布规律，提出了"专家知识+AI算法"早期恶性肿瘤智能辅助诊断方法，实现了恶性肿瘤高风险人群预测和预警平台；自主开发了恶性肿瘤高风险人群评估数据采集平台，为健康大数据采集提供了新途径。

2. 众人拾柴火焰高

李瑞云谈起她的创业团队，感慨良多。她说："我的团队中有很多伙伴，有善于编写代码的专业研究生、有会写策划的文科生，每个团队成员都为项目的创立付出了很多心血。"

谈到团队的重要性，那就更离不开导师的支持，李瑞云回忆："当我提出我的想法时，还在犹豫，毕竟这只是一个想法，于是我找到导师孙明旭，说明了自己的创业梦想。没想到不到一个小时，导师就回复我'很好，加油干！'"得到了导师的支持李瑞云更充满信心。

优质的创业项目离不开优质的团队，优质的团队更需要优质的创业环境。在公司运营方面，依托济南大学创业学院"雏凤计划"，接受教育培训，搭建创业平台，提供创业帮扶，助力了项目落地与公司创立。最终在学校的支持与帮助之下，在济南大学创业学院成功落地。

李瑞云的创业也得益于济南市市中区政府提供的创新创业政策，政府为有基础、有能力的大学生提供创业服务，为大学生创业梦想变成现实提供保障。

3. 服务社会实现人生价值

李瑞云的项目为癌症早筛市场创造了新的检测方式、新的检测机制，且不再拘泥于临床检测，丰富了早筛对象，以高效、便捷的方式为更多的人提供了早筛的可能。

李瑞云介绍："我们同市场上现有的其他癌症早筛项目相比，项目检测方向更多元、检测结果更详细、价格更实惠、使用更方便，一定程度上为市场提供了更新颖的检测机制，更进一步带动了产品的推广，提高了产品的竞争优势。"

李瑞云的项目还深入乡镇、社区开展科普宣传活动，取得了较好的社会反响。科普宣传活动涉及应急救护和糖尿病、高血压及女性乳腺、宫颈等慢病知识普及，并实现了对可疑人群的动态管理。而且，基于国家医疗数据库标准，构建了济南地区慢病重点人群"健康数字地图数据库"，为进一步临床智能诊断和智慧医疗建设提供了强有力的数据保障，有力地支撑了山东大健康产业发展。

> 李瑞云说:"有了想法就要勇于尝试,有了机会就要勇敢抓住,别犹豫,年轻就要无极限。"

第三节 创业计划书的撰写

"凡事预则立,不预则废",对于大学生创业者来说,创业计划书尤其重要。创业计划书又称商业计划书,特指初创期企业的商业计划书,指的是公司、企业或项目单位为了达到招商融资和其他发展目标的目的,在经过对项目科学地调研、分析、搜集与整理有关资料的基础上,根据一定的格式和内容的具体要求而编辑的一个向读者全面展示公司和项目目前状况、未来发展潜力的书面材料。创业计划书应该由创业者自己撰写,体现创业者的能力和构思,创业计划书是创业者对企业发展的整体规划,因此创业计划书的撰写是大学生自主创业过程中最主要的环节之一。

一、创业计划书的作用

创业计划书是创业者对企业发展的整体规划分析,一份合格的创业计划书不仅能引起融资对象的兴趣,还能有效帮助创业者谋划未来的发展思路,指导企业经营。因此,创业者一定要重视创业计划书的撰写,创业计划书具有以下三个作用。

1. 达到企业融资的目的

创业计划书是争取项目融资的敲门砖,其实投资者每天都会收到很多创业计划书,创业计划书的质量和专业性是企业需求投资的主要关注点,所以,创业者应该将创业计划书的撰写列为头等大事。

2. 全面了解自己的企业

首先,通过制订相应的创业计划,你会对自己企业的各个方面有一个全面的了解;其次,可以更好地帮助你分析目标客户、规划市场范畴、形成定价策略,并对竞争性的环境做出界定,以在其中开展业务及获得成功;最后,创业计划书的制订保证了这些方方面面的考虑能够协调一致。

3. 向合作伙伴展示自己

在撰写创业计划书的过程中,最重要的目的是找到一个与自己能够成为战略合作伙伴的人,以期待企业更加充满活力,达到多方的共同发展。创业计划书还可以为合作伙伴和其他相关机构提供信息。

二、创业计划书的分类

根据创业计划书的受理对象,可以将创业计划书分为以下四类。

1. 申请银行贷款类

如果撰写创业计划书是为了申请银行贷款,那么在撰写此类创业计划书时,内容除了要涵盖普通创业计划书的基本内容，还要重点介绍以下几点：

（1）说明产品和服务具有良好的市场前景，企业的经营管理制度规范；

（2）明确创业项目具有较高的盈利水平，资金运营是安全的，风险是可控的；

（3）强化说明创业者具有较好的还款能力，并制订详细的还款计划。

2. 寻求风险投资类

目前，国内外风险投资的资金充裕，寻求风险投资一直是大学生创业者寻求资金援助的最佳途径。在撰写此类创业计划书时，首先要了解风险投资者的重点投资领域，了解风险投资基金的具体内容。在撰写创业计划书时，最主要的是要让风险投资者通过创业计划书看到创业者的项目具有良好的市场前景。

3. 参加创业计划竞赛类

目前，为了提高大学生的创业意识，培养大学生的创业精神，国家和地方政府、企业往往会举办各种创业计划竞赛，重点是考察大学生的创新精神。因此，这类创业计划书首先条理要清楚，结构要规范，内容要丰富，产品必须具有良好的创新性，最好有专利技术，市场调查要翔实，市场分析与预测要精准。当然，从目前的创业计划竞赛来看，也有很多风险投资者在关注，因此在写此类创业计划书时，也要有良好的市场竞争意识，争取得到风险投资者的支持，从而在创业计划竞赛中得到更多的收获。

4. 自主创业类

对于自己创业、自己投资的创业者来说，在撰写创业计划书时，可以把自己的所有设想都写到计划书里。为了便于实践，撰写创业计划书时可以借助各种各样的表格，使创业步骤一目了然，成为创业者今后创业的依据和蓝本。

三、创业计划书的撰写

（一）创业计划书的撰写原则

一份好的创业计划书必须呈现出竞争优势和投资者的利益，同时也要具体可行，并引用尽可能多的客观数据来加以佐证。创业者想要避免创业计划书"石沉大海"，就需要掌握和运用一些必要的原则，具体如下。

（1）市场导向。创业计划书应该以市场为导向，充分体现对市场现状的掌控能力和对未来发展趋势的预测能力。没有对市场进行深入的调查和分析，所撰写的创业计划书就是空泛的。

（2）开门见山。创业计划书应该避免那些与主题无关的内容，要开门见山、直切主题。投资者没有时间，也不愿意花过多的时间来阅读一些对他来说毫无意义的东西。这种开门见山的写法比较容易引起投资者的注意和兴趣，提高融资成功的概率。

（3）清晰明了。创业计划书应该把自己的观点清晰明了地表达出来。如果读完全部创业计划书都没有发现创业者明确的观点，整个方案模糊不清，那么投资者是不可能产生兴趣的。

（4）观点客观。不要用大量的形容词来吹嘘，创业计划书中的所有内容必须是真实的，特别是财务计划,不能夸大其词,必须事先进行大量的调查和科学分析。

(5)通俗易懂。创业计划书中应该尽量避免使用技术性很强的专业术语,毕竟专业术语不是谁都可以看得明白的,并且投资者更关心企业能创造多少价值。即使不得已要使用专业术语,也应该在附录中加以解释和说明。

(6)突出优势。突出优势即突出创业计划书的卖点,这就需要在创业计划书中呈现企业的竞争优势、创业者强烈的企图心、目标一致的管理团队、独一无二的技术优势、对市场的清晰认识等,但同时也应该说明可能遇到的风险或威胁,不能只强调优势和机遇而忽略不足与风险。

(7)循序渐进。创业计划书不是一个简单的计划书,它是指导企业运营的管理工具。在创业初期,创业计划书主要的功能是吸引投资者和客户,但这并不是说创业计划书只要吸引到投资者和客户就行了,还要在创业计划书中确定企业的目标和具体措施,以指导企业未来的工作。创业计划书的内容繁多,撰写时应该注意逻辑性,遵循循序渐进的原则不能奢求一气呵成,更不能杂乱无章。

(二)创业计划书的关键要素

创业者提供的产品和服务千差万别,创业环境也变幻莫测,因此创业计划书不可能一成不变。一般来说,出色的创业计划书主要有以下六个关键要素。

(1)概念。说明自己创业的主体是什么,明确企业所提供的产品或服务的特性及未来的市场发展前景。

(2)客户。明确企业产品或服务所适合的客户群体类型,了解客户的需求和购买特点,并对潜在的客户群体特征做出判断,预测市场销售情况。

(3)竞争者。明确所选择的创业项目有哪些竞争者,如该项目是否有人从事。若有从事者,要充分了解其情况,做到知己知彼,百战不殆。

(4)能力。创业者本人的能力从根本上决定了企业的发展态势,因此在创业初期,创业者必须进行深入、客观的自我分析,以便构建互补型的团队,弥补个人能力的欠缺,同时设定能力成长目标,通过自身的进步带动企业的良性发展。

(5)资本。资本可以是现金,也可以是资产,或者是可以换成现金的东西。资本在哪里,有多少,自有的部分有多少,可以借贷的有多少,创业者要很清楚。当拥有充足的启动资金时,要合理使用这些资源,以最大限度地发挥资源的整合效益。

(6)持续经营。当事业在起步阶段良性发展时,创业者要为进一步的持续发展做出规划,同时,也要学会处理和面对风险,避免将过多的精力耗费在非关键风险上面。

(三)创业计划书的内容

创业计划书所反映的是企业的现实需要和需求,体现的是创业者及其经营团队的创业理念和创业目标,表明的是企业的发展方向和产品或服务的市场潜力等。因此,创业计划书是汇集整个经营团队的思想和智慧而写出的真实想法,对创业企业将来的发展具有指导作用。创业计划书一般包括如下内容。

1. 封面

封面中包括创办企业的名称、地点、性质,以及创办者的姓名、电话等内容。

一般封面的排版格式如下：

编号：××-××-××

密级：秘密（或机密、绝密）

标题：××××创业计划书

创业团队及分工：略（一般来说，创业团队包括总负责人、技术人员、市场营销人员、财务人员等）

时间：××××年××月××日

2. 目录

创业计划书中有必要做一个目录，这样可以使创业计划书的条理更清晰，也便于阅读者查找相关内容。创业计划书撰写完成以后，要重新编排页码，使这些信息资料的编排顺序一目了然。

3. 摘要

摘要是整个创业计划书最前面的部分，它浓缩了整个创业计划书的精华，是阅读者了解整个创业计划书最直接的部分。所以，它必须涵盖创业计划书的全部要点，并且内容要简洁，要能够使阅读者在最短的时间内完成评审并做出判断。

摘要一般包括以下内容：企业介绍、产品或服务范围、市场概貌、营销策略、生产管理计划、管理者及管理方式、财务计划、资金需求状况等。

在摘要中，创业者必须回答以下问题：

（1）企业所处的行业、企业经营的性质和范围是什么？

（2）企业主要产品的内容是什么？

（3）企业的市场在哪里？谁是企业的客户，他们有哪些需求？

（4）企业的合伙人、投资人是谁？

（5）企业的竞争对手是谁？竞争对手对企业的发展有何影响？

大学生创业计划书的摘要内容应有鲜明的特点。例如，在介绍企业时，首先要介绍创办企业的思路、思想等，要让阅读者感受到大学生创业的独特之处，并通过对市场的调查，说明企业产品或服务的市场价值及潜在市场，并结合现有市场产品或服务的市场环境，用自己的创新思想使阅读者对产品或服务产生兴趣。摘要内容还应尽量简明、生动，特别要说明本企业的不同之处及企业获取成功的市场因素。

4. 产品或服务介绍

在进行投资项目评估时，投资人最关心的问题之一就是企业的产品或服务能否及能在多大程度上解决现实生活中的问题，或者企业的产品或服务能否帮助客户节约开支、增加收入。因此，产品或服务介绍是创业计划书中不可缺少的一项内容。

一般而言，产品或服务介绍应包括以下内容：产品或服务的概念、性能及特性，产品或服务的市场竞争力，产品或服务的研究和开发过程，发展新产品或服务的计划和成本分析，产品或服务的市场前景预测，产品或服务的品牌和专利。在这一部分，创业者要对产品或服务进行详细、准确的说明，文字要通俗易懂，使非专业的投资者也能看明白。主要可以围绕以下问题展开：

（1）企业的产品或服务能为客户解决什么问题？

（2）与竞争对手的产品或服务相比，企业的产品或服务具有哪些优劣势？客户为什么要选择本企业的产品或服务？

（3）企业为自己的产品或服务采取了哪些保护措施？企业拥有哪些专利、许可证，或者已与申请专利的厂家达成了哪些协议？

（4）企业产品或服务的定价如何保证企业的利润？

（5）企业采取何种方式去改进产品或服务的质量、性能？企业对开发新产品或服务有哪些计划？

5. 市场分析

市场分析是创业计划书中比较重要的内容，也是阅读者比较关注的内容，一般情况下，要占据较大的篇幅。市场分析应重点做好以下工作。

（1）市场环境分析。市场环境分析主要明确产品或服务的市场现有情况及态势，详细了解竞争对手情况及客户和供应商的特征等。

（2）企业的市场定位、目标市场及细分市场分析。企业只有清楚自己的市场定位，明确将要达到的高度，树立一定的目标才能激励自己更好地前进。

（3）企业自身的优势、劣势、机会、威胁分析。为了便于理解，一般情况下使用SWOT分析法[①]进行企业优势、劣势、机会、威胁分析，以便企业制定发展策略，也使得创业计划书更具有实践操作性。

6. 企业和团队介绍

（1）企业的目标及形态。企业目标即通过对市场的了解，确定新创企业的市场目标，也就是产品或服务的领域、目标客户、企业所要达到的预期目标等。企业形态也就是企业的法律形态，如合伙制、股份制或个体工商户。

（2）经营团队。包括团队的构成（包括成员的年龄、学历、经历、业绩和专业特长等）、各自承担的任务、每个成员对自己的客观评价、如何弥补团队中可能存在的不足等。对团队成员的介绍一定要真实、客观，特别要突出各成员在前期市场调查中做出的成绩，以表明个人和团队的工作能力。创业者的素质和技能是投资者评价创业计划书的一个重要内容，因为创业者是新创企业能否在市场竞争中生存的关键。

（3）创建后企业的基本情况。包括名称、法律形式、注册资本、经营场所、资本结构等内容，这些内容旨在使阅读者对创建后的企业有个基本了解。除此之外，还有以下三个方面值得注意。

① 明确企业目标后，将各部门的职权划分及负责人基本情况通过一定方式（如组织结构图）描绘出来，并表明其相互关系，应尽可能明确研发、生产、营销、财务等职能部门的划分及其职权与职责。

② 制定企业组织制度、建设企业文化。企业组织制度和企业文化可以规范企业员工的行为，明确相互之间的分工合作关系。特别是在市场经济环境下成长起来的企业，更应该特别注重企业文化的建设，好的企业文化对于企业的发展方向和企业员工的凝聚力，以及保持

---

① SWOT 分析法，即态势分析法，是一种用于评估企业、项目或个人的优势（Strengths）、劣势（Weaknesses）、机会（Opportunities）和威胁（Threats）的战略分析工具。

创新、创业的精神都具有十分重要的作用。

③ 明确企业人力资源管理和发展计划。人力资源是企业的生存之本，企业要为其提供良好的发展空间，为其能力的发展提供广阔的平台，为其进一步深造提供机会。这一切都要在创业计划书中体现出来，既要为吸引优秀人才打下坚实的基础，又要为留住优秀人才做好充分的准备。

7. 营销策略

确定了产品或服务的目标市场和目标客户后，创业者就要制订营销策略。营销是企业运营过程中最富挑战性的环节，一般而言，营销策略主要包括以下几个方面的内容：

（1）营销环境分析，进行 SWOT 分析；

（2）确定目标市场客户，进行 STP 战略分析[①]；

（3）制定产品策略，包括相应的服务策略；

（4）制定价格策略；

（5）制定销售渠道策略；

（6）制定促销和广告策略。

8. 生产运作计划

生产运作计划包括以下内容：产品制造和技术设备现状，原材料、工艺、人力等安排，新产品投产计划，技术提升和设备更新要求，质量控制和质量改进计划等。这些内容主要体现在以下几个方面。

（1）生产资源需求。确定创办企业的相关资源，如土地、厂房、设备、技术、管理团队等，并且根据实际情况的改变进行追加或减少，需要列出拟创企业的生产资源需求计划及相应的资金需求计划。

（2）生产活动过程。创业计划书需要对整个生产流程进行介绍，并明确企业的着重点——拟创企业是包揽所有环节还是只从事部分环节、员工是否具备生产所需的技能及拟创企业是否已经掌握成熟的生产工艺。

（3）生产目标控制。生产目标不仅包括产量目标，还包括企业为保持竞争优势应达到的质量控制目标和成本控制目标。

9. 财务计划

财务计划是创业计划书中最重要的内容之一，主要包括现金流量表、资产负债表及损益表等。对于创业企业，现金流量表是投资者最为看重的，因为资产负债表和损益表都是企业创办并经营一段时间后的运营情况反映。一般来说，现金流量表主要包括以下内容。

（1）成本项目构成及预测。对于大学生来说，预测成本不是一件容易的事，最好的办法就是参照同类企业的成本，再根据自己企业的实际情况计算。一般来说，新创企业都要把成本分为不变成本和可变成本两大类，其中不变成本是指在一定时期、一定业务量范围内固定不变的成本，包括固定场所的租金、企业的开办费、保险费、工商管理费等。可变成本是指随着生产量或销售量的变动而变动的成本，包括原材料费、水电费、燃料费、销售费用等。预测成本时，可以先按类别进行预算，然后相加求得总成本。

[①] STP 战略分析是市场营销中的重要战略工具，包括市场细分（Segmentation）、目标市场选择（Targeting）和市场定位（Positioning）三个部分。

（2）现金流量计划。现金流量计划是指在一定时期内，对企业现金的流入和流出进行预测和规划的一种工具。它有助于企业了解自身的现金收支情况，保持充足的运营能力，以防出现现金短缺的困境。在市场经济条件下，现金流量情况在很大程度上决定着企业的生存和发展能力。此外，现金流量计划还可以使潜在投资者据此评价新创企业或拟投资项目未来的现金生成能力、偿还债务能力和支付投资报酬的能力。投资者最为关心的是资金如何使用，企业是否有足够的流动资金支付日常生产经营和扩大生产规模所需的费用，是否有资金支付投资者的股利等。现金流量计划提供的信息恰好能满足潜在投资者的这些需求。

10. 风险与风险管理

创业是一项风险活动，良好的风险管理是创业初期能否成功和创业能否成熟的重要保证。风险管理包括对风险的度量、评估和应变策略，通常从市场风险、管理风险、技术风险和财务风险这四个方面展开，最常见的风险因素有经营期限短、资源不足、市场的不确定因素、生产的不确定因素、清偿能力不足、对企业核心人物的依赖和其他可能出现的问题。

一般来说，投资者最关心的问题主要有两个：一是创业者的商业创意、产品或服务是否具有唯一性；二是企业的管理层能否胜任。因此，创业者在撰写创业计划书的时候，一定要从这两方面着力分析。

11. 附件

附件是创业计划书非常重要的组成部分，其内容往往关系到创业计划书是否真实、可信。完备且具有说服力的附件是支持创业计划书观点的重要论据，也是增强投资者信心的重要武器。一般而言，附件主要包括以下内容。

（1）专利及专利授权书，可以反映企业的产品或服务具有的技术上的优势。

（2）市场调查表和调查报告，可以证明企业的产品或服务是具有市场前途的。

（3）获奖证书，可以反映企业的产品或服务在市场上具有良好的形象和口碑。

（4）订货合同书，可以反映企业的产品或服务已经具有了一定的客户基础。

（5）支持本团队创业的证明，可以反映创业环境对创业企业而言是非常有利的。

创业计划书是大多数创业企业融资必备的敲门砖，好的创业计划书会为企业的顺利融资铺路。从某种意义上说，创业计划书就是一本创意的推销说明书，是帮助创业者迈向成功的重要保障。可信性、可操作性及说服力是创业计划书的生命力所在，也是创业计划所追求的目标。撰写创业计划书需要掌握一些技巧：①有一个精彩的开头；②合理使用理论依据；③适当举例说明；④充分利用数字说明问题；⑤运用图表，使内容视觉化；⑥突出重点，切勿面面俱到；⑦准备若干方案，未雨绸缪；⑧站在投资者（阅读者）的角度思考问题；⑨有效利用版面设计，增强感染力。

拓展阅读

周鸿祎：成功的创业计划书，一定得玩转这五大要点

从一个不知名的程序员白手起家成长为一家估值3 800亿元公司的董事长，这条路到底有多难？

当360公司董事长周鸿祎回顾自己的创业之路时，他无限感慨："在创业之初，我也经过了无数次的失败，后来才知道我讲了太多大而空的概念……我现在敢于和年轻人做分享，

并不是因为我成功了，而是我也曾跌倒过、失败过！"

下面就分享给大家，周鸿祎对于创业计划书的一些玩法，看看他是如何从对创业计划书"一窍不通"，到次次成功融资的。

第一，要简洁。

用几句话清楚说明你发现目前市场中存在一个什么空白点，或者存在一个什么问题，以及这个问题有多严重。

第二，能力展示。

你有什么样的解决方案，或者什么样的产品能够解决这个问题。你的方案或产品是什么，提供了怎样的功能。

第三，你的优势。

为什么这件事情你能做，而别人不能做？否则这件事谁都能干，为什么要投资给你？你有什么特别的核心竞争力？有什么与众不同的地方？

第四，商业价值。

想不清楚如何挣钱没有关系，投资人比你有经验，告诉他你的产品多有价值就行。可以老老实实地说，我不知道这个怎么挣钱，但是中国一亿用户会用，这说明肯定有它的价值。

第五，突出亮点。

只要有一点比对方突出就行。刚出来的产品肯定有很多问题，说明你的优点在哪里。

周鸿祎是在不断试错中摸索经验走向成功的，而生活在信息化时代下的创业者，似乎更为幸运，可以通过学习成功的案例，修正自己的不足，减少试错成本和代价。

事实上，要写出一份完美的创业计划书，最有经验的既不是投资者，也不是那些所谓的专家，而是那些获得过多次融资的连续创业者。善于总结错误后改正的连续创业者才能在失败后迈向成功。

第四节　组建创业团队

在整个创业过程中，创业者是最关键的因素，其能力和素质直接关系着创业活动的成败。创业者在选择创业项目后，最重要的任务就是组建创业团队。创业不是单打独斗，与他人共同创业是很多创业者采取的方式。

一、创业团队的概念

团队就是合理利用每个成员的知识和技能协同工作，解决问题，达到共同目标的共同体。创业团队就是由少数技能互补的创业者组成的团队，他们为了实现共同的创业目标而实施一个能使他们彼此担负责任的程序，共同为达成高品质的结果而努力。因此，创业团队必须具备以下五个要素。

（一）目标

创业团队应该有一个既定的共同目标为团队成员导航，使团队成员知道要向何处去。没有目标，这个团队就没有存在的价值。目标在创业企业的管理中以创业企业的远景和战略的形式体现。

（二）人

人是创业团队最核心的力量。三个及三个以上的人就形成一个群体，当群体有共同的奋斗目标就形成了团队。在一个创业团队中，人力资源是所有创业资源中最活跃、最重要的资源。创业者应充分调动各种资源和能力，将人力资源进一步转化为人力资本。

目标是通过人来实现的，在一个团队中，需要有人出主意，有人定计划，有人实施，有人协调不同的人一起去工作，还要有人去监督创业团队工作的进展，评价创业团队最终的贡献。因此，选择团队成员时，要考虑成员的能力如何，技能是否互补，经验如何。

一般情况下，一个优秀的创业团队应该包括以下五类成员。

（1）一个具有战略意识的成员。

一个创业团队必须有一个具有战略意识的成员，创业是一件艰苦的事情，是需要不断经营的，不是一朝一夕的事情，所以创业团队必须有长远的战略目光。

（2）一个策划能力极其强的成员。

这类人能够全面周到地分析整个公司面临的机遇与风险，合理地考虑成本、投资、收益的来源及预期收益，甚至还能胜任包括制定公司的管理规范、章程、公司的长远规划等工作。

（3）一个执行能力较强的成员。

这类人能负责具体的执行过程，包括联系客户、接触终端消费者、拓展市场等。

（4）一个掌握公司相关产品技术的成员。

若创业企业是一个技术类企业，则必须有一个很好的技术专家，从而帮助企业不断地进行技术创新，始终站在行业的前沿。

（5）一个有财务、法律、审计等专业知识的成员。

创业团队中要有一个好的财务管理，能够合理地安排企业收支，扩大发展。

（三）创业团队的定位

创业团队的定位包括创业团队的定位和个体的定位。

（1）创业团队的定位。创业团队在企业中处于什么位置，由谁选择和决定团队的成员，创业团队最终应对谁负责，创业团队采取什么方式激励下属。

（2）个体的定位。作为团队中的一员，在创业团队中扮演什么角色，是负责制订计划还是负责具体实施。

（四）权限

创业团队中，领导者的权限与团队的发展阶段和创业实体所在行业相关。一般来说，创业团队越成熟，领导者的权限相应越小；在创业团队发展的初期阶段，领导权相对比较集中。高科技实体多数实行民主的管理方式。

（五）计划

计划有以下两层含义。

（1）目标的最终实现需要一系列具体的行动方案，可以把计划理解成达到目标的具体工作程序。

（2）按计划进行可以保证创业活动的顺利进行。只有按计划实施，创业团队才会一步一步地贴近目标，从而最终实现目标。

二、创业团队的类型

一般情况下，创业团队按照组织结构的不同可分为星状创业团队、网状创业团队、虚拟星状创业团队三种类型。

1. 星状创业团队

星状创业团队又称"核心主导创业团队"。一般是由核心人物有了一个创业想法或遇到了一个商机，然后自己充当领军角色，去物色和招募创业伙伴，根据自己的设想组建所需要的创业团队。

星状创业团队具有以下几个特点：

（1）组织结构紧密，向心力强，核心人物在组织中的行为对其他个体影响巨大；

（2）决策程序相对简单，组织效率较高；

（3）容易形成权力过分集中的局面，从而使决策失误的风险加大；

（4）核心人物具有特殊权威性，当他与其他团队成员发生冲突时，其他团队成员往往处于被动地位，当冲突进一步加重时，一般会选择离开团队，不利于团队组织实施。

2. 网状创业团队

网状创业团队又称"群体性创业团队"。团队成员主要来自因为经验、友谊或共同兴趣而结缘的伙伴。他们在创业之前就有密切的关系，在交往过程中，一起发现某个商机或共同认可某个创业想法，然后共同进行创业。

网状创业团队具有以下几个特点：

（1）团队成员关系较密切，较容易达成共识，团队成员的地位相对平等，有利于沟通和交流；

（2）发生冲突时，一般采取平等协商、积极解决的态度，团队成员不会轻易离开，但是如果冲突升级，导致有团队成员离开，会造成整个团队的涣散；

（3）团队没有明显的核心，整体结构较为松散，团队成员的地位相似，容易形成多头领导的局面。

3. 虚拟星状创业团队

虚拟星状创业团队是由网状创业团队演化而来的，是前两种类型的中间形态。在团队中，有一个核心人物，但是该核心人物的确定是团队成员协商的结果，因此核心人物是整个团队的代言人，而不是主导者，其在团队中的行为必须充分考虑其他团队成员的意见。

虚拟星状创业团队具有以下几个特点：

（1）核心人物的确定是团队成员协商的结果，因此该核心人物具有一定的威信，能够作为团队的领导；

（2）团队的领导是在创业过程中形成的，既不像星状创业团队那么集权，又不像网状创业团队那么分散。

（3）核心人物的行为必须充分考虑其他团队成员的意见，不像星状创业团队中的核心人物具有绝对权威。

三、组建创业团队的原则

创业团队的组建没有任何标准和模式，它类似拼图游戏，而能否拼出目标图案，关键看是否合适。产品、市场、客户、人、财、物、产、供、销，是初创企业的基本构成要素，其中最重要的是人。因此组建创业团队时应遵循以下原则。

1. 共同的信仰原则

组建创业团队时，团队成员的共同志向、信仰更为重要，常言道，"志同道合"，信仰问题不解决，早晚要出现大的纷争。有的团队能同甘，但不能共苦，顺利时哥们儿义气，困难时分道扬镳；有的团队，做大一点了就分家。史玉柱在巨人大厦"倒塌"后能够迅速东山再起，一个重要原因是有一个死心塌地跟随他的好团队。

2. 共同的创业理念

共同的创业理念是组建创业团队的一个基本准则，指导着团队成员如何工作和如何取得成功，决定着创业团队的性质和宗旨，关系着创业的目标和行为准则。从某种意义上讲，创业理念甚至比机会、商业计划、融资等细节问题更为重要。许多拥有先进技术技能及良好教育背景的人在一起创业，往往由于缺乏共同的创业理念，成为个人主义竞争的牺牲品，他们的极端个人主义与团队的一致性格格不入，最终将导致创业的失败。实践表明，虽然促使团队成功的理念和态度并无定式，但却具备一些共同点，如凝聚力、合作精神、长远发展意识、致力于价值创造等。

3. 共同的创业愿景

创业愿景是指创业团队中所有成员共同的发自内心的意愿，它能够激发所有团队成员为实现这一共同目标而奉献全部的精力，完成共同的任务、事业或使命。只有当人们致力于实现某种他们深深关切的事业和使命时，他们才会忘掉私利，才会真正地团结起来。

4. 团结合作

每个人都有不同的优势和不足，没有团结合作，就没有优势互补，就形成不了一个拳头。好比让世界球星组成一个球队也不一定能取得胜利一样，失去团结合作的团队会变成一盘散沙，优点也会变成缺点。

四、组建创业团队的模式

创业团队投资是一种创业性投资活动，具有较高的风险，因此对这类投资活动采取何种组织形式，对于投资本身及其成效具有重要影响。一般而言，创业团队在创业投资时可采用的组织形式主要有公司制、合伙制两种，这两种形式各有特点。

1. 公司制

创业投资采用公司制形式，即设立有限责任公司或股份有限公司，采用公司的运作机制及形式进行创业投资。采用公司制的优势主要体现在以下几个方面：一是能有效集中资金进行投资活动；二是公司以自有资本进行投资有利于控制风险；三是公司可以根据自身发展对投资收益做必要扣除和提留后再进行分配；四是随着公司的快速发展，可以申请对公司进行改制上市，使投资者的股份可以公开转让并将转让资金用于循环投资。

有限责任公司是由两个以上的投资者共同出资，每个投资者以其认缴的出资额对公司承担有限责任。股份有限公司是指全部资本由等额股份构成并通过发行股票筹集资本，股东以其认购的股份对公司承担责任。一般非家族成员的创业者采用公司制的比较多。

2. 合伙制

合伙制是指依法在中国境内设立的由各合伙人订立合伙协议，共同出资、合伙经营、共享收益、共担风险，并对合伙企业债务承担无限连带责任的营利性的经营组织。创业团队投资采用合伙制，有利于将创业投资中的激励机制与约束机制有机结合起来。

合伙人执行合伙企业事务，有全体合伙人共同执行合伙企业事务、委托一名或数名合伙人执行合伙企业事务两种形式。全体合伙人共同执行合伙企业事务是指按照合伙协议的约定，每个合伙人都直接参与经营，处理合伙企业的事务，对外代表合伙企业。委托一名或数名合伙人执行合伙企业事务是指由合伙协议约定或全体合伙人决定一名或数名合伙人执行合伙企业事务，对外代表合伙企业。我国现阶段主要有四种合伙形式：亲戚内合伙、家族内合伙、朋友间合伙、同事间合伙。咨询类、律师事务所和会计师事务所多数采用合伙制形式。

五、组建创业团队的程序

创业者可采用如下程序组建创业团队：

（1）撰写创业计划书。通过撰写创业计划书，使自己思路清晰，为寻找合作伙伴奠定基础。

（2）实力分析。创业者要对自己正在或即将从事的创业活动有足够清醒的认识。分析自己的优点、缺点，自己的性格特征、能力特征、拥有的知识、人际关系及资金等方面的情况。

（3）确定合作形式。创业者可以根据自己的情况，选择有利于实现创业计划的合作方式，寻找那些能与自己形成优势互补的合作伙伴。

（4）寻找合作伙伴。创业者可以通过媒体广告、亲戚朋友介绍、各种招商洽谈会、互联网等寻找创业合作伙伴。

（5）甄选个体。一般而言，找到的有意愿的合作伙伴可能多于所需要的人，这时就要进行甄选。甄选个体时应以发展的眼光重点考虑个体的人际关系、技术水平和其适应的角色等方面。

（6）沟通交流，达成创业协议。找到合作伙伴后，需要就创业计划、股权分配等具体合作事宜进行深层次、多方位的全面沟通。只有前期充分的沟通和交流，才不会导致正式创业后出现因沟通不畅而使创业团队解散的问题。

（7）落实谈判，确定责、权、利。创业团队需要对合伙条款进行具体谈判，明确创业团队各方的责、权、利。

六、创业团队的执行力

创业团队组建好后，若要保证创业的顺利进行，团队执行力很重要。团队执行力的关键在于，团队应该有一个强有力的核心人物。因为，新创建的企业在资金、技术、管理等方面相对弱小，不够成熟，有了核心人物的主导，创业团队会更稳定，更有利于企业的发展。

创业团队的核心人物，必须在工作、生活各个方面具备过硬的素质，要善于营造一种良好的气氛，赢得团队成员的信任，并最终形成团队的凝聚力。从某种意义上说，团队中的核心人物必须成为其他团队成员的理想楷模，有德也有智，因为团队核心人物的基本素质直接决定了团队成员的基本素质。核心人物具有其独一无二的支柱作用，这就要求他对企业的发展和市场的前景具有一定的预见性，同时对业内的竞争环境具有敏锐的洞察力。

拓展阅读

《西游记》中悟出的管理十大法则

今天的中华子孙把源于生活、高于生活的四大名著视为精神佳肴，屡品不厌。然看其结局，三国归晋、水浒兄弟惨死、黛玉葬花、宝玉出家，唯有《西游记》结局是皆大欢喜的。缘何？无疑是这个团队道德基因、政治基因、文化基因能够根植人性深处而已。

唐僧西天取经的故事，已是家喻户晓。唐僧，带领着三个能力不同，性格各异的徒弟，最终成功取到了真经。这样一个看似怪异的团队，在他的领导下，却将团队力量发挥到了极致。他是如何做到的呢？唐僧作为小团队的管理者和领导者，手无缚鸡之力，但他仁厚、执着、事业心强，只要还有一口气，就勇敢地朝着目标进发。

孙悟空是个开拓进取型员工，他聪明伶俐、本领大，降妖除魔等具体工作主要由他做。但他自身缺点也不少，如爱出风头、爱说大话、喜欢招惹是非等。憨态可掬的猪八戒不能算是个好员工，他好吃懒做、花心，可心眼不坏、为人圆通，而且常常打诨逗趣，要是没有他，去西天取经的路上会是何等的无趣。当然，他还能协助孙悟空捉妖降魔。沙和尚是个典型的忠实可靠的员工，虽然他没有多大能耐，但他从不与人争锋邀功。他很随和，一个好的团队不能缺少这样的人。

在西天取经的路上，唐僧肉眼凡胎不辨人妖，犯了一些错误，但他用他的仁爱、宽容和坚毅赢得了徒弟们的尊重和信赖，而且，他善于根据徒弟们的特点进行管理，如他根据孙悟空争强好胜、脾气暴躁的个性调动其积极性，并用紧箍咒来约束孙悟空；对猪八戒和沙僧的管理，主要靠孙悟空的威慑作用，有时也用偏向法来激励他们。他对徒弟们的日常分工也恰到好处：孙悟空探路、化斋，猪八戒牵马，沙僧挑担；当三个徒弟偶尔有摩擦时，他还善于化解矛盾，往往一句劝慰便使徒弟们皆大欢喜。所以，师徒四人虽性格迥异、各有缺点，却能团结同心、风雨同舟，最终成功取得真经。以下是从《西游记》中悟出的管理十大法则。

一、员工心态管理

西游团队是一个1114的团队模式。第一个1是董事长如来，第二个1是总经理观音，第三个1是项目经理唐僧，4就是员工孙悟空、猪八戒、沙僧和白马。西游团队的实际操作人员就是后面的1和4，前面的是各级领导。组织、人员、目标，这和我们日常工作中所见的团队没有什么两样，对吗？管理者苦恼的根源，大多都在于不了解员工的心态，常见的员工心态有以下三种。

（1）员工跟随企业的目的是改善自己的生活状态。
（2）员工在遭遇困难时，希望得到团队和上级的帮助。
（3）员工希望团队目标的实现和个人需求的实现一致。

所以，想要团队目标得到更好更快地实现，请不要忽视了员工的心态。了解自己的员工，了解他们加入团队的真正目的，帮助他们让个人需求和团队需求尽量协调一致，而不是一味地用高尚的企业理念、严格的企业制度来激励和约束员工，才会让员工更好地发挥出自己的最大能量为团队创造利益。

二、团队管理

西游团队在运作中为什么能成功，而没有反抗，没有不遵循指令？团队能够和谐除了观音还有一点，就是他们确立了各自的地位，他们按武功和法术及被收服的前后顺序确立了自己的地位和职能，各司其职各尽其责，才取得了成功。西游团队在运作中为什么能成功？有如下因素：

（1）观音（执行董事，代表投资方）、协调人、出资方；
（2）孙悟空、猪八戒、沙僧、白龙马有共同的背景，就是都犯过错误；
（3）有共同的目标，都期待自由；
（4）相同的语言、文化背景、资历；
（5）有承诺——既得利益，观音与他们达成的协议；
（6）在加入团队前的收服较量中和收服后已经经历磨合期，已经具备协调工作的能力；
（7）能认知自己及各自的能力及所处的位置和职能，已经端正自己的工作心态；
（8）团队中没有明争暗斗的权利争夺；
（9）目标的单向发展，没有政策和市场干扰；
（10）没有竞争对手（没有另外一支取经团队）。

三、能人管理

孙悟空可称得上是老板最喜欢的职业经理人，之所以说老板最喜欢，不是因为孙悟空没有缺点，很优秀，而是因为他能力很强，但有缺点。这才是老板最应该选用的人才，为什么？假设一个人能力很强，人缘很好，理想又很远大，这样的人往往不甘人下，或者直逼领导位子，或者很容易另起炉灶。

四、领导艺术

在一般人看来，唐僧是一个胆小固执，有时还有些是非不分的人，但作为西游团队的领导人，他在团队领导方面有着许多过人之处，唐僧不但不糊涂，而且还精明得很呢！

首先，唐僧胸怀大志，有大志向，有大追求。这是首要的条件，无志者不立，没有志向，很难有所成。西天取经是一项苦差事，唐僧能够欣然接受，就是其有大志向在背后作为支撑。唐僧希望追求圆满、修得正果，具有很强的进取心和企图心，同时希望通过取得真经这一行为，造福更多的人，具有很强的公德心和团队意识。正因为如此，唐僧对西天取经这项任务看得很重，非常愿意担当这一使命。

其次，唐僧专业出身。西天取经是一项佛门事业，唐僧前期一直致力于佛门事业，对组织的文化和理念比较认同，同时还是企业文化的宣传者和建设者，其专业和出身都是比较符合的。

再次，他意志坚定，不怕困难。这是作为团队领导人最重要的品质。在项目实施过程中，常常会遇到许多意想不到的困难。这些困难甚至会使人认为项目目标无法实现。此时，作为领导人，最重要的就是具有顽强的意志力。这种意志力是提高团队士气最重要的因素。无论在取经路上遇到多大的艰难险阻，唐僧对于实现目标具有坚定的信念，抱着"不取真经，誓不还乡"的决心。

最后，他知人善任，合理分配工作，适当控制。团队成员具有不同的业务能力和性格特征，只有知人善任，根据其特长和能力分配工作岗位，并根据其性格特点进行适当控制，才能最大限度地发挥其特长和积极性。

五、目标管理

作为一个团队的领导人，能够为团队设定前进目标，描绘未来美好生活是必要素质。唐僧从一开始，就为这个团队设定了西天取经的目标，而且历经磨难，从不动摇。一个企业，也应选择这样的人做领导人，团队的领导人本身就是企业文化的传承者和传播者，只有他自己坚定不移地信奉公司的文化，以身作则，才能更好地实现团队的目标。

六、企业文化

企业文化是企业的根本，是企业之道。在日益激烈的竞争中，企业必须建立起自己的价值观，并以这种价值观来影响企业中的无数个小团队。

团队必须建立在共同信念的基础上，必须体现其在共同原则中的凝聚力，否则它将丧失活力，不能行动。

七、手握紧箍，以权制人

如果唐僧没有紧箍咒，估计早被孙悟空一棒打死，或者使唤不动他。这也是一个领导人的必备技能，一定要树立自己的权威。但是唐僧从来不滥用自己的权力，只有在大是大非的时候，才动用自己的惩罚权，这对企业的领导人也是有借鉴意义的，组织赋予的惩罚权千万不要滥用，奖励胜于惩罚，这是领导艺术的基本原理。

八、情感管理

制度的力量是有限的，制度只能让员工不犯错，但要让员工有凝聚力，与企业同心同德，还要靠情感，所谓以"德"施政，唐僧就是靠他的情感管理，用他的执着和人品感化了孙悟空。没有修成正果的目标和愿景，孙悟空也许中途就回去了；没有师徒的情分，估计孙悟空也不会这么卖命；当然，如果没有偶尔的紧箍咒，也许孙悟空早酿成大错。

九、压力管理

现在人们除了工作、生活，还要供房、买车，所以要学会自己找乐。猪八戒压抑不压抑，不但没了老婆，自从跟了师傅，就没吃饱过。但猪八戒很厉害，人家见人参果就吃，见妖怪就打，见地方就睡，这叫活得洒脱。不要过于压抑，是人生的一大智慧。

十、以情感人，以德化人

最初的时候，孙悟空并不尊重唐僧，但是在历经艰险后，唐僧的执着、善良和对自己的关心也感化了孙悟空，让他死心塌地保护唐僧。

第五节　创业融资

任何企业的生产经营活动都需要资金的支持，如何有效融资是创业者最关心的问题之一。同时，对于多数创业者来说，资金仍然是稀缺的资源，获取资金的技能和有关知识是创业者需要学习的重要内容之一。

一、创业融资的概念及一般流程

创业融资指的是创业过程中创业者根据生产经营、资金拥有、未来发展等情况的需要，从相关渠道筹集资金的行为。创业者进行创业融资及时，一般情况下，是按照以下流程进行的。

1. 做好融资前的准备工作

创业者首先应了解当前的融资环境，并树立正确的融资观念。创业者需要依据现有的发展与当前的融资环境选择正确的融资方式。正确的融资观念应是在掌握自身的实际情况和行业竞争对手的情况下关注自身资产负债情况，最好不要为了融资增加企业的经营成本与风险，还要有良好的融资心态。

2. 评估创业资金

融资涉及大量的财务问题，因此要做好融资诊断与评估。融资诊断与评估包括充分调查创业公司的优势和劣势，并评估创业公司融资的必要性与可行性，进而根据自身需求与财务状况做出合理的融资额与融资成本。

3. 做好创业计划书

创业计划书需要围绕企业面临的商机，对影响企业发展的条件做出合理、充分的分析和说明。这份融资计划书主要包括产品功能、竞争对手现况、财务预测、融资目标等。

4. 选择融资渠道

融资渠道单一是创业中的一个风险，如果没有丰富的融资渠道，创业计划只能是一纸空谈。除了银行贷款、自筹资金、民间借贷等传统方式，还可以充分利用风险投资、创业基金等多种融资渠道。

5. 开展融资谈判

在确定融资渠道后，创业者需要与潜在的投资者进行融资谈判。在融资过程中，投资者比较关注创业项目的发展潜力、创业团队的资质、创业项目的核心竞争力、未来的盈利模式等问题，创业者应事先准备相应的答案。谈判时，应抓住投资者的关注点，逐渐与投资者建立信任，共同成长。

二、大学生创业融资的主要问题及应对措施

大学生创业在没有资金支持的情况下就需要融资，由于没有经验和丰富的金融知识储备，大学生在融资时通常会走一些弯路，以下是大学生创业融资的主要问题。

（1）融资渠道比较单一。大学生不应仅局限于向亲朋好友寻求资金支持，而应该拓宽思路，吸引企业、银行、担保公司、风险投资机构等多方的关注与支持。

（2）过分强调资金和社会关系的重要性。当前很多大学生对于创业条件的理解仅仅停留在"物质"层面，而忽视了自身素质与能力的培养，这样，即使拿到资金，创业的失败率也会很高。

(3)创业准备不足。尽管大学生拥有创业的愿望与热情,但真正面对激烈的市场竞争局面,还会因自身底气不足而却步。

针对创业融资时容易出现的问题,大学生应做好以下工作。

(1)在制定融资方案之前要准确评估自己有形资产和无形资产的价值,千万不要妄自菲薄,低估了自己的价值。

(2)融资过程中要做好融资方案的选择,对比多个融资渠道可以有效降低融资成本,提高效率。如果采用出让股权的方式进行融资,就必须做好投资者的选择。只有与自己经营理念相近,其业务或能力能够为投资项目提供渠道或指导的投资者才能有效支撑企业的成长。

(3)创业不仅是实现理想的过程,更是使投资者的投资保值增值的过程。创业者和投资者是一个事物的两个方面,大家只有通过企业这个载体才能达到双赢的目标。"烧投资者的钱圆自己的梦"的问题说到底是企业家的信用问题,怀抱这种思想的人不会成为一个成功的创业者。能为股东创造价值的企业家才能得到更多的融资机会和成长机会。因此创业者不仅要加强自身的技术能力,还要具备企业家的道德风范。

拓展阅读

如何评估创业资金

创业资金是指创业者进行创业时全部的资本投入,包括创业者基本工资支出、开办企业费用、能力提高的就业培训费,店铺租赁、店面装修、店面展示商品所需资金,以及数量不等的流动资金。科学合理地评估创业所需要的资金是创办企业的前提。一般情况下,评估创业资金的步骤如下。

第一步,计算生活费用。

计算一下未来18个月内,你和你团队生活的最低开支是多少,包括吃、穿、用、住、行。

第二步,计算开办企业费用。

1. 必须花费的费用

刻章:100~200元。

税务报到(国地税CA证书):120~400元。

印花税:注册资本×0.05%(100万元注册资金需要500元)。

2. 不必要开支的费用

银行开户:200~500元(代办费)。

社保开户:200~500元(代办费)。

公积金开户:300~800元(代办费)。

税控机和发票打印机:2600~3100元。

代理记账:2000~3000元/年。

第三步,固定流动资金。

固定投资的费用:经营场所、基础设备、交通工具、仓库场地、其他费用。

所需要的流动资金:水电费、原材料、人员工资、设备折旧、通信费用、交通费用、其他费用。

> 第四步,测算营业收入情况。
> 营业收入是从事主营业务或其他业务所取得的收入,指在一定时期内,商业企业销售商品或提供劳务所获得的收入。通过一些具有丰富经验的企业经营管理人员、有销售经验的工作人员或有关专家对市场未来变化进行分析,以判断企业在一定时期内某种产品的销售趋势,从而预计产品或服务的销售所得。
> 第五步,计算公式。
> 创业资金的需求=第四步费用—第一步费用—第二步费用—第三步费用,一般情况下按18个月计算。

第六节　注册登记

根据国家相关法律规定,创办企业必须通过相关市场监督管理部门的核准登记,方可领取营业执照。营业执照是企业唯一的合法身份,只有领取了营业执照,企业才可以开展注册登记相关的经营业务。

注册登记是指企业在设立、变更、终止时,依法在注册登记机关由申请人提出申请,主管机关审查无误后予以核准并记载法定登记事项的行为。

企业办理注册登记手续一般包括以下几个步骤。

(1) 核准企业名称。注册企业的第一步就是企业名称审核,即查名。创业者需要通过市场监督管理局进行企业名称注册申请,由市场监督管理局查名科注册官进行综合审定,给予注册核准,并发放盖有市场监督管理局名称登记专用章的"名称预先核准通知书"。

(2) 编写企业章程。企业章程是指企业依法制定的,规定企业名称、地址、经营范围、经营管理制度等重大事项的基本文件,也是企业必备的规定企业组织及活动基本规则的书面文件。企业章程具有法定性、真实性、自治性和公开性的基本特征。作为企业组织与行为的基本准则,企业章程对企业的成立及运营具有十分重要的意义,它既是企业成立的基础,也是企业赖以生存的灵魂。

(3) 生产经营场所的获得。注册企业时都要求有自己的实际生产经营场所或办公场地,这种场所可以是创业者所有的,也可以是租用的。现在网店或网上的个体工商户很大程度上没有实际意义上的实体店,不需要租房。

(4) 经营项目审批。如果企业的经营范围涉及特种行业,则需要提前办理特行申请并获准后,才可以继续注册登记程序。例如,要开设一家书店,就需要向辖区的文化部门申请"出版物经营许可证"。特种行业涉及旅馆、印铸刻字、旧货典当、拍卖、信托寄卖等,需要消防、治安、环保、科学技术委员会等行政部门审批。特种行业许可证的办理,根据行业情况及相关部门规定不同,分为前置审批和后置审批。

(5) 企业印章备案。企业印章包括公章、财务专用章、法人章、全体股东章等,由公安部门或定点单位刻制。

(6) 申领营业执照。市场监督管理局对企业提交的材料进行审查,以确定其符合企业登记申请。市场监督管理局核定后,即向企业发放工商企业营业执照,并公告企业成立。提交的材料包括企业章程、名称预先核准通知书、法人和全体股东的身份证、生产经营场所证明复印件(房产证及租赁合同)、前置审批文件或证件、生产性企业的环境评估报告等。

(7) 办理税务登记证。税务登记证应到当地税务局办理,应提供的材料包括营业执照副本、生产经营场所证明复印件（房产证及租赁合同）、法人和全体股东身份证、企业章程及公章。

（8）银行开户。新创企业需要设立基本账户，企业可以根据自己的具体情况选择开户银行。银行开户应提供的材料包括营业执照正本、公章/法人章/财务专用章、法人身份证、税务登记证正本等。

第七节　初创企业管理

初创企业需要面对人力资源管理、文化管理、市场营销管理、财务管理等管理问题，因此创业者需要认真学习和熟练运用相关的管理方法，并制定符合企业实际情况的管理制度。

一、企业的生命周期

成长和发展是生命的永恒主题，与任何一个生命一样，企业从诞生之初就有追求成长和发展的内在动力。企业的生命周期理论构成了经济学和管理学对企业成长问题最基本的假设之一。企业在成长过程中会经历若干个发展阶段，每个阶段具有相应的特点和驱动因素，这要求企业在各个方面不断变革，与其发展阶段相适应。

生命周期理论认为企业一般要经历培育期、成长期、成熟期、衰退期几个阶段。较好地理解生命周期理论可以帮助企业更好地对未来可能发生的危机进行规避。

（1）培育期。初创企业处于培育期。这是一个由产品创意转变为实际的、有效的产品和服务的时期。一般情况下，初创企业具有创新精神，产品具有特色和竞争力。初创企业成功与否，在很大程度上取决于创建初期的可行性分析，与市场预测和投资决策的关系很大。培育期重点需要解决企业的生存问题。

（2）成长期。在培育期生存下来的企业很快进入成长期，处于这一时期的企业称为成长企业。一般把成长期分为两个阶段：迅速成长期和稳步成长期。在这一阶段，企业全面成长，经济实力增强，市场份额逐步提高，竞争能力增强，已能在产业中立住脚跟；企业素质得到全面提高，创新能力也很强，企业已经形成了自己的配套产品。成长期的主要特点在于，该企业在产业中已经成为骨干企业，是中型企业的延伸，但尚未发展为大企业。

（3）成熟期。考察企业的演变史，可以发现能够进入成长期的企业本来就为数不多，而能够成长为成熟企业并得以留存的则更是凤毛麟角，许多企业在成长过程中已经被淘汰。成熟期分为两个阶段：第一阶段称为成熟前期，即骨干企业向大型或较大型企业的演变和发展时期，企业内部大多还是单一单位，但已建立起庞大的采购和销售组织，企业的经济效益很高，具有较强的生存能力；第二阶段称为成熟后期或蜕变期，是大企业向现代巨型公司或超级大企业演变的重要时期，此时已经走向内部单位的多元化和集团化，能够更有效地进行日常的产品流程的协调和未来资源的分配，形成了管理工作的职业化。

（4）衰退期。成熟期的企业如果未实现后期的成熟化或蜕变演变，则进入衰退期。企业的衰退存在两种情况：一方面是受产业寿命周期的影响，如果该产业已经到了衰退期，自然会使企业跟着衰退；另一方面可能是该企业患了衰退症。处于衰退期的企业大多是大企业，很容易患衰退症，主要表现为官职增多、官僚主义横行、企业家精神泯灭、部门之间责任推诱、士气低落、满足现状、应变能力下降等。

二、初创企业存在的问题及生存原则

（一）初创企业普遍存在的问题

内部结构简单、办事效率较高等，都是企业在创办初期的典型优势。但也正因为以上优势，当企业由小到大快速成长之后，随着人员的增加、市场的扩展等，一些管理问题随之而来。常见的问题如下所述。

1. 资金不足

低估对现金和经营资金的需要是较普遍的现象，这源于创业初期创业者典型的热情心态。一个企业的平均年销售增长率若超过35%，企业的自有资金一般就不足以支撑这种增长，此时就会遇到资金周转困难的问题，因此，创业者应该逐渐重视企业的现金流量、贷款结构和融资成本等，制订符合实际的经营计划，并且要以"周"为单位来监控现金流量。记账的重点是现金流量，权责发生制虽有利于纳税和盈利分析，但对于及时监控企业生存却帮助不大。严格监控应收账目周转率和存贷周转率也是防止经营资金不必要增加的基本手段。

2. 制度不完善

初创企业由于尚处于起步阶段，资源有限、经验不足，在制度建设上往往存在明显的缺陷。从内部管理到业务流程，从组织架构到监督机制，各个层面的制度都未能形成完善、系统且有效的体系，从而导致企业运作缺乏规范和标准，容易出现职责不清、流程混乱、风险失控、决策随意等问题，严重制约了企业的稳定发展和竞争力提升。

3. 因人设岗

初创企业中，员工所承担的责任和义务是重叠或交叉的。如总经理可能既管采购，又管销售，还兼管设计；销售人员可能要承担一部分采买工作；会计人员有时又是办公室主任。这时的企业是围绕人进行组织的，而不是围绕工作本身进行组织的。企业以缺乏规划的方式成长，只会对各种机会做出反应，而不会有计划、有组织、定位明确地去开发、利用自己创造的机会。

（二）初创企业生存原则

初创企业成长和现有企业成长具有明显的不同。激烈的市场竞争对已经建立一定竞争优势的强大的竞争者有利，它们已经建立了自己的优势，包括品牌、服务、渠道等。作为新入行的企业，只有打破原有竞争格局才能够扭转不利局面。在核心竞争力尚未形成的时候，初创企业应该对自身有清醒的认识，采用合适的方式争取生存机会，然后不断积累实力，提高自身的地位。以下是初创企业的生存原则。

1. 生存第一，活下来为首要目标

初创企业的首要任务是从无到有，把产品或服务卖出去，掘到第一桶金，在市场上找到立足点，使自己生存下来。此时，生存是第一位的，一切围绕生存运作，一切危及生存的做法都应避免。

2. 现金为王，依靠自有资金创造自由现金流

现金对初创企业来说就像是人的血液，初创企业可以承受暂时的亏损，但不能承受现金流的中断。现金流中断即资金链断裂，可能使初创企业受到重创甚至导致企业破产倒闭。所谓企业的自由现金流，就是不包括融资，不包括资本支出及纳税和利息支出的经营活动的净现金流。自由现金流一旦出现赤字，企业将发生偿债危机，可能导致破产。"现金为王"是初创企业的现金流管理原则。

3. 分工协作，所有人做所有事

初创企业尽管建立了正式的部门结构，但很少能按正规的组织方式运作。通常是虽然有名义上的分工，但运作起来是哪里需要就往哪里去。这种状态看似"混乱"，实际是一种高度"有序"的状态。初创企业很有人情味，相互之间都直呼其名，职位没有高低之分。每个人都清楚组织的目标和自己应当如何为组织目标做贡献，没有人计较得失，没有人计较越权或越级，相互之间只有角色的划分，没有职位的区别。

4. 事必躬亲，创业者亲自深入运作细节

企业在创办初期，创业者不能当大老板、"甩手掌柜"，而应亲自深入运作细节，创业者只有对企业生产经营全过程的细节了如指掌才能使生意越做越精，企业越做越大。随着企业的逐渐发展，创业者不可能再深入企业运营的各个环节，去亲自贯彻落实企业的制度，授权和分权成为必然，企业管理最终转变为职业化的专业管理。

三、人力资源管理

为保证企业的经营活动有条不紊地进行，必须完善企业的人力资源管理。人力资源管理主要包括以下几个内容。

（一）岗位职责说明

把岗位的工作职责制定成岗位职责说明书，是人力资源管理的最基本的工作之一。岗位职责说明书的主要内容包括：岗位的名称、岗位从事的具体工作、岗位的上下级关系、岗位员工应具备的素质和技能等。企业根据自己的生产经营活动制定岗位职责说明书，既可以明确地告知员工的岗位工作职责，又可以把岗位职责说明书作为企业对员工进行绩效考核的依据和标准。

（二）招聘员工

企业招聘员工时，必须根据实际岗位或工作任务量确定招聘的数量及结构，切忌招多或过分要求高学历。进行招聘工作时，可以利用职业性格测试、职业兴趣测试等专业测评工具进行科学分析，评价应聘者的素质与应聘岗位的匹配程度。最终决定是否聘用，不但要考虑员工的专业技能，还要关注员工的素质和人品。对新招收的员工要进行必要的岗前培训，明确技术和纪律两方面的要求。

（三）员工管理

完善的员工管理制度，可以有效降低企业的用人成本。员工管理主要包括明确员工的工作任务、薪资匹配制度、员工的培训进修、升职通道、员工绩效考核、员工团队建设等内容。

四、文化管理

企业文化被称作企业的灵魂和精神支柱，是企业发展的动力之源，良好的企业文化是企业的根基。企业文化是企业在生产运营过程中形成的文化观念、共同价值观念、道德规范、行为准则等企业的意识形态，企业文化是企业不可缺少的部分。因此，企业文化管理也是创业者应该掌握的基本技能之一。

创业者进行企业文化管理，首先应着力形成比较固定的企业价值观，价值观是企业文化的基石和核心，它是企业及员工的价值取向，具有巨大的凝聚力，用以支撑初创企业的生存和健康发展。其次应着力营造浓郁的企业文化氛围，企业文化是无形资产，创业者应当用心培养和营造，这是一个长期积累的过程，优秀的企业文化能够营造良好的企业环境，提高员工的文化素养和道德水准，形成凝聚力、向心力和约束力，从而提高企业的竞争力。浓郁的企业文化对内可以使企业积极奋进、创新发展，使员工积极主动、行动统一；对外可以让企业更容易被社会认可，树立良好形象，提高社会公信度。

拓展阅读

华为的企业文化：任正非对员工说的五句话

近几年，华为给了国人很多惊喜，他们取得了一系列骄人的成绩。这些成绩的取得，离不开华为企业文化建设所催生的战斗力。今天与大家一同分享任正非时常对员工说的五句话。

第一句：干一行，钻一行，爱一行。任正非在集体会议中，时常告诫华为的年轻员工，进入华为工作，就要做到干一行、钻一行、爱一行，如果做不到，那么华为就不欢迎你来这里工作。

第二句：服从公司的安排，先执行，后提议。大家都知道任正非是军人出身，或许是在部队磨砺锻造出来的行事作风，他要求自己的员工做到无条件执行公司的安排，如果有其他想法和意见，可以执行完毕后再向公司的管理层汇报。

第三句：坚持自我批判的精神。一个人成长进步的过程，也就是一个人在自我批判，找到身上缺点和不足的过程。当每个员工都取得了进步，整个企业才会取得长足的发展。

第四句：尊重知识，尊重科学技术人员。在华为，从事科研技术相关的员工，不仅在薪资待遇上有着优厚的回报，而且是相当受人尊敬的。科研发展是华为近三十年来不断前进的动力源泉，任正非年轻的时候曾是一个科研技术人员，他清楚地认识到科研能给企业带来的发展力量是巨大的。现在我们应该能明白为何华为如此地重视在科研方面的经费投入了。

第五句：学历并不等于能力。华为的薪资评定标准并不取决于员工当前的学历，任正非是以贡献和业绩来评价一个员工的，真正意义上为企业的发展立下汗马功劳的人才有资格享受华为的优厚待遇。不管是基层的员工，还是其他层面的管理人员，华为都是一视同仁的。

任正非对企业文化建设的重视程度是相当高的，也正是得益于企业文化建设所催生出的生命力和创造力，华为才能成为中国民营企业的传奇故事。

五、市场营销管理

市场营销主要是指营销人员针对市场开展经营活动的过程。市场营销活动主要包括分析、发现和评估市场机会；细分市场，选择目标市场；制订销售计划，规划销售策略及营销计划的实施。

市场营销管理是由市场营销活动的社会化引起的。随着市场营销活动的深入发展，市场营销活动的领域越来越广，并不断涌现出许多新的理论、技术和方法，涉及更多的营销人员、机构、产品和信息等。因此，创业者应提高市场营销管理能力，能够认真分析市场，在企业不同的生命周期，针对不同的目标市场、产品定位，制定出一系列营销策略，构建合理的销售渠道。

六、财务管理

财务管理是企业管理的重要组成部分，财务管理职能分为财务决策、财务计划和财务控制，财务管理观念主要涉及货币的时间价值观念、效益观念、竞争观念、风险观念等几个方面。对于初创企业来说，创业者作为财务管理人，应具备融资管理、投资管理、运营资金管理、利润分配、财务控制等方面的能力。

风险是市场经济的产物，尤其是初创企业会面对很多财务风险，企业应该对财务风险有足够的重视，有针对性地开展财务风险的分析与研究、控制与管理等工作，有效降低财务风险，提高企业效益。有效降低财务风险的方法有很多种，首先，建立有效的财务风险防控机制，正确理解经营风险与财务风险的关系，在识别风险、评估风险和研究风险的基础上，用最有效的方法将风险导致的不良影响降到最低；其次，不断增强财务管理人员的风险意识，理顺财务关系，严格执行责任到人原则，财务管理人员必须将风险防范贯穿于整个财务环节；最后，引进科学的风险管理程序，建立健全财务风险管理机制，形成一套适合企业实际情况的风险预防制度，当风险出现时及时处理以减少损失。

第八节　发展壮大

当企业走上正轨并运营一段时间后，创业者就应该考虑如何将企业发展壮大了。这时就需要创建属于自己的品牌信誉，进行创新经营，达到可持续发展，只有这样才能在竞争市场中形成具有企业特色的核心竞争力。

一、创建企业品牌信誉

企业品牌传达的是企业的经营理念、企业文化、企业价值观及对消费者的态度，主要包括产品品牌和服务品牌两部分内涵，企业品牌是企业成立初期就已设定好的，有别于其他企业提供的产品和服务，不会随时间的推移而变化。

创业者一定要把品牌信誉的培养作为首要任务，品牌信誉的重要性体现在以下几个方面。

（1）赢得客户信任。消费者更愿意购买具有良好信誉的品牌的产品或服务，因为他们相信这些品牌能够提供可靠的质量和满意的体验。

（2）增强客户忠诚度。拥有良好信誉的品牌能够培养出忠实的客户群体，他们会重复购买，并愿意推荐给他人。

（3）提高产品或服务的附加值。信誉良好的品牌往往能够为其产品或服务赋予更高的价格，消费者愿意为品牌的声誉支付溢价。

（4）竞争优势。在激烈的市场竞争中，良好的品牌信誉是差异化的关键因素，使其能够脱颖而出。

（5）吸引人才。优秀的人才更愿意加入具有良好信誉的品牌企业，这有助于企业组建高素质的团队。

（6）促进业务拓展。品牌信誉有助于企业进入新的市场和领域，消费者更可能接受具有良好声誉的品牌推出的新产品。

（7）抵御危机。当面临负面事件或危机时，具有坚实信誉基础的品牌更容易恢复和重建消费者的信任。

（8）长期可持续发展。建立良好的品牌信誉是企业实现长期稳定发展的基石，能够为企业创造持久的价值。

二、创新经营

随着时间的推移，企业将面临更多的挑战和机遇，如市场被抢占、新技术的出现、新市场的发现、国际经济形势的变化等。企业想要发展，想要立于不败之地，就必须进行创新经营。企业的创新经营应围绕销售、产品、服务三个方面进行。

1. 销售创新

有市场的地方就有竞争，当企业发展到一定阶段，竞争会越来越激烈，并且随着大量资本的集中投入，产品技术竞争的差异化程度越来越小，销售创新成为许多中小企业最后的救命稻草。销售创新主要包括理念创新、技术创新、策略创新、细分市场创新、应用领域创新等几个方面。

销售创新首先要进行理念创新，理念创新是销售创新的灵魂，是销售创新的根本所在。技术创新是销售创新最重要的力量之一，是销售创新的主要内容，主要表现在数据库营销和网络营销两个方面上。策略创新主要表现在产品、价格、渠道和促销这几个方面。细分市场创新是指针对性别、颜色、购买方式等消费细分市场制定相应的营销策略。应用领域创新是指针对各行各业，如政府、高校、公益组织等社会各个领域的创新营销策略。

2. 产品创新

产品创新源于市场需求，产品创新可以分为新产品创新和产品改进创新。新产品创新是指产品用途及其设计原理有显著的变化；产品改进创新是指在设计原理没有发生显著变化的基础上，只是根据市场需求对现有产品进行技术和功能上的改进。

产品创新的途径主要有两种，一种是内部研发，企业通过自身的力量研制新技术，开发新产品，主要依靠企业的自主创新、逆向研制、委托创新、联合创新等途径实施。另一种是外部获取，指企业直接从外部获取某种新技术、新工艺的使用权或某种新产品的生产权和销售权，主要途径有创新引进、企业并购、授权许可等。

3. 服务创新

服务创新就是让客户或潜在客户体验到不同于以往的崭新的服务，即以前由于技术、市场开放程度、经济壁垒等限制原因不能提供给客户的服务，现在因突破了限制而能提供。服务创新一般需要跨学科的合作，是一种技术创新、业务创新、社会组织创新和用户创新的综合创新，具有重要的意义。服务创新的途径主要有全面创新、局部创新、形象再造、外部引入等。

创业者在进行服务创新时，要好好把握创新的思路，应把注意力集中在客户所期望的服务上，认真听取客户的反馈意见，同时善待客户的抱怨，客户的抱怨往往说明企业的服务出现了问题或服务方式应当改进，这正是进行服务创新的机会。服务要有弹性，因为服务对象的广泛性，服务反馈难以衡量，一味地追求精准服务，往往会被束缚。此外，应把无条件服务的宗旨与合理约束客户期望的策略结合起来，正确处理无条件服务与合理约束两者的关系，是企业在服务创新中面临的挑战。

参 考 文 献

[1] 夏体韬. 高职高专大学生心理健康教育[M]. 北京：中国林业出版社，2021.
[2] 朱刚利，莫桂海等. 大学生创新创业[M]. 北京：北京师范大学出版社，2021.
[3] 葛海燕，黄华. 大学生创新创业指导与训练[M]. 北京：清华大学出版社，2021.
[4] 宋京双. 大学生创新创业教育"金课"教程[M]. 北京：清华大学出版社，2021.
[5] 刘春宇. 大学生创新创业基础教程[M]. 上海：上海交通大学出版社，2022.